RAYMOND LOEWY STIFTUNG ZUR FÖRDERUNG VON ZEITGEMÄSSEM INDUSTRIEDESIGN

DesignVisionen
herausgegeben von Uta Brandes

Das Jetzt als Perspektive

»Vieni, date me la benedizione.«
W. A. Mozart

Karl Lagerfeld, der dritte Preisträger des Lucky Strike Designer Award ■ ■ Bekanntlich schadet jedem Denkmal das meist übliche Postament – raubt es doch dem, der denkt oder mal denken sollte, jegliche Beweglichkeit, und vernichtet es so das Denken selbst. ■ Andererseits: Offenkundig ersehnen und brauchen Menschen womöglich Haltepunkte, um für einen Moment beruhigte Einsichten zu finden, Gedanken zu fassen und neue Wege einzuschlagen. Not tut also eine Verbindung zwischen Halt und Bewegung, zwischen Kontinuum und Ereignis – was zu jenen merkwürdig holprigen Pfaden und zu jenem stolpernden Laufen führt, das wir zwar ständig erleben, kaum aber kategorial oder gar modellhaft fassen können. Es ist einfach so, und man weiß nicht viel darüber. ■ Immerhin bietet Design eventuell hierfür Ideen der Verständigung an, denn Design selbst agiert als Disziplin ziemlich genau in der Mitte dieses Spannungsfeldes, gewissermaßen zwischen der flüchtigen (und darum wohl so bewegenden) Musik und der statischen (und deshalb vielleicht so deprimierenden) Architektur. Was wiederum den Lucky Strike Designer Award begründet, denn dieser versteht sich ja als Versuch, für einen Moment der gesellschaftlichen und der disziplinären Dynamik Einhalt zu gebieten, ein Schlaglicht auf die Arbeit einer Designerin oder eines Designers zu werfen und dadurch Anstöße zu vermitteln, um Erfahrungen zu reflektieren und gegebenenfalls neue Wege einzuschlagen. ■ Dies wurde bisher und wird in Zukunft dokumentiert, unterstützt und erweitert durch eine Monographie über die jeweilige Preisträgerin oder den jeweiligen Preisträger des Lucky Strike Designer Award, eben durch ein Arbeitsbuch als dynamische Schnittstelle zwischen in diesem Buch versammelter Geschichte und daraus oder dagegen zu formulierender Zukunft. – Diesmal jedoch, also bei dem Preisträger des Lucky Strike Designer Award '93, erscheint keine Monographie; denn die Konstellation Karl Lagerfeld ließ selbst diese offene Form nicht zu. Das ist begreifbar, da sein »Jetzt« ohnehin immer schon das der nächsten Saison meint, ihm Gegenwart stets als Geschichte erscheint und sein Blick zurück konsequent zum Fluchtpunkt wird, die historischen Trümmer zu Arbeitsmitteln zu veredeln. ■ Wen wundert da, daß somit außerhalb der Reihe ein Photo-Buch entstand: Ist doch solch Umgang mit Geschichte fast schon die immanente Beschreibung des Photographischen, zumal dies eigentlich (Mallarmé, Raoul Hausmann und John Cage im Sinn) »melanographisch« genannt werden müßte. ■ Die Jury des Lucky Strike Designer Award übrigens hat Karl Lagerfeld als Designer insbesondere für dessen außergewöhnliche Kompetenz in Design-Management, für seine präzise Demonstration der Komplexität von Design und des wirtschaftlichen Erfolgs eines so verstandenen Designs und für seine Gestaltung von Alltagskultur ausgezeichnet. Dabei jedoch war der Jury allemal klar, daß heutzutage Design-Management, wirtschaftlicher Erfolg und Alltagskultur sich – ob man dies nun mag oder nicht – wie die Geschichte selbst mit Geschichten verknüpft. Denn offenkundig sind es die Geschichten, die das Jetzt stets in die Zukunft verlegen.

Michael Erlhoff
Vorsitzender des Kuratoriums der Raymond Loewy Stiftung

KARL LAGERFELD
off the record

Karl Lagerfeld – off the record | Lektorat: Gerhard Steidl, Walter Keller ■ Gestaltung: Hans Werner Holzwarth, Design pur, Berlin, in Zusammenarbeit mit Gerhard Steidl und Walter Keller | Herstellung: Gerhard Steidl, Bernard Fischer ■ Satz, Lithographie, Druck: Steidl, Göttingen ■ © Karl Lagerfeld 1994 | © 1994 Steidl Verlag, D-37073 Göttingen ■ Alle Rechte vorbehalten. Kein Foto von Karl Lagerfeld darf ohne schriftliche Einwilligung des Verlages in irgendeiner Form reproduziert werden. Kein Teil dieses Werkes darf in irgendeiner Form ohne schriftliche Genehmigung des Verlages reproduziert werden, insbesondere nicht als Nachdruck in Zeitschriften oder Zeitungen, im öffentlichen Vortrag, für Verfilmungen oder Dramatisierungen, als Übertragung durch Rundfunk oder Fernsehen. Das gilt auch für einzelne Bilder oder Textteile. Ausgenommen bleiben einzelne Bilder in direkter Verbindung mit Rezensionen dieses Buches. Der Verlag erteilt gern Auskunft
■ Ungekürzte Buchgemeinschafts-Lizenzausgabe der Bertelsmann Club GmbH, Rheda-Wiedenbrück, der Buchgemeinschaft Donauland Kremayr & Scheriau, Wien und der angeschlossenen Buchgemeinschaften ■ Printed in Germany ■ Buch-Nr. 014613

Dieses Buch ist Eric Pfrunder gewidmet,
denn ohne ihn hätte es nie entstehen können.

1952–1955 14, Rue de la Sorbonne

Von 1952 bis 1955 habe ich im Hotel Gerson,
14, Rue de la Sorbonne gewohnt. M. et Mme Zapusec leiteten
diese »Pension« für unmündige Kinder und Studenten mit
viel Verständnis, Sinn für frühe Freiheit und Warmherzigkeit.
Es kam mir vor wie im Film »Sous le Ciel de Paris«. Im
5. Stock hatte ich zwei Zimmer mit Balkon. Die Welt gehörte
mir oder sollte mir bald gehören, dachte ich damals.

1955–1957 32, Rue de Varenne

Das einzige moderne Haus in der berühmten Straße
des 18. Jahrhunderts. Pas de chance! Wohnungen waren
knapp im Paris der fünfziger Jahre. Es wurde in den
dreißiger Jahren gebaut und hatte einen wunderbaren Blick
über Paris mit Eiffelturm, Sacré Cœur und Triumphbogen.
Es war eine Duplex-Wohnung, und die Vermieterin,
eine ehemalige Haute-Couture-Verkäuferin, überwachte mich
strenger als Mme Zapusec in der Rue de la Sorbonne.

1957 31, Rue de Tournon

Endlich eine eigene Wohnung und ein Haus aus dem
18. Jahrhundert! Niemand war mehr da, um »ein Auge auf mich
zu werfen«. Ich konnte endlich machen, was ich wollte!
Leider hat dieser Traum nur ein Jahr gedauert. Ich liebe die
Straße heute noch.

1958–1959 19, Rue Jacob

Man mußte drei Innenhöfe durchqueren, um in diese Wohnung zu gelangen. Sie bestand aus einem ehemaligen Ballsaal, und der Blick auf den Park mit Delacroix' Atelier war sehr poetisch. Eine typisch Pariser Überraschung.

1959–1963 7, Quai Voltaire

Der schönste Blick der Welt (für mich damals) auf die Seine und den Louvre. Mein Flurnachbar in der ersten Etage war der Marquis de Cuevas.
Man konnte im Sommer nie die Fenster öffnen – der Lärm des Verkehrs war dort damals schon sehr stark.

1963–1973 35, Rue de l'Université

Hier habe ich die zehn sorglosesten und glücklichsten Jahre meines Lebens verbracht. Mir wurde geraten, das Haus zu verlassen – die Wohnung brächte Unglück. Alle, die nach mir dort gewohnt haben, sind darin auf mysteriöse Weise gestorben.

1974–1977 6, Place St. Sulpice

Alles war perfekt hier, nur ich mochte das Haus nicht und hatte das Gefühl, es brächte mir kein Glück. So schnell wie möglich versuchte ich in das 7. Arrondissement zurückzukommen.
Die 7 ist meine Glückszahl.

1977... 51, Rue de l'Université

Das schönste Portal der Rue de l'Université
(von Ledoux 1790 entworfen).
Ich liebe diese großen mysteriösen »portes cochères«.
Sie sind wie die Wächter des Geheimnisvollen.
Die großen Romane der französischen Literatur und viele
Anekdoten der französischen Geschichte haben sich
hinter solchen Türen abgespielt. Ich habe immer hinter
diesen Türen des Unbekannten leben wollen.

Axel

Helen Bonhan-Carter

Pascal Brault

Naomi Campbell

Héléna Christensen

Donaes

Linda Evangelista

Shalom Harlow

Eva Herzigova

Kristen McMenamy

Wallis Montana

Franciane Moreau

Moti

Zazie de Paris

Brandi Quinones

Nick Rodgers

Eve Salvail

Sasha

Claudia Schiffer

Paméla Sneed

Anna Thalbach

Katharina Thalbach

Emma Thompson

Claus Tober

Christy Turlington

Patricia Velasquez

Virginie Viard

Toni Ward

Christian Williams

Julien d'Ys

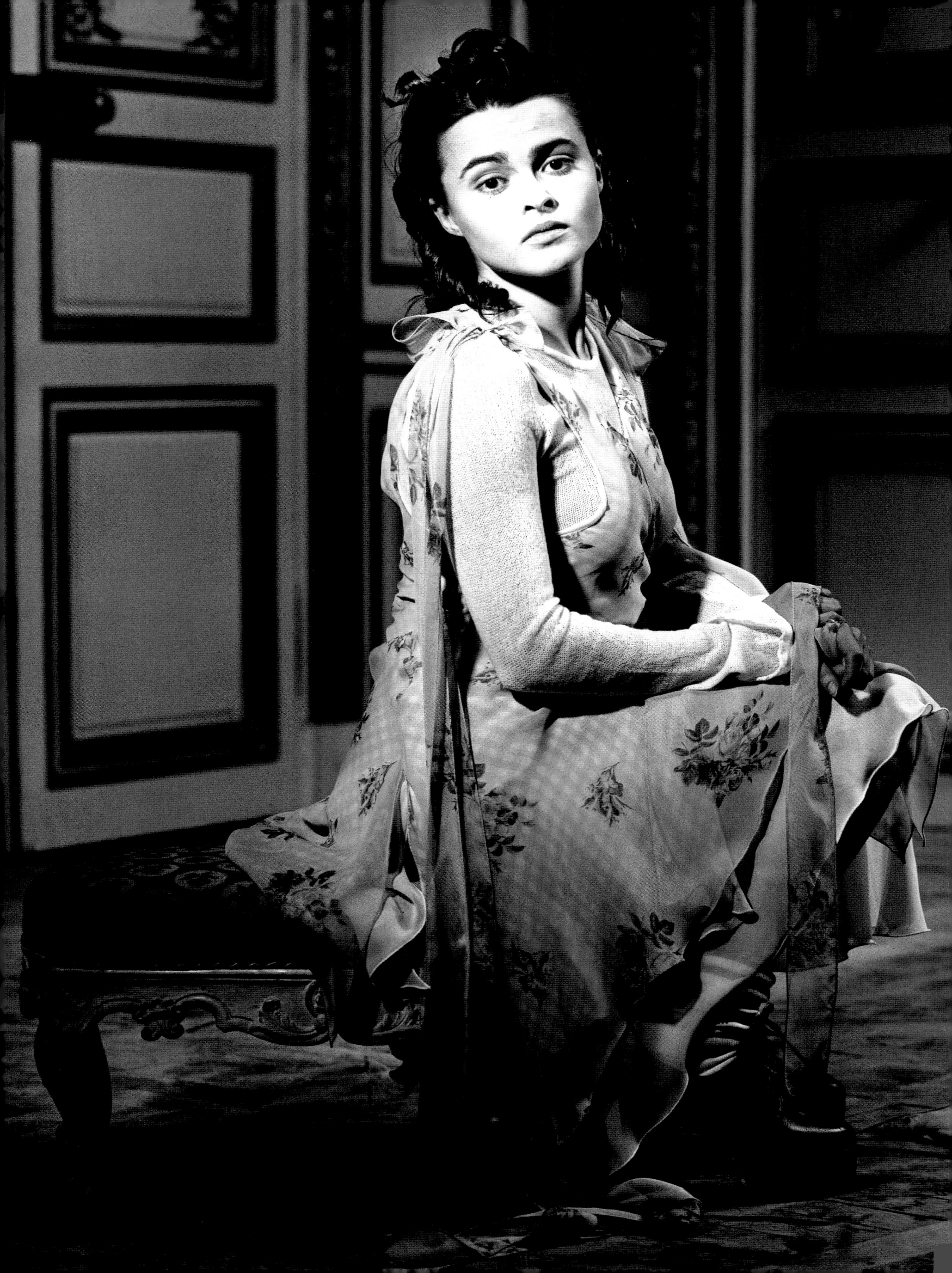

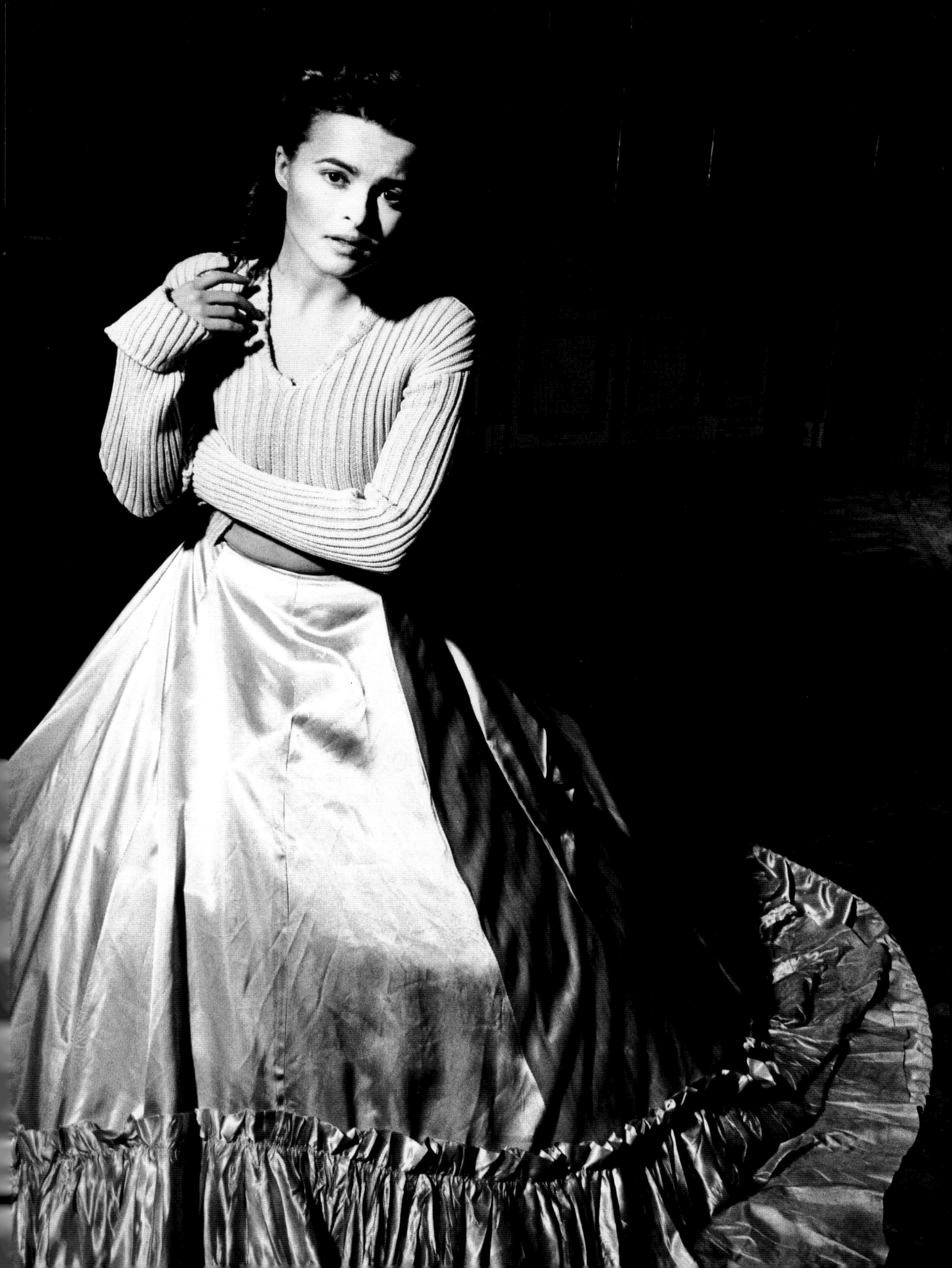

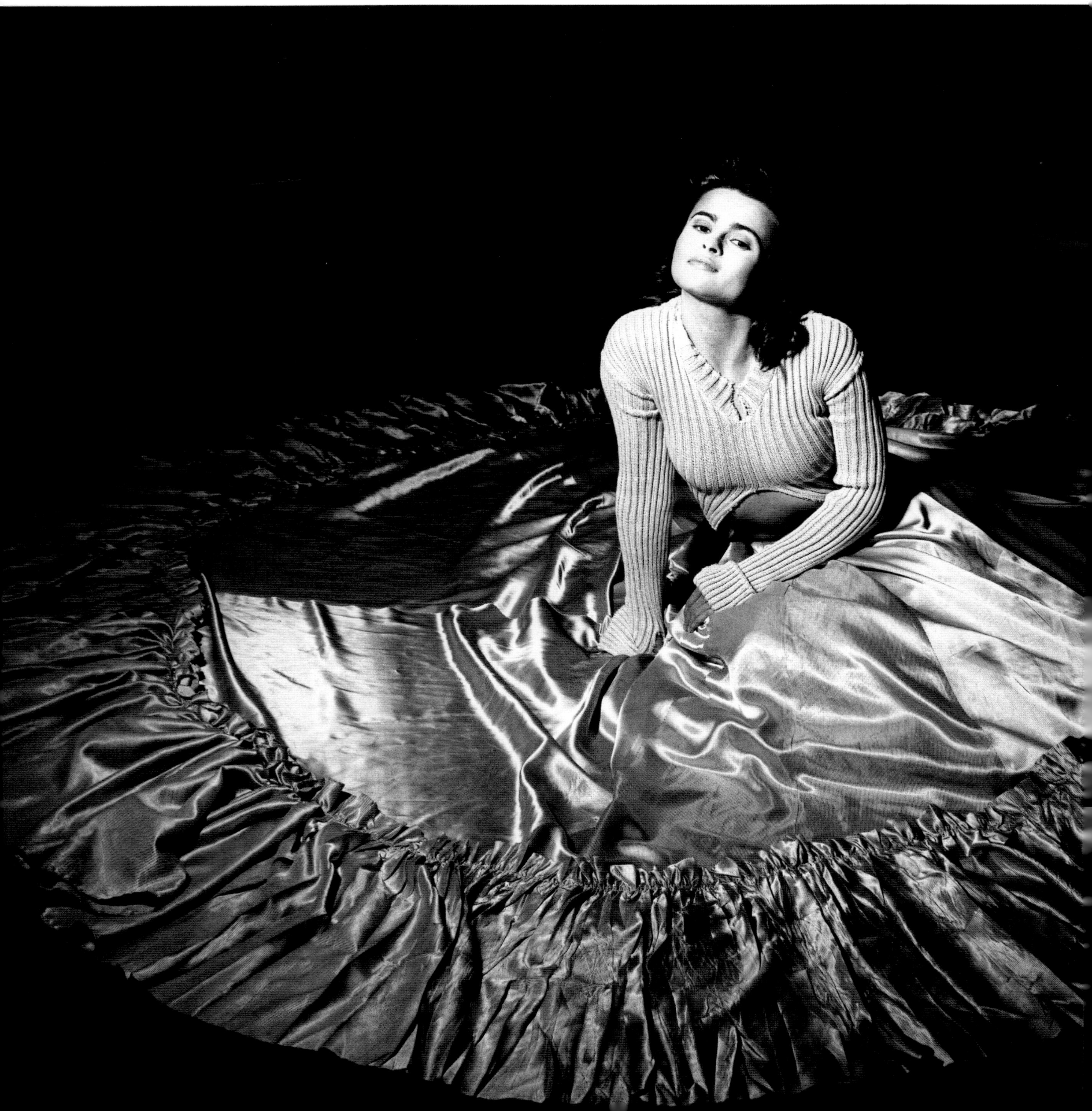

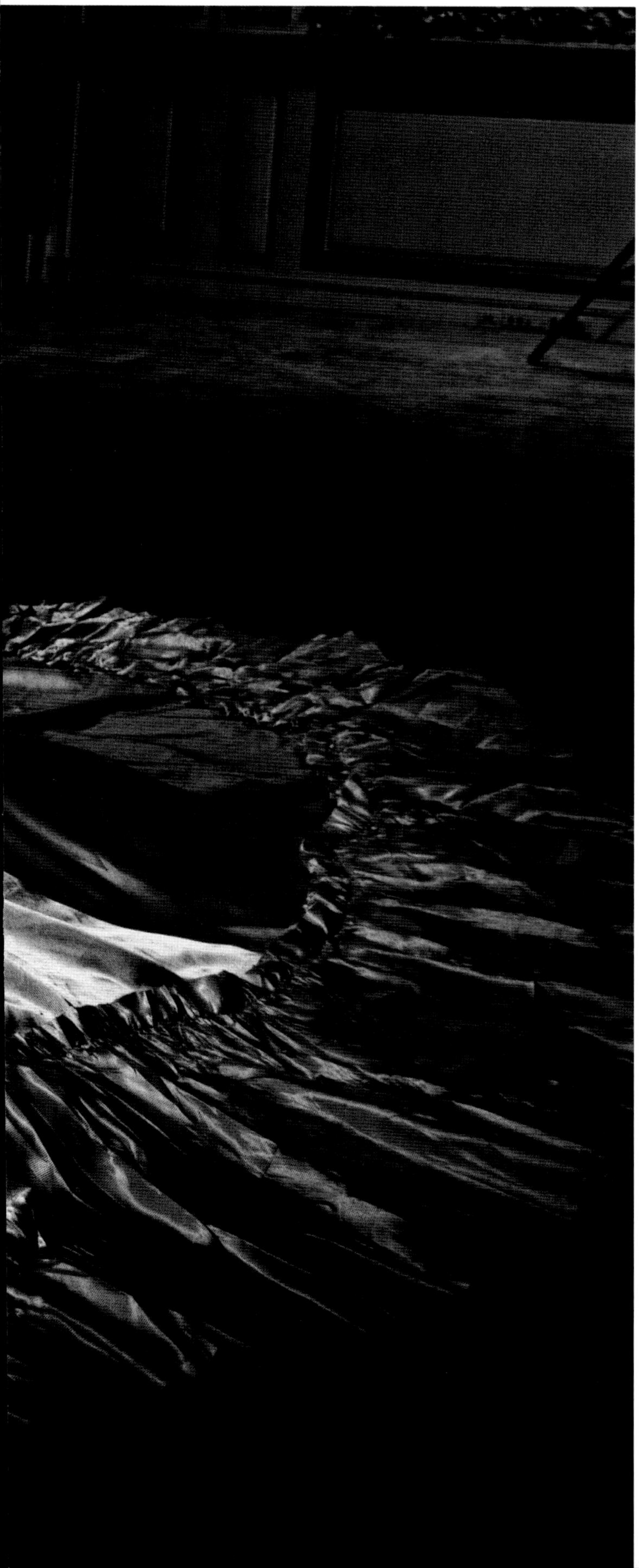

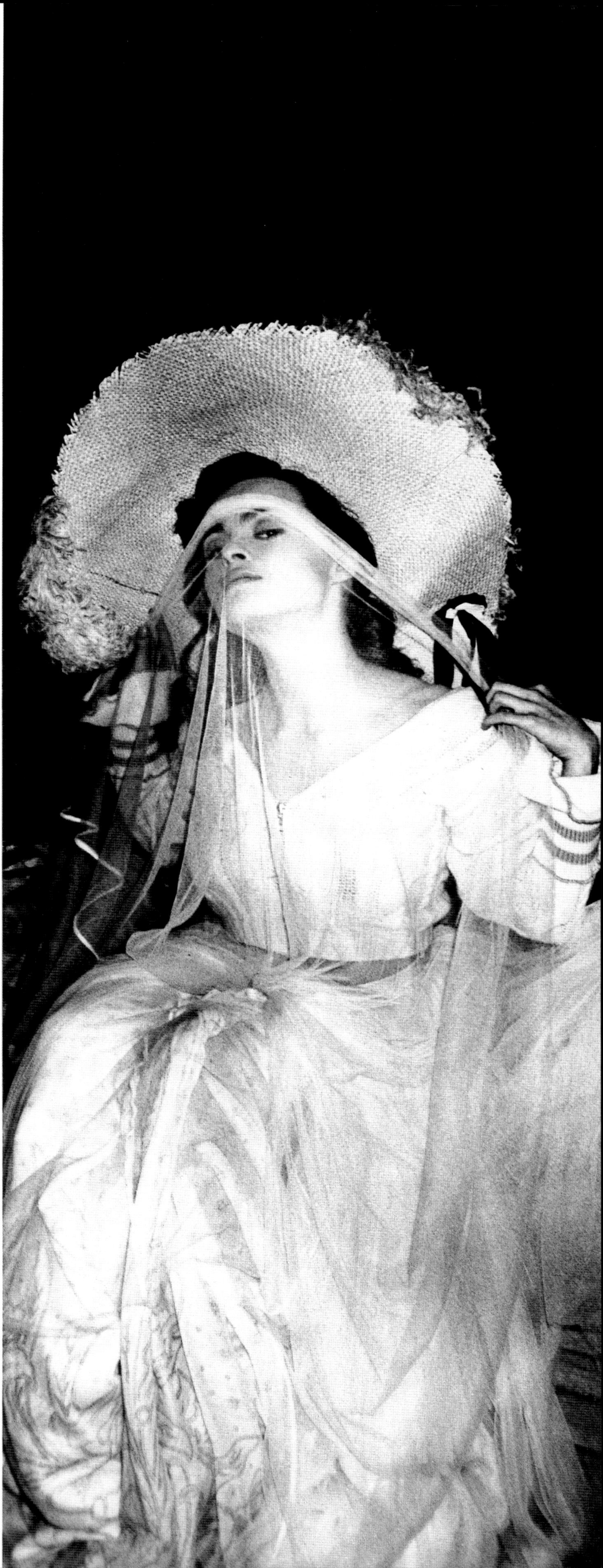

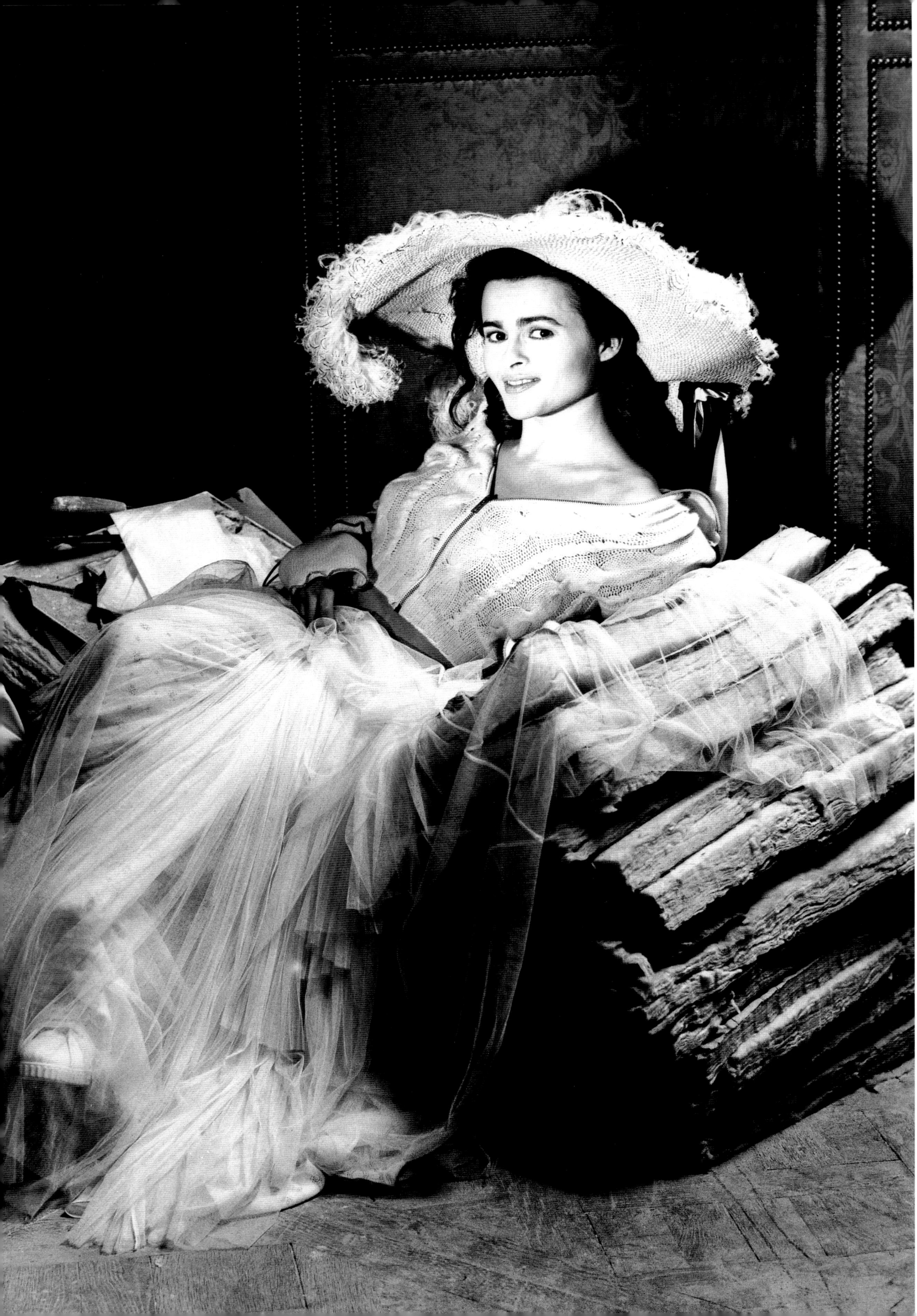

ILE DE FRANCE

die vergessene

Kapelle

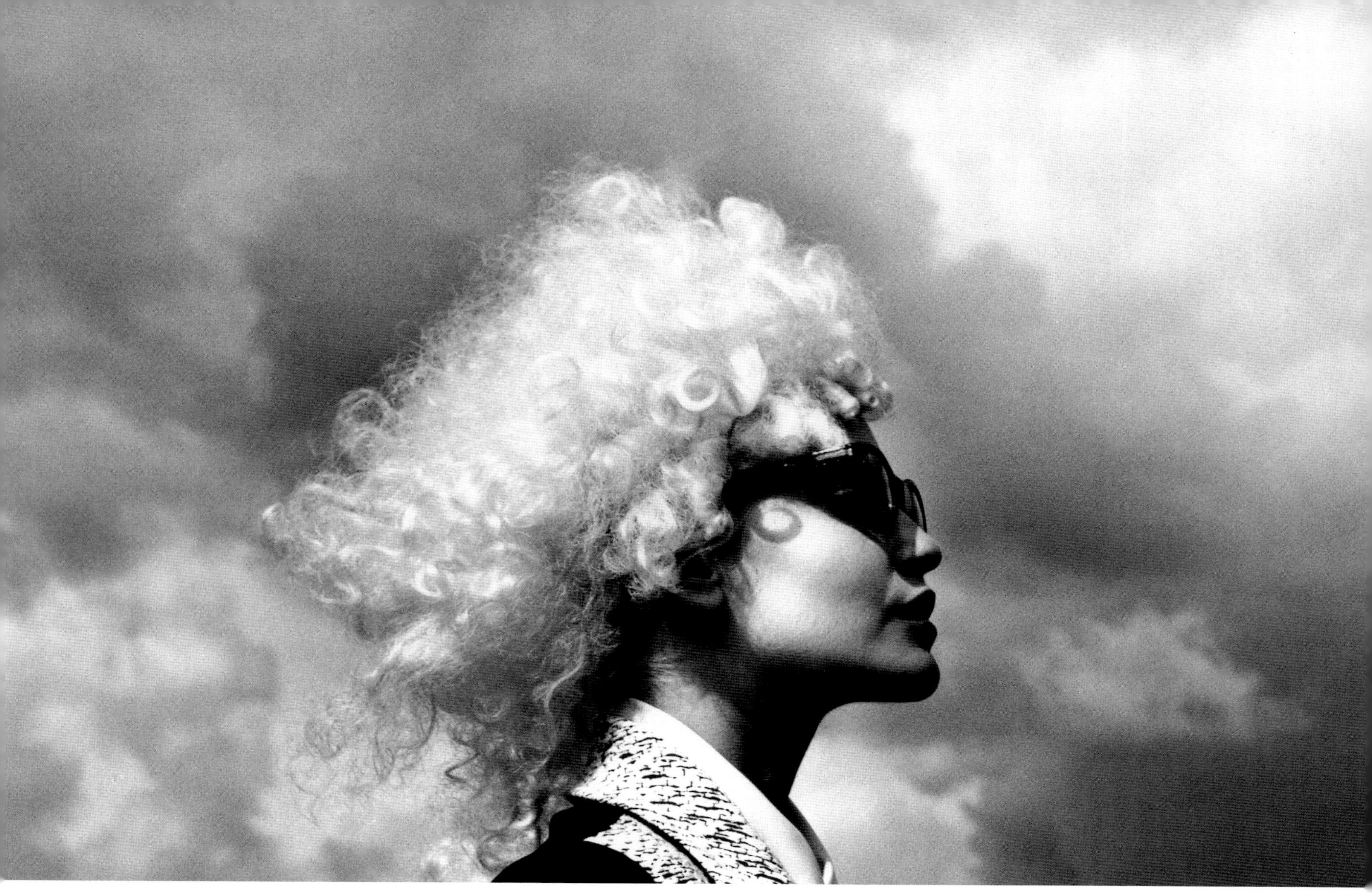

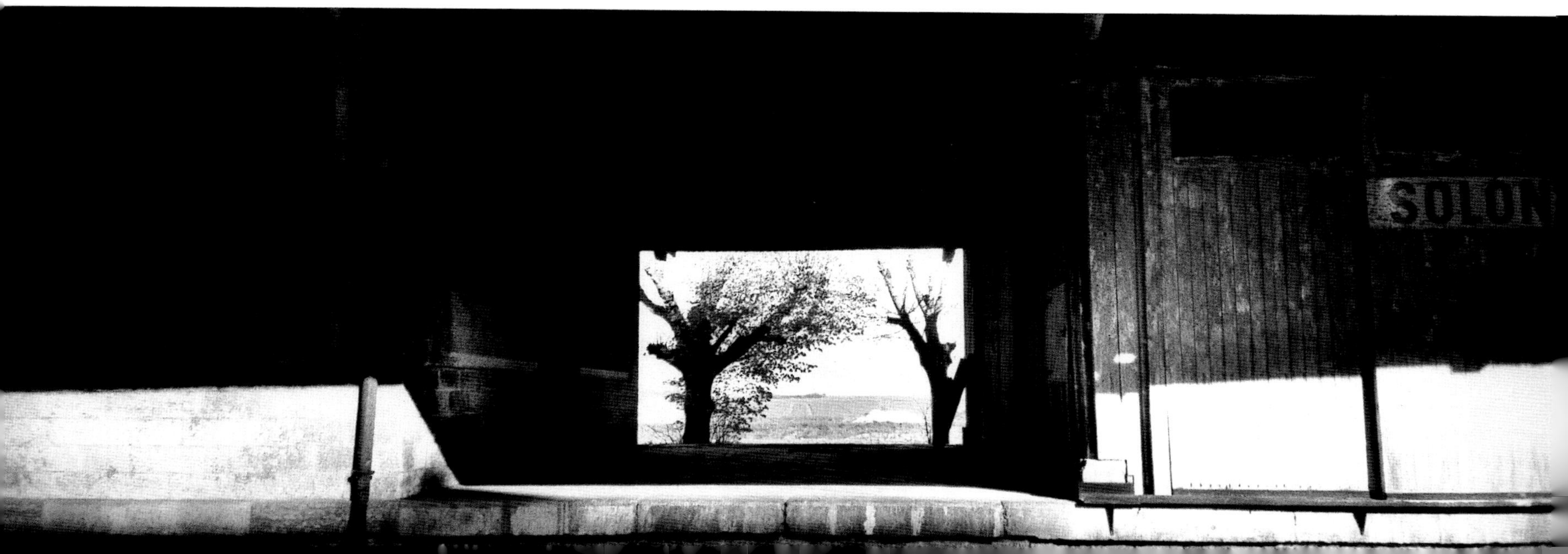
SOLON

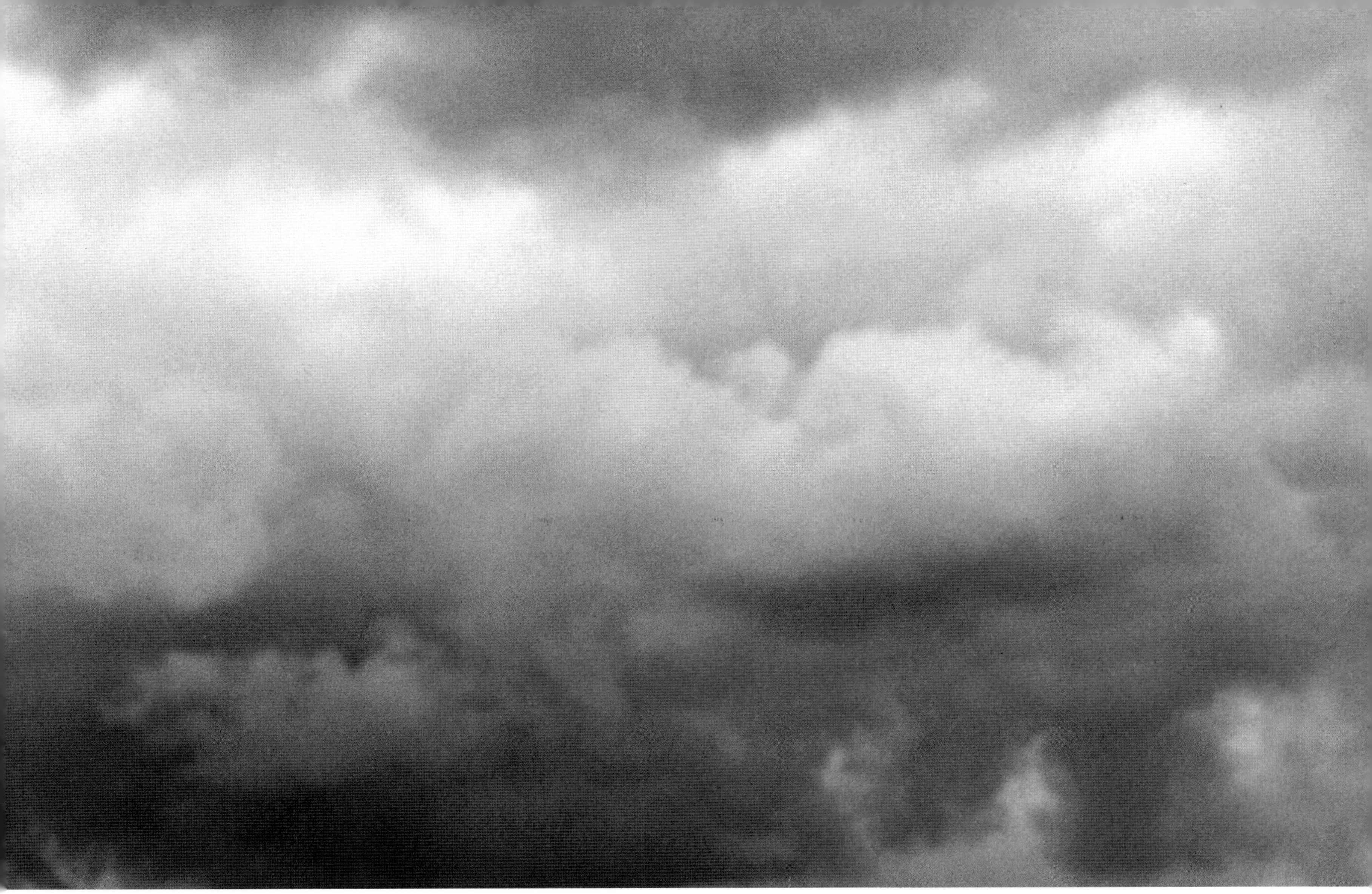

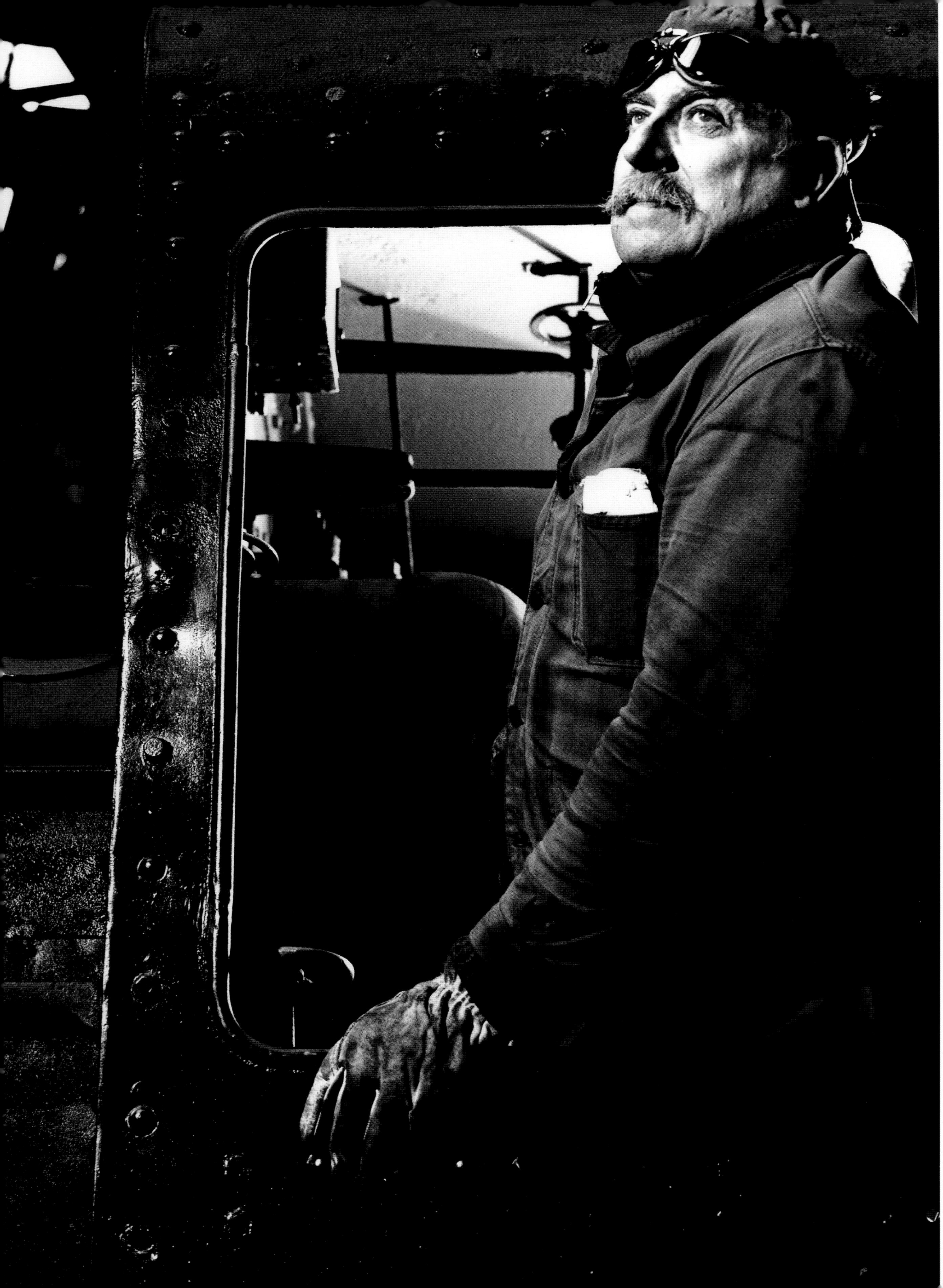

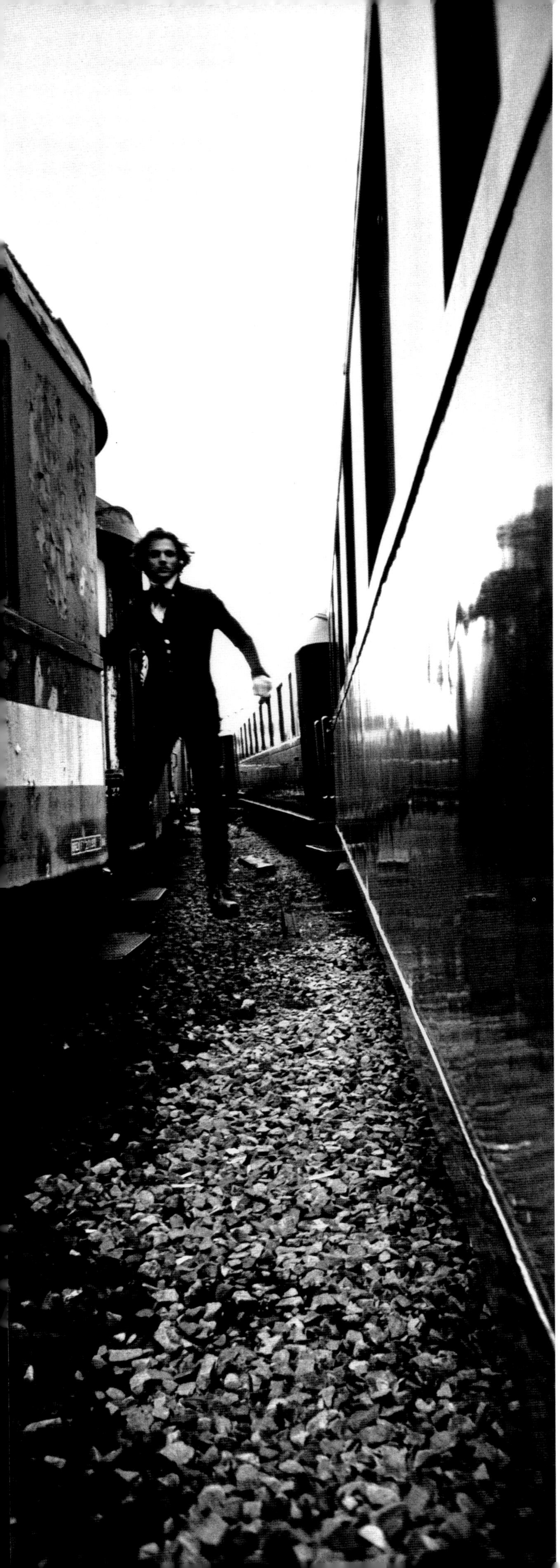

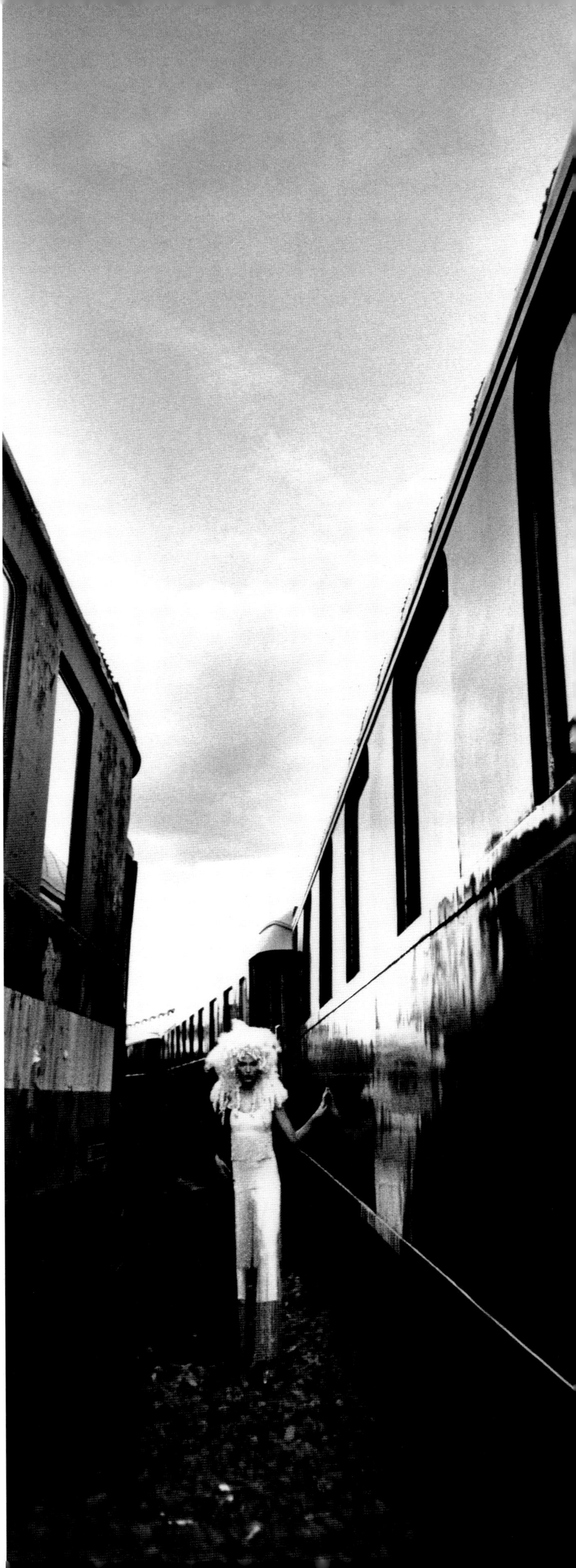

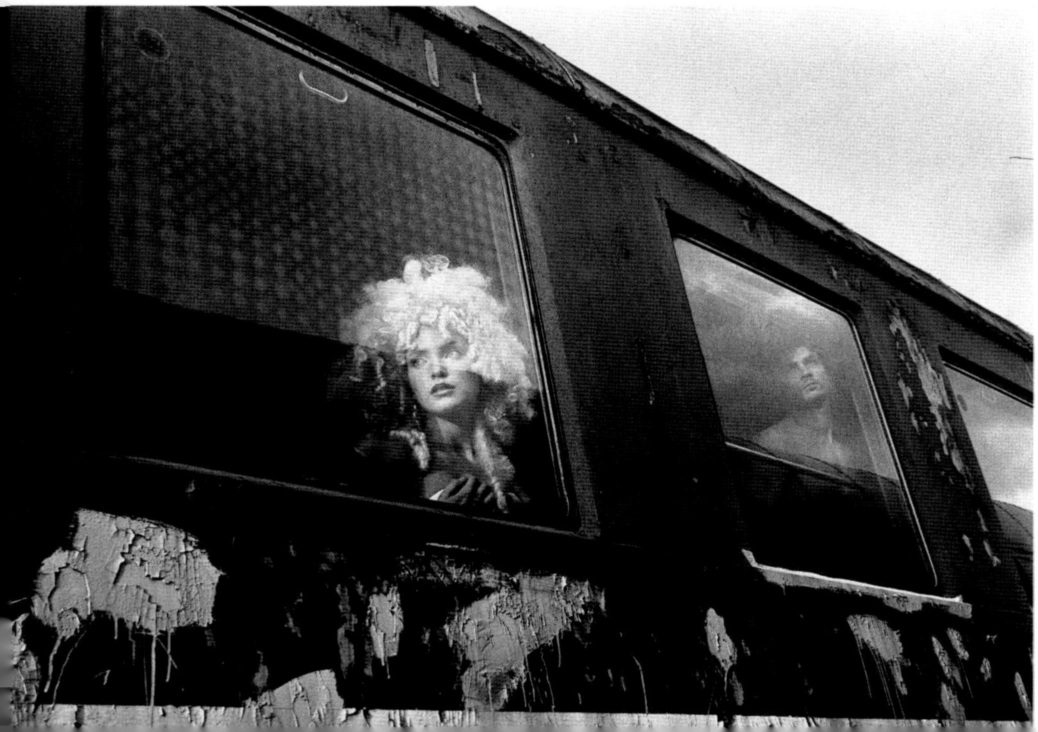

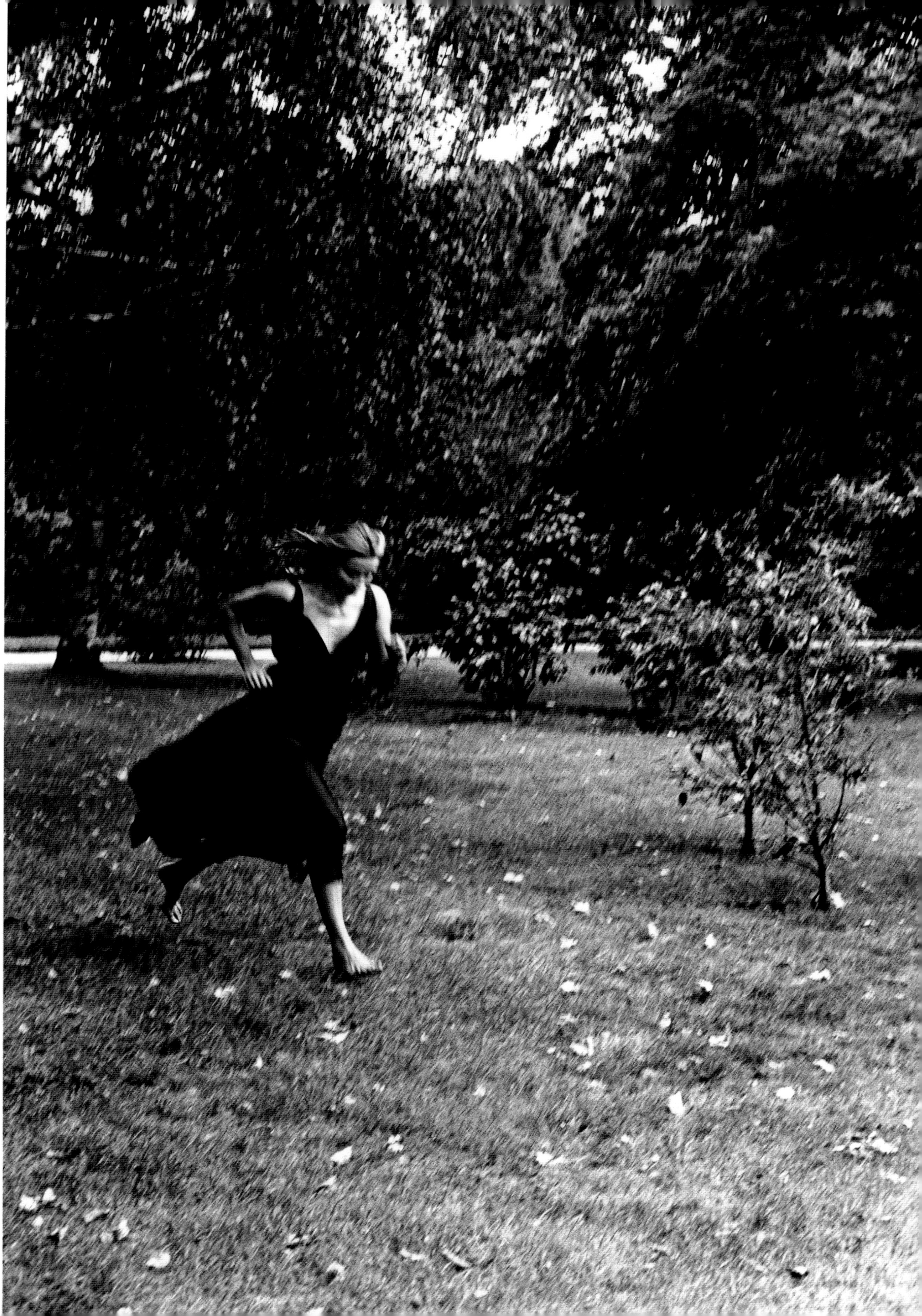

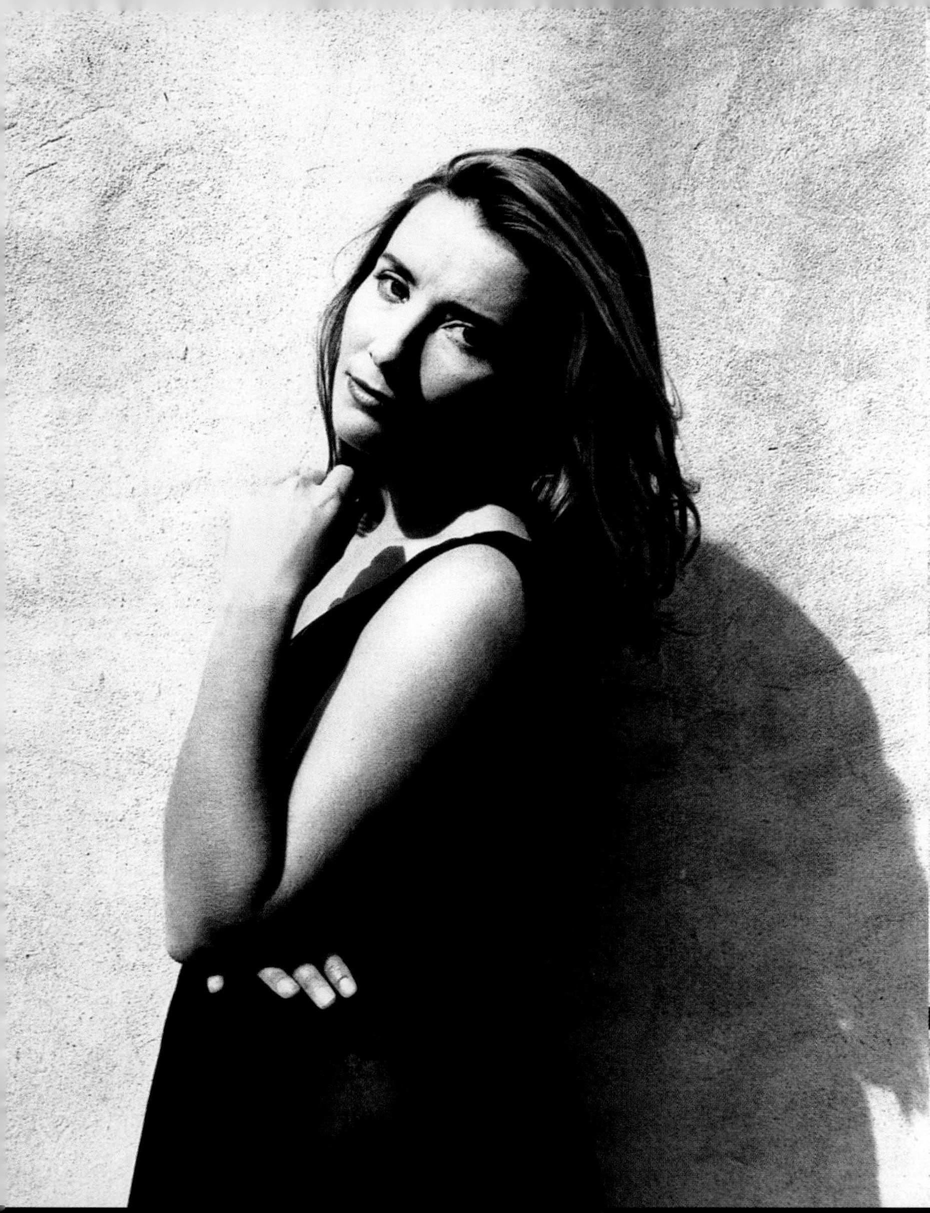
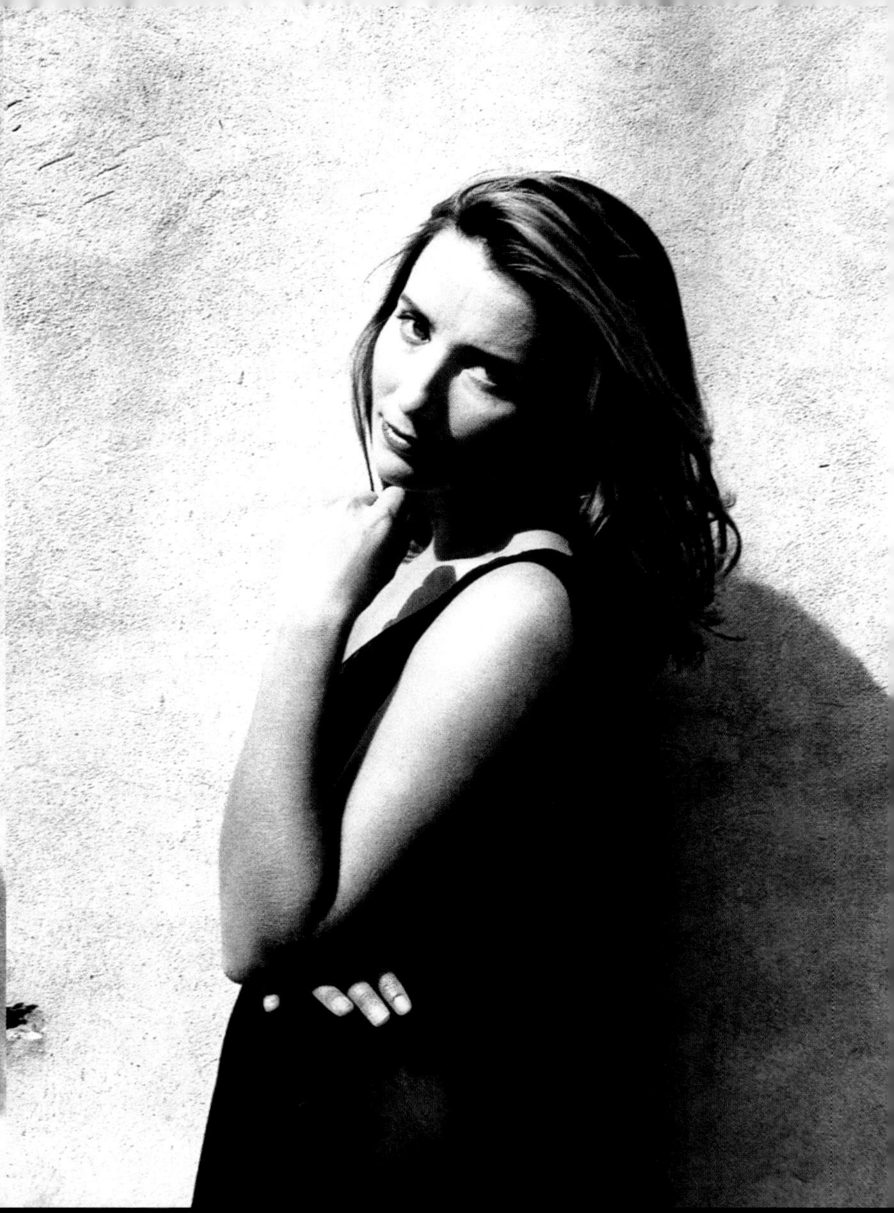
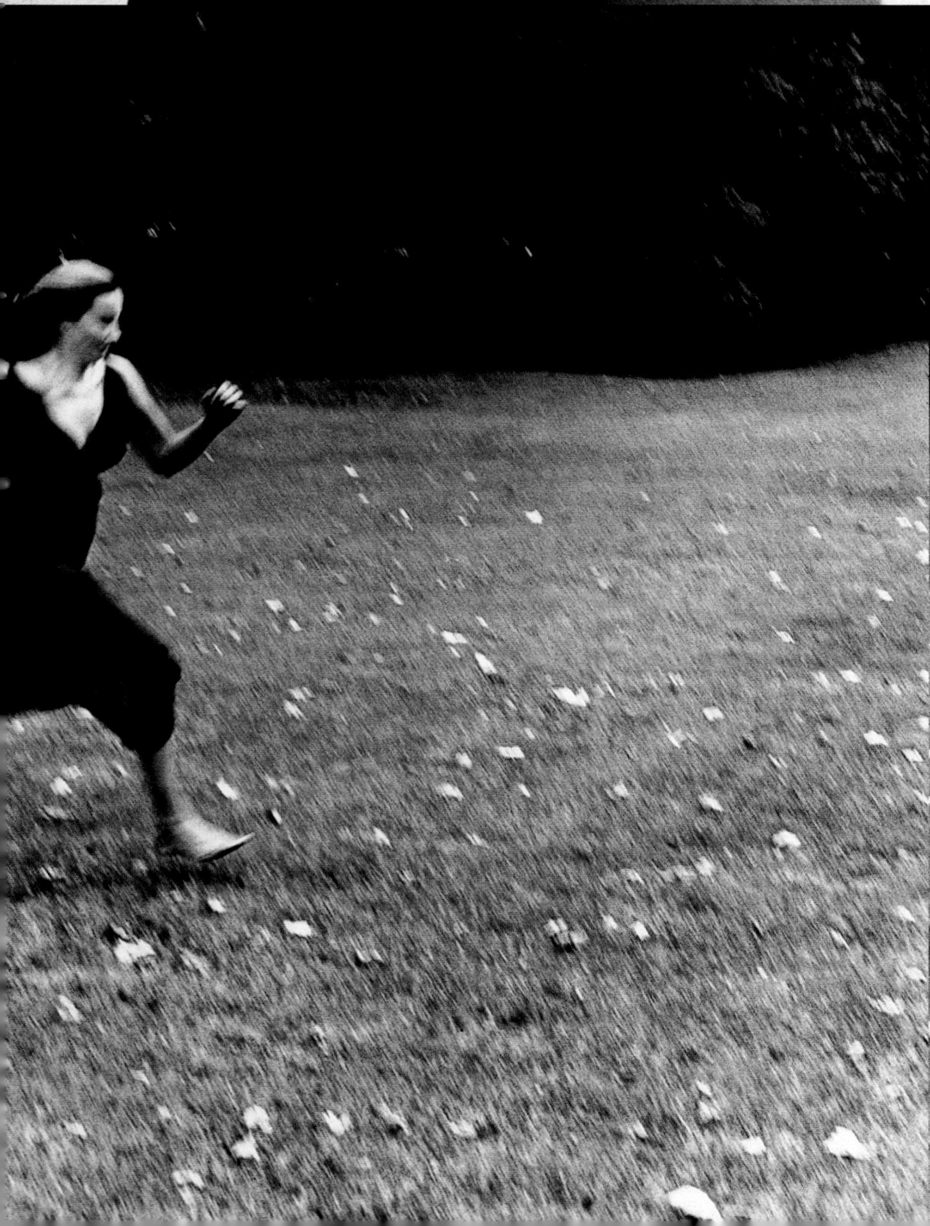
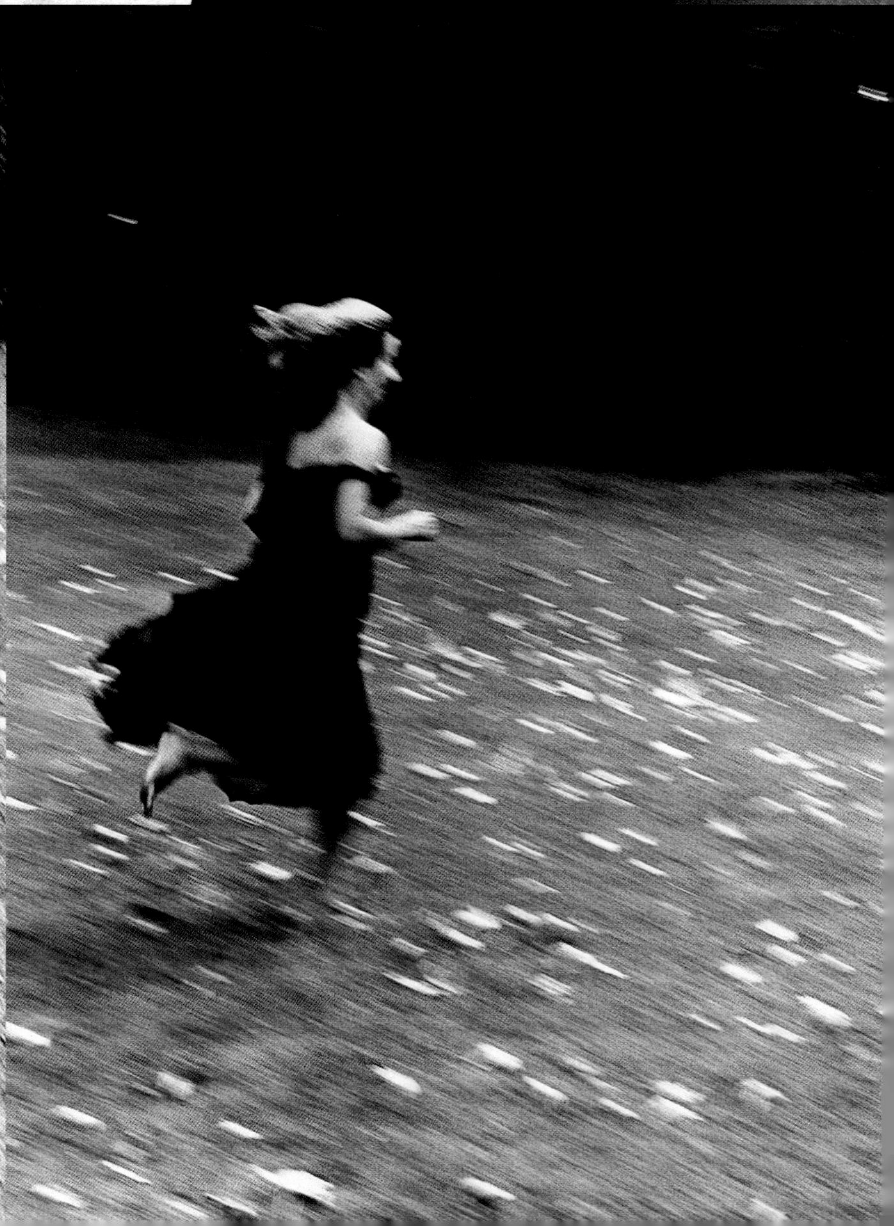

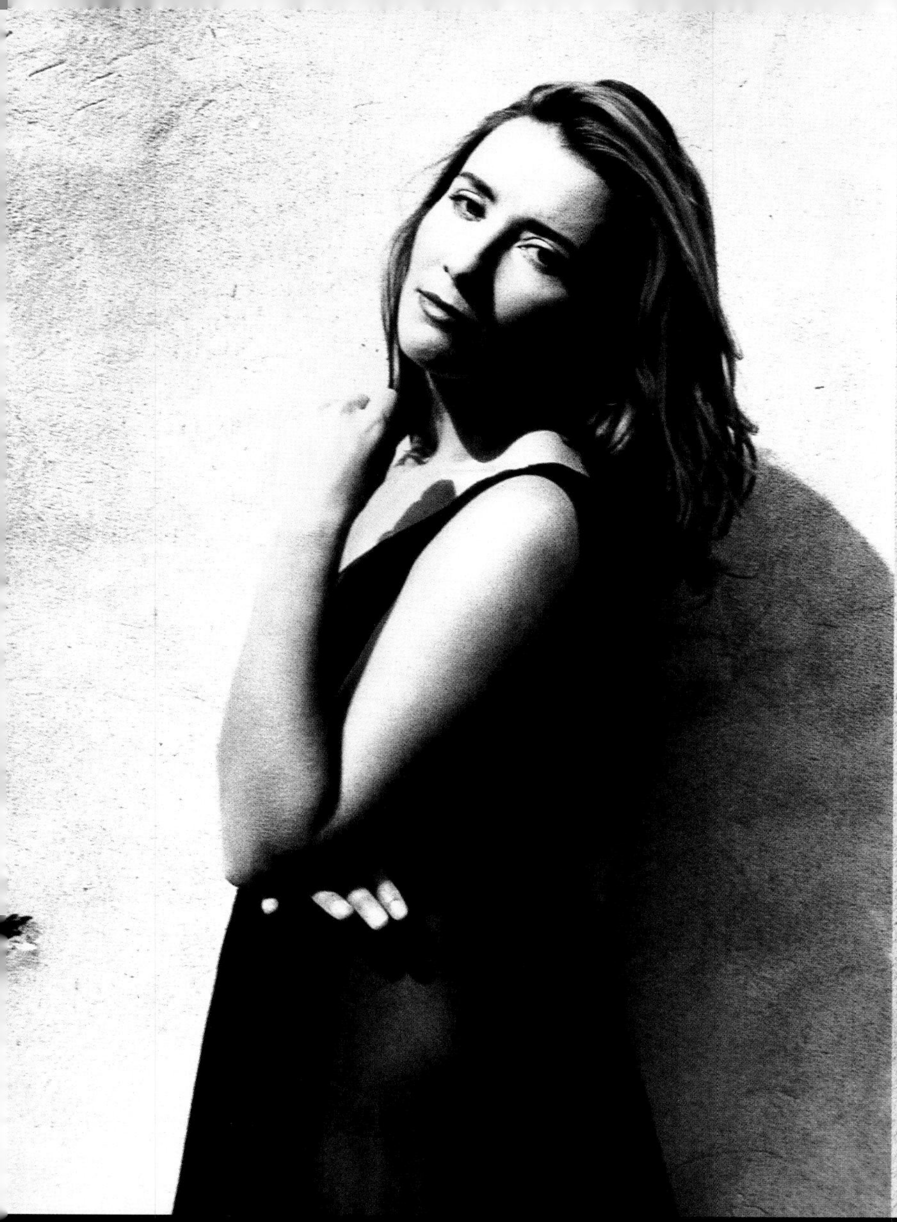
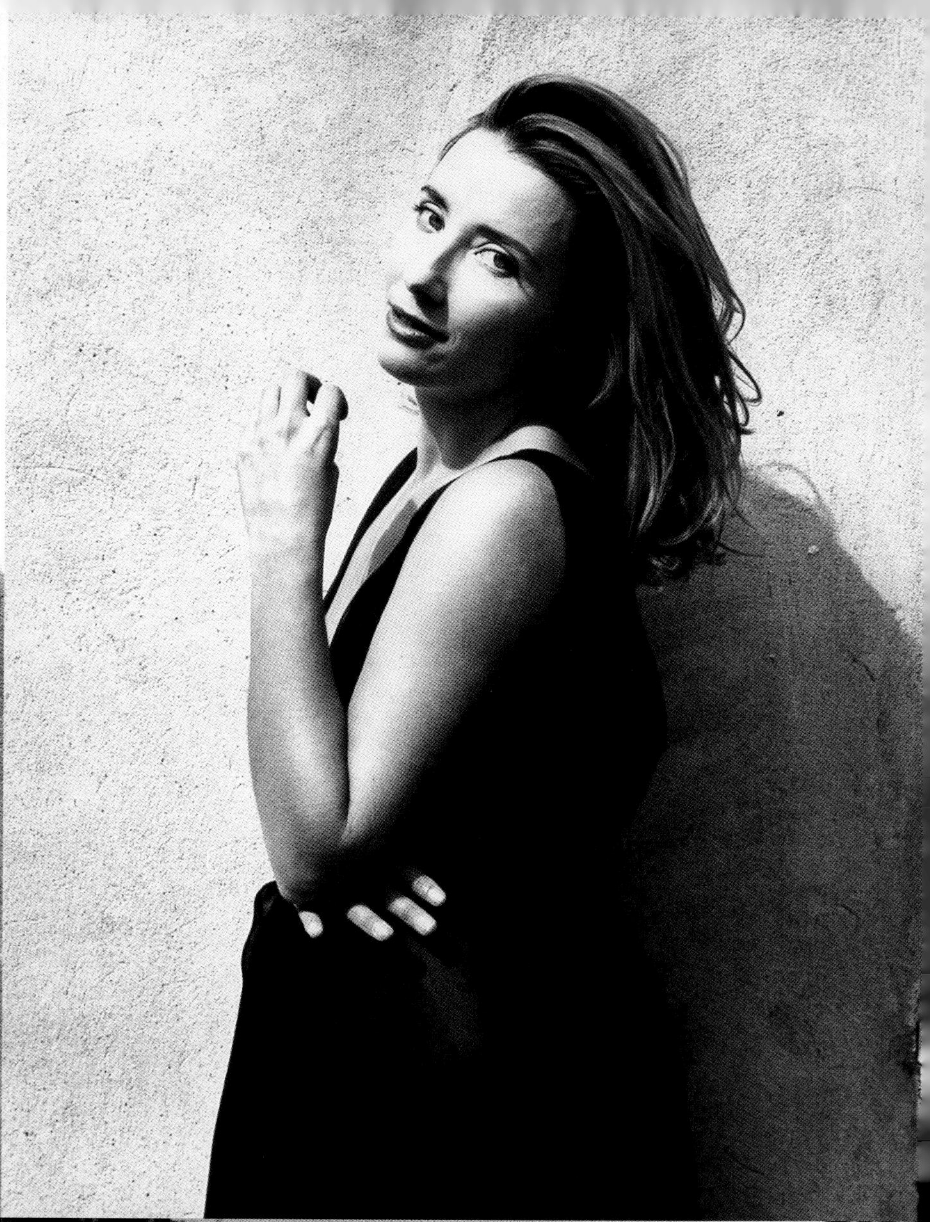
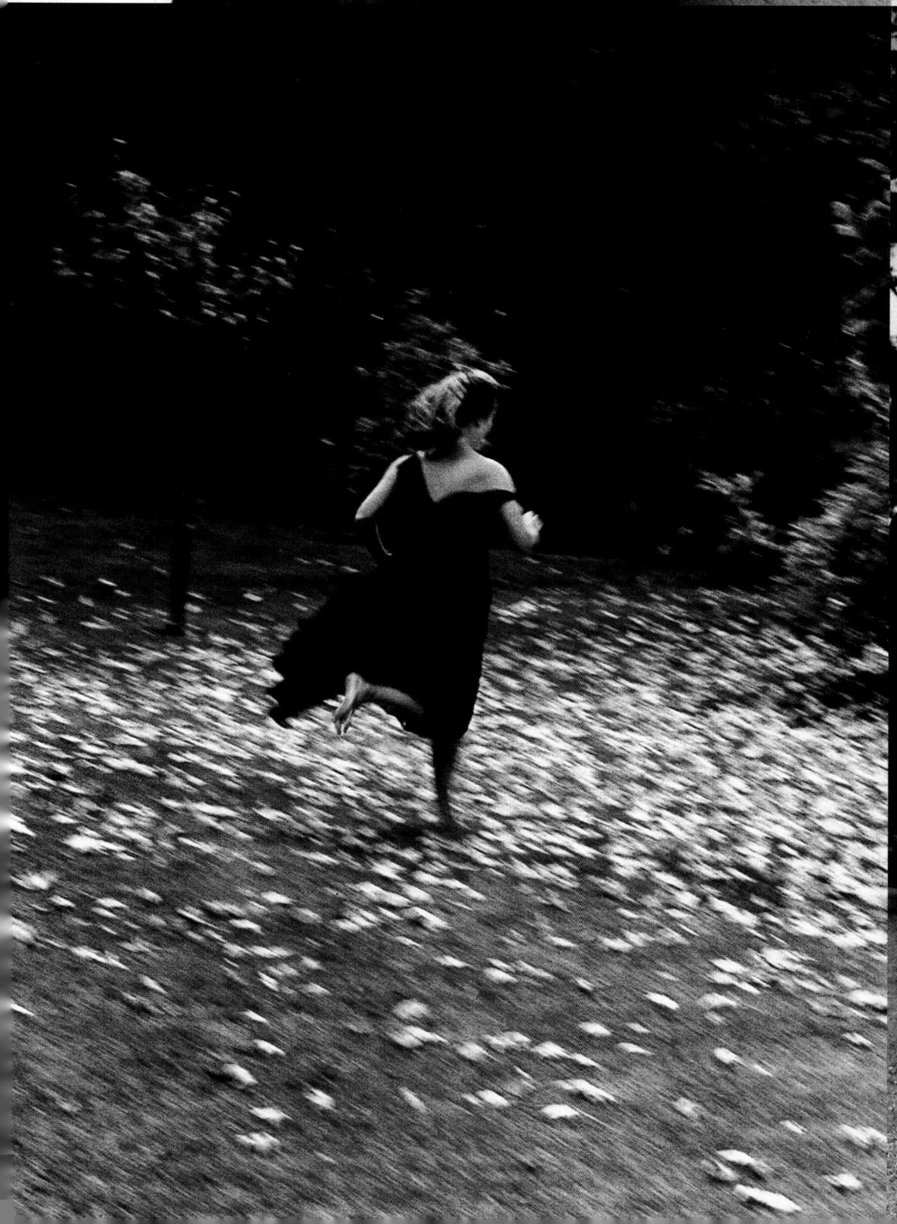
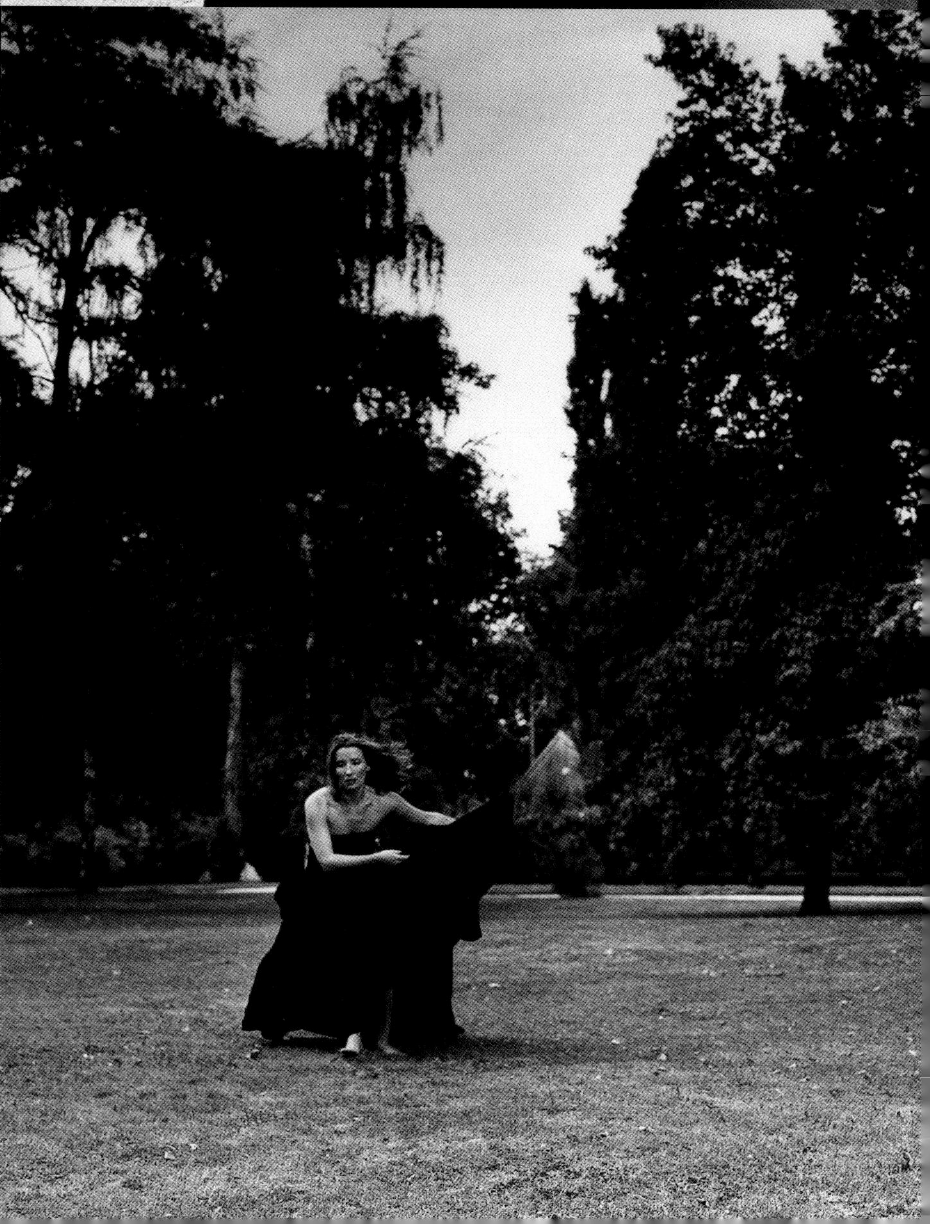

HOMMAGE À MARY WIGMAN

pour Emma Thompson

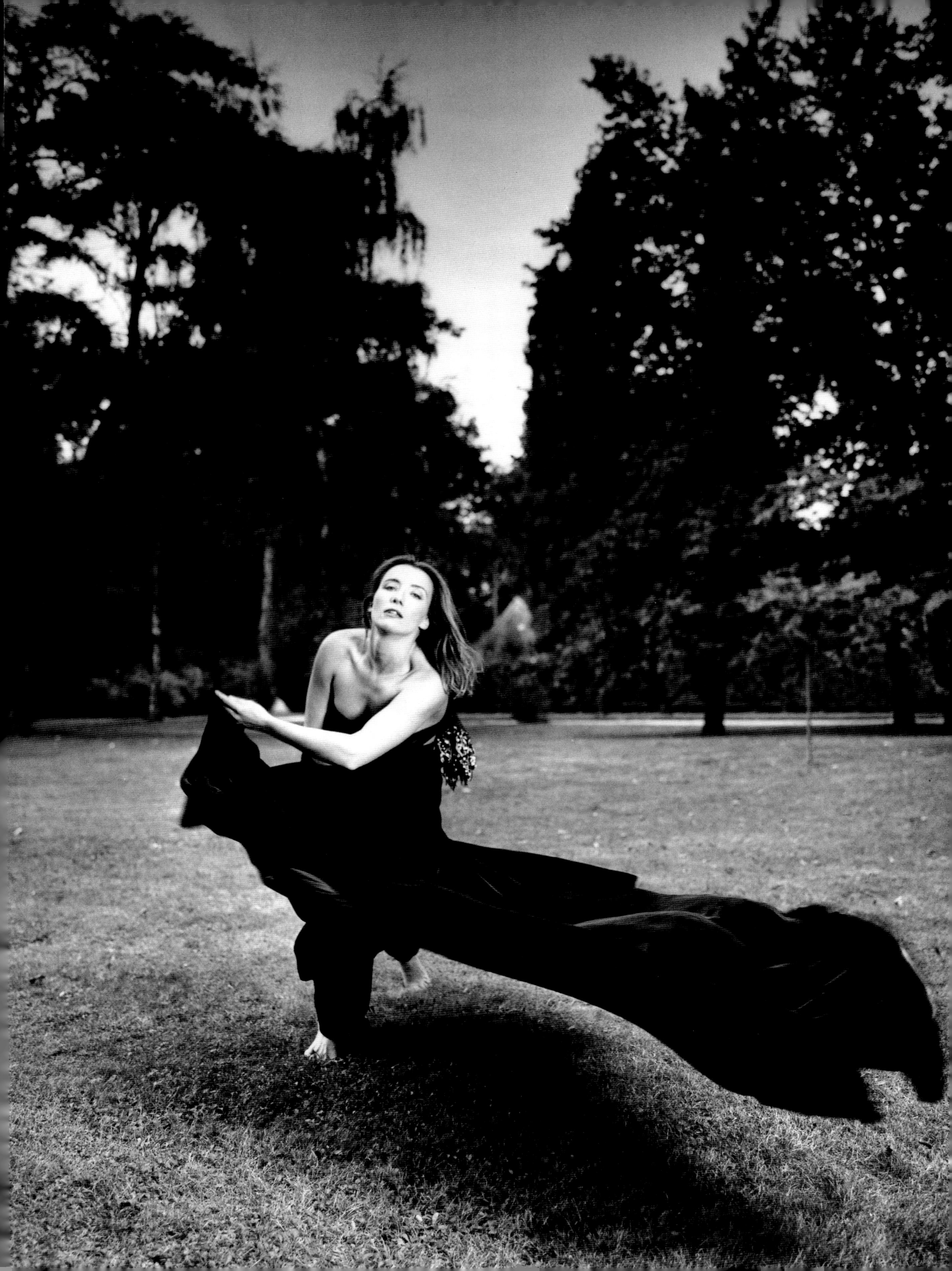

Paris 7ème

Wie man in Frankreich sagt: »Entre Cour et Jardin.«
Der Zauber Pariser Adelshöfe, die man von der Straße her erraten,
aber nicht sehen kann.

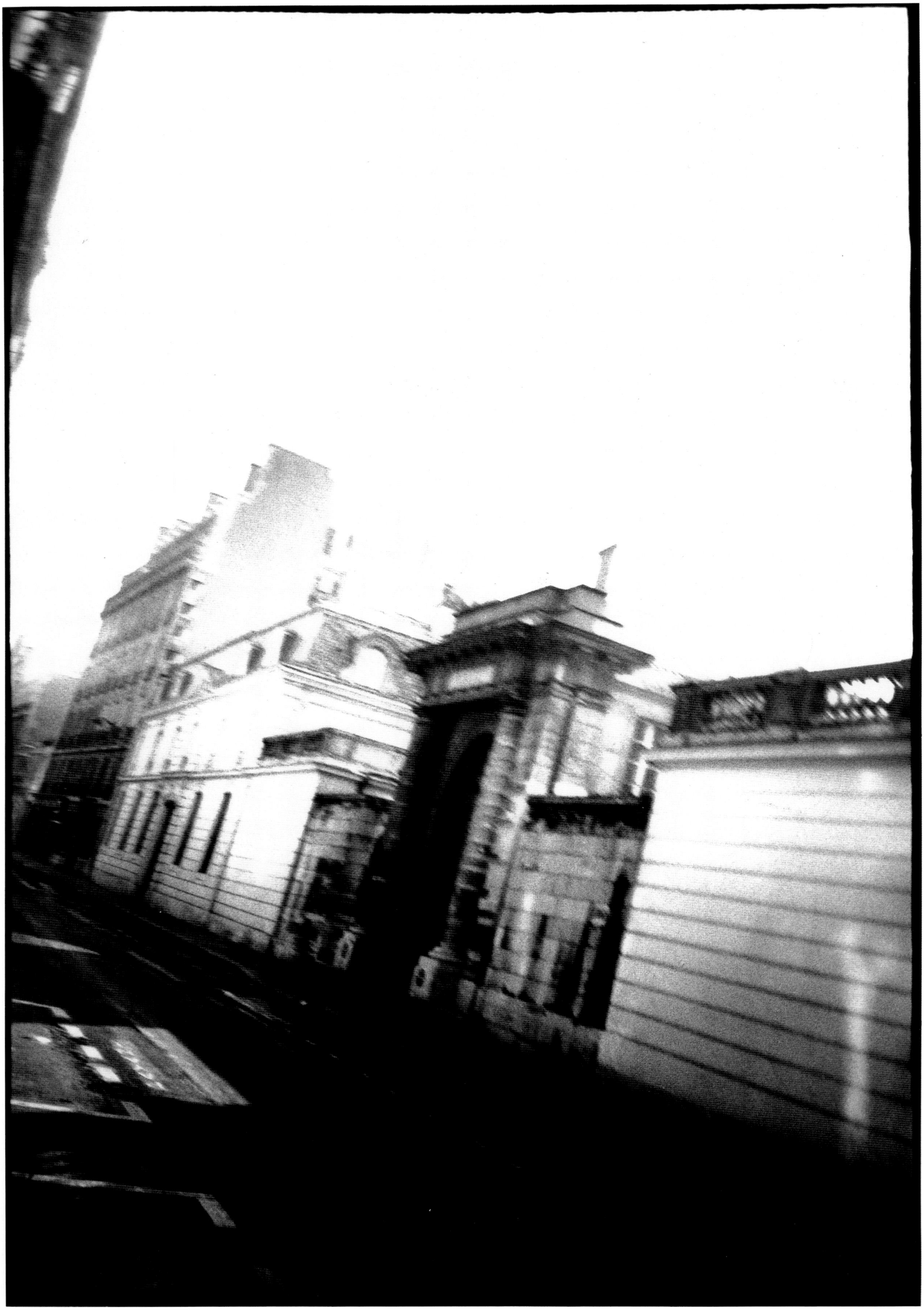

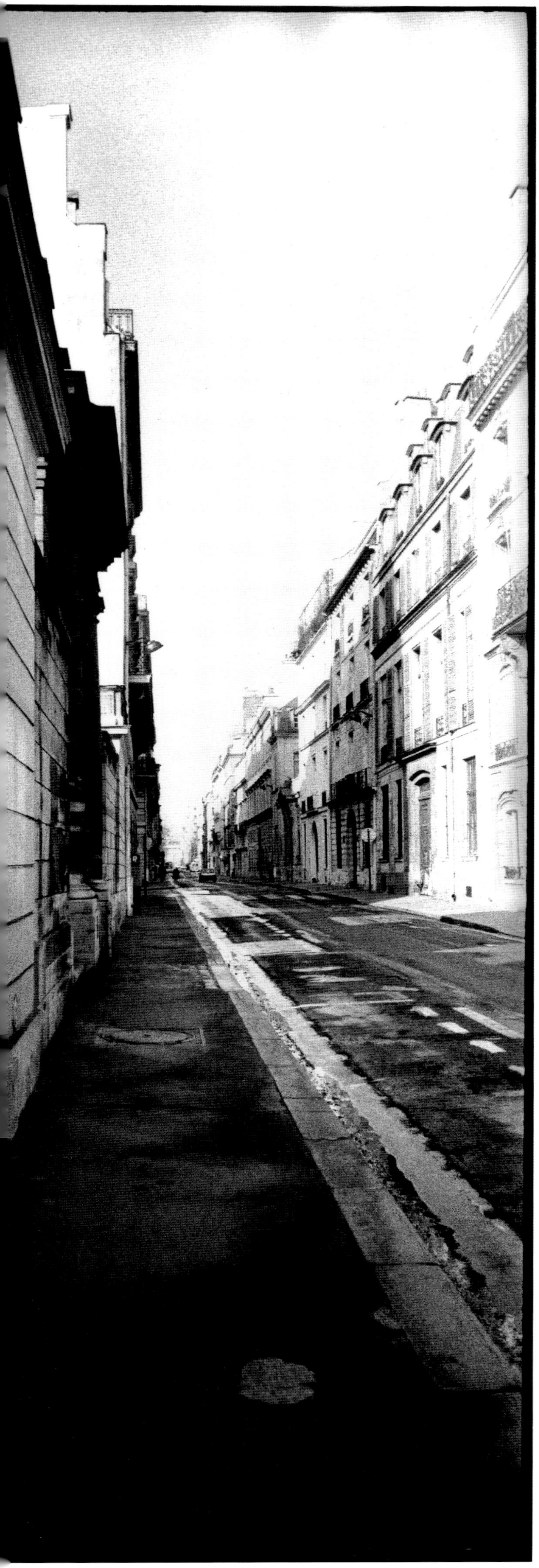

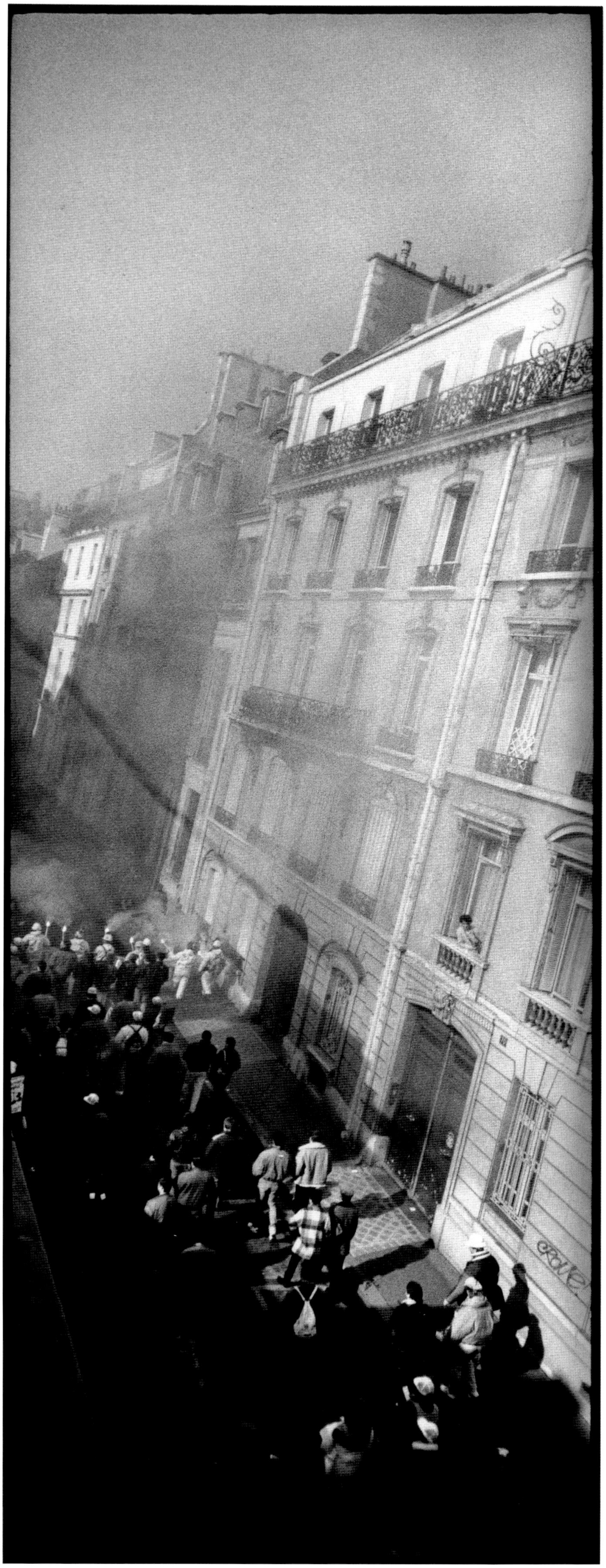

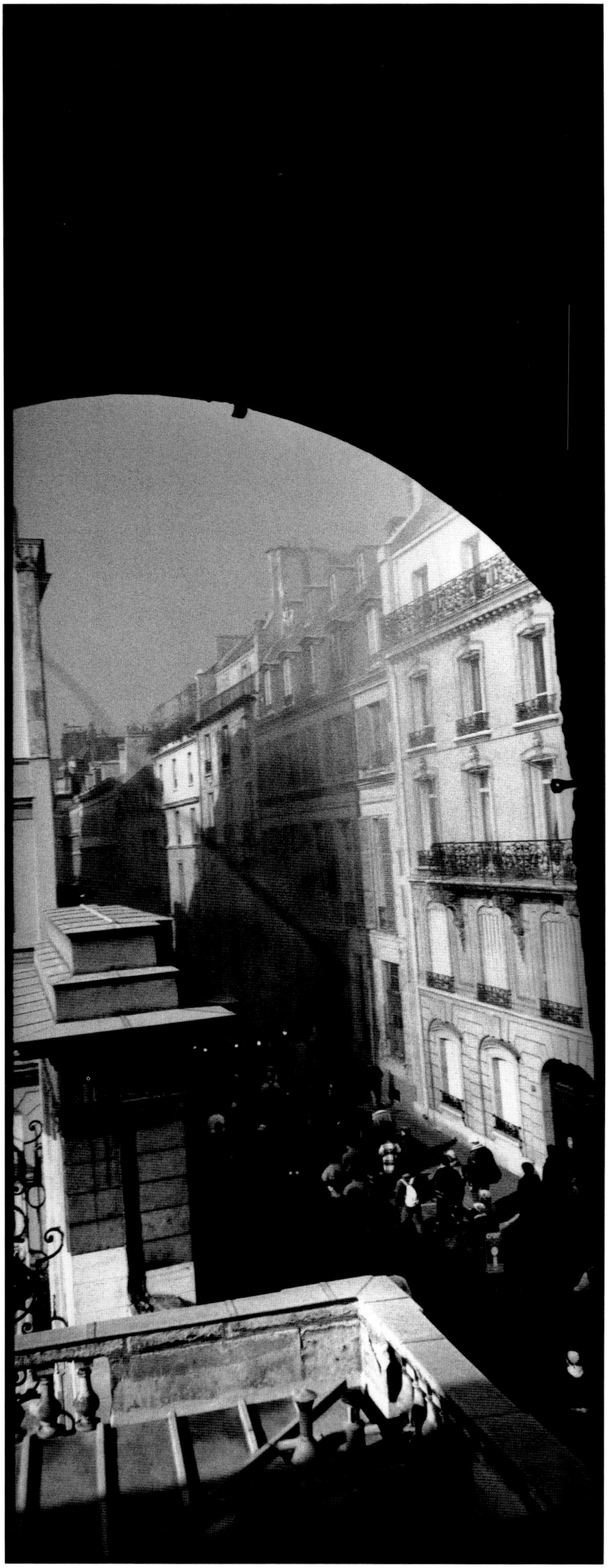

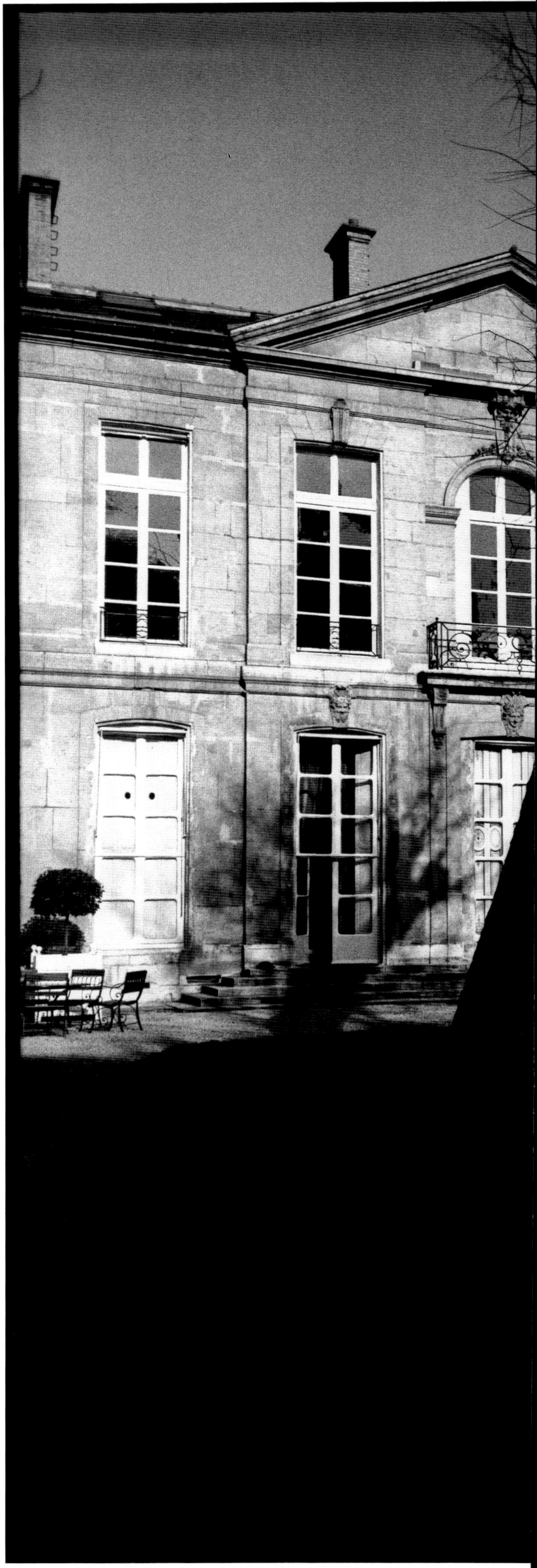

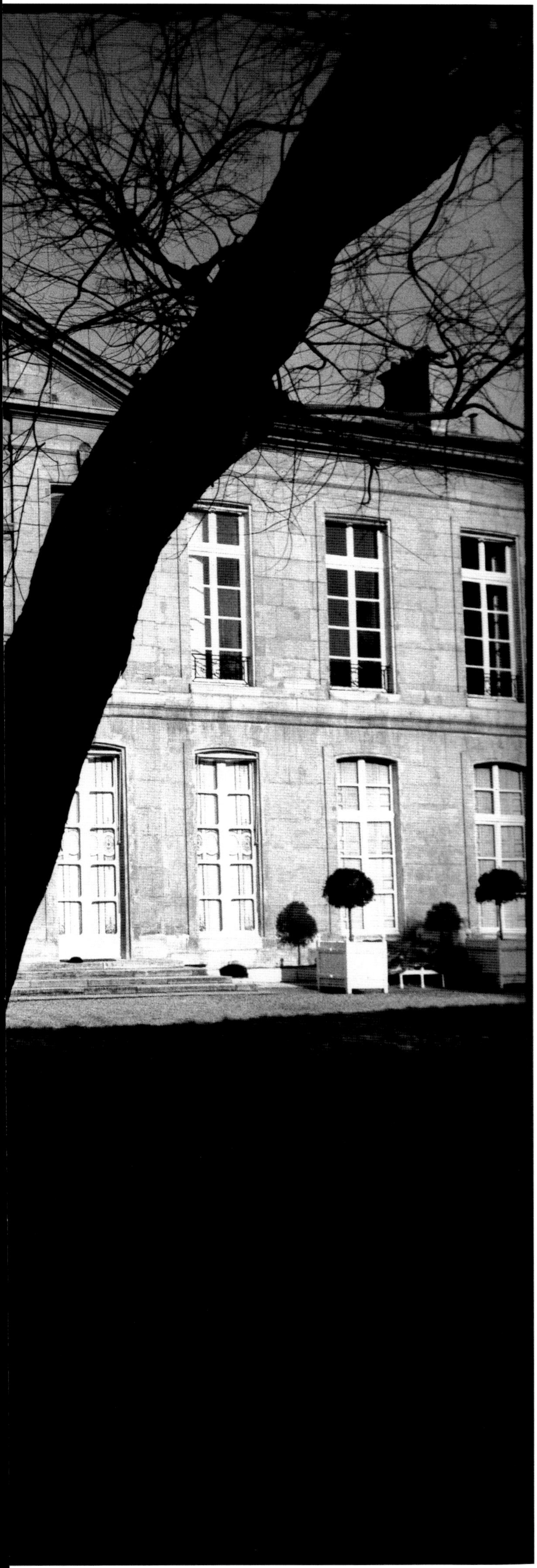

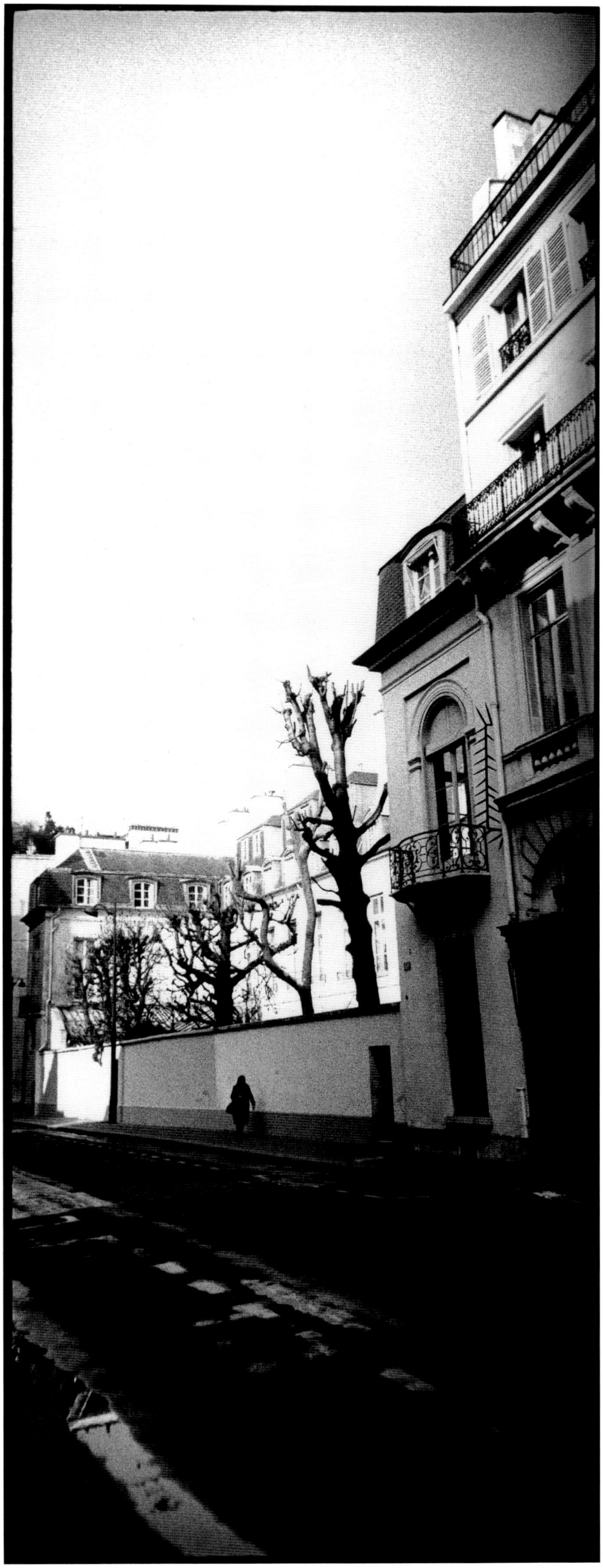

Park St. Cloud, April 1994

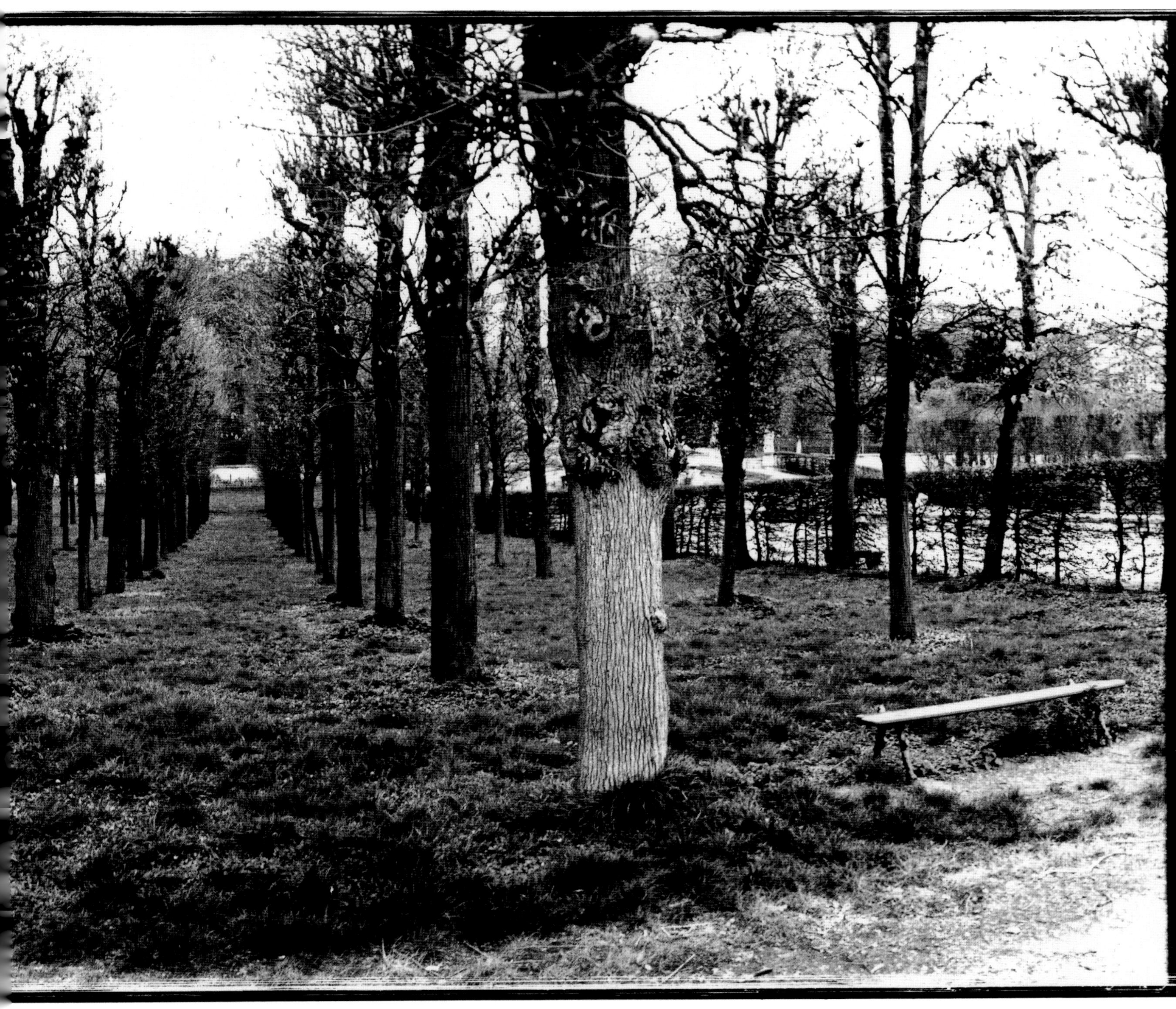

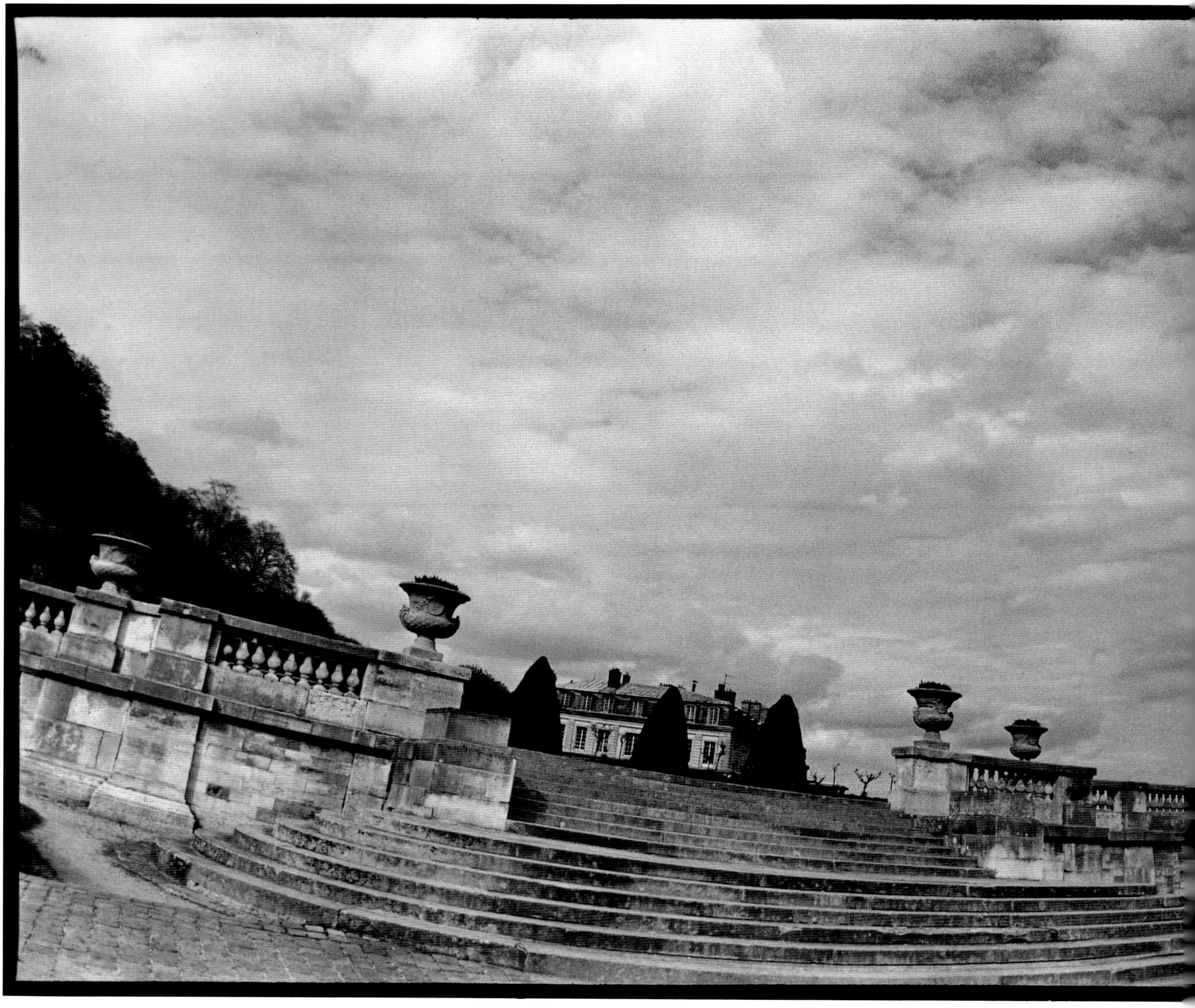

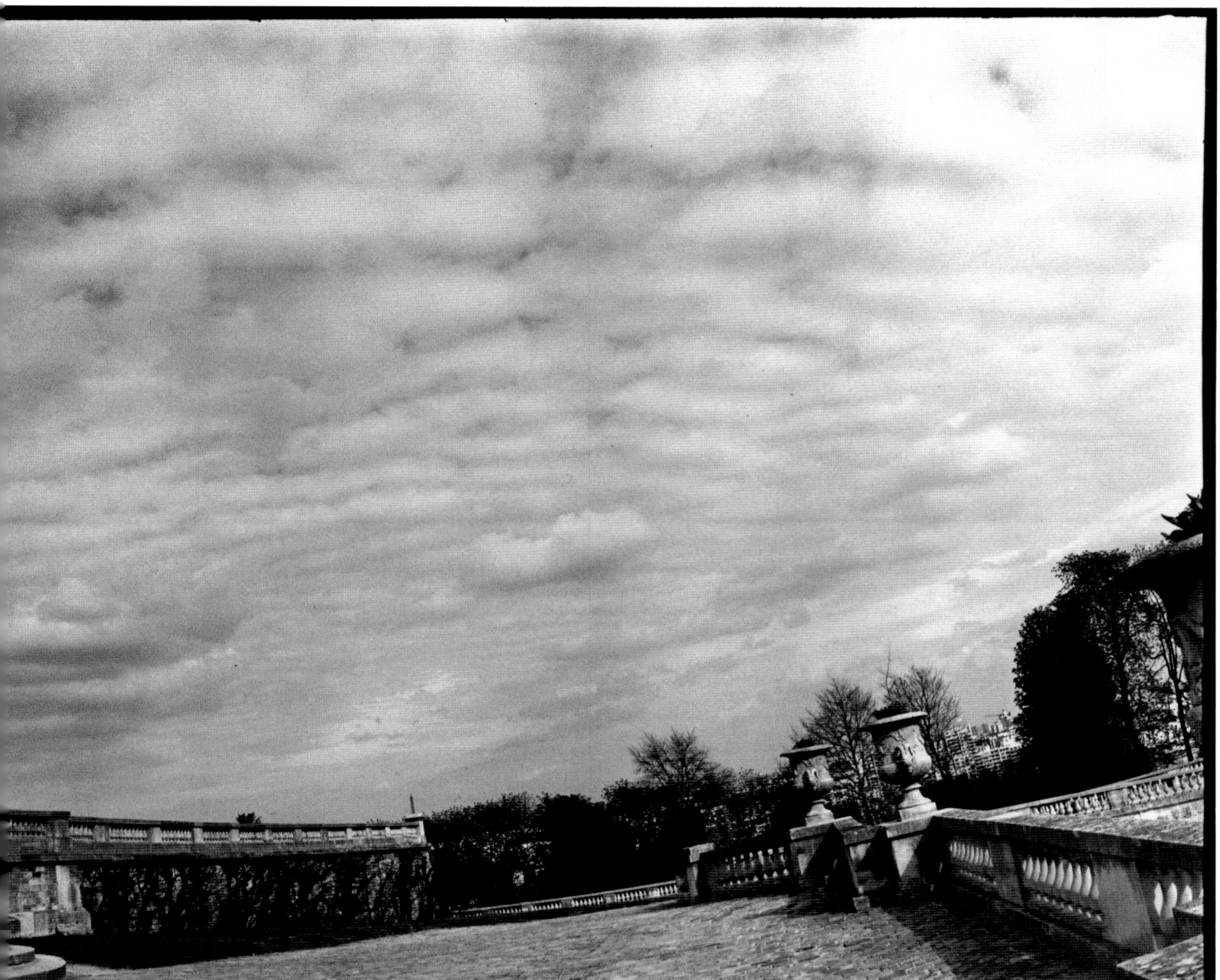

Hier lebte Lieselotte von der Pfalz

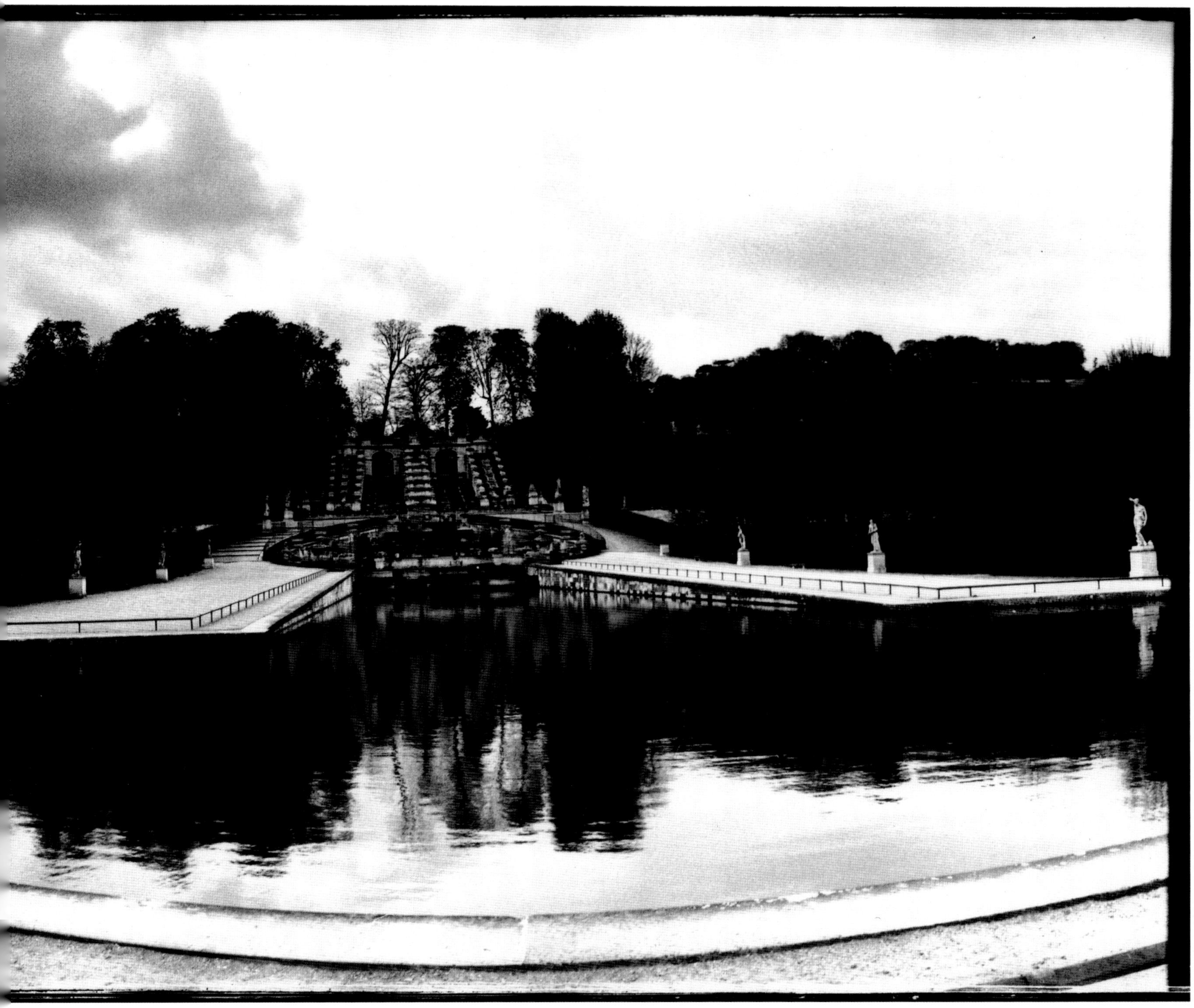

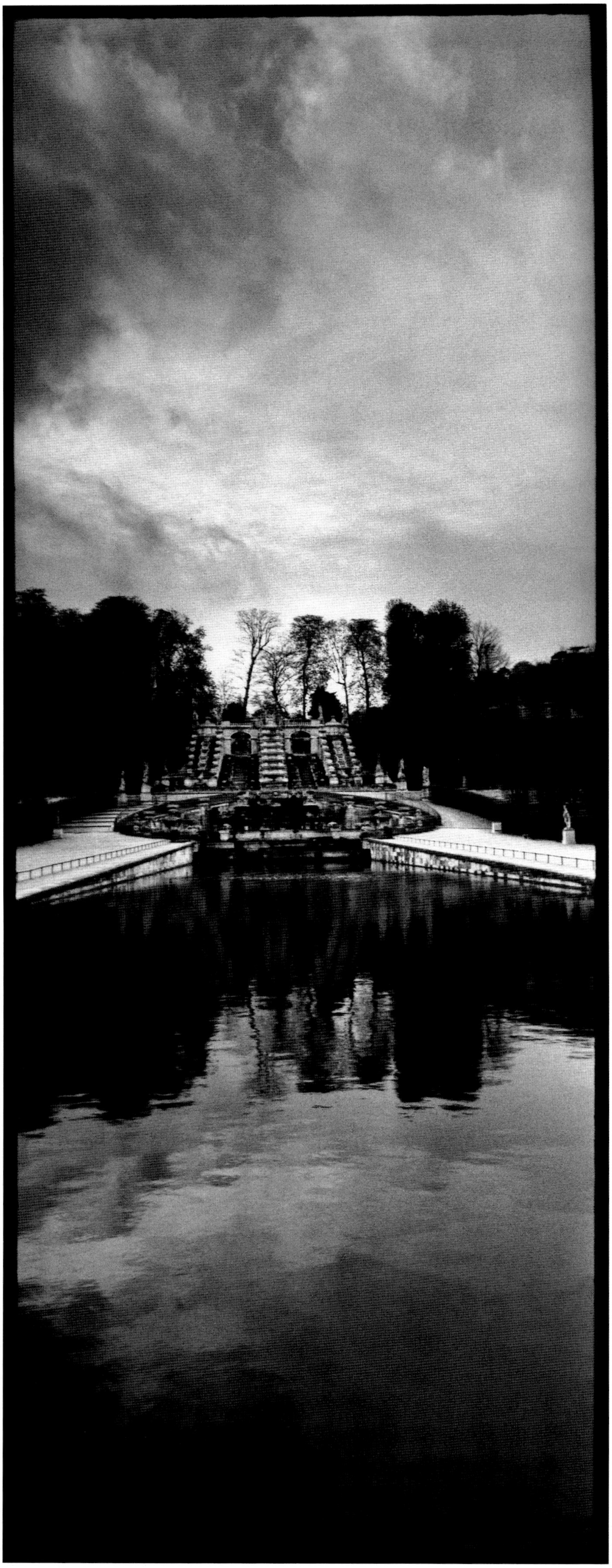

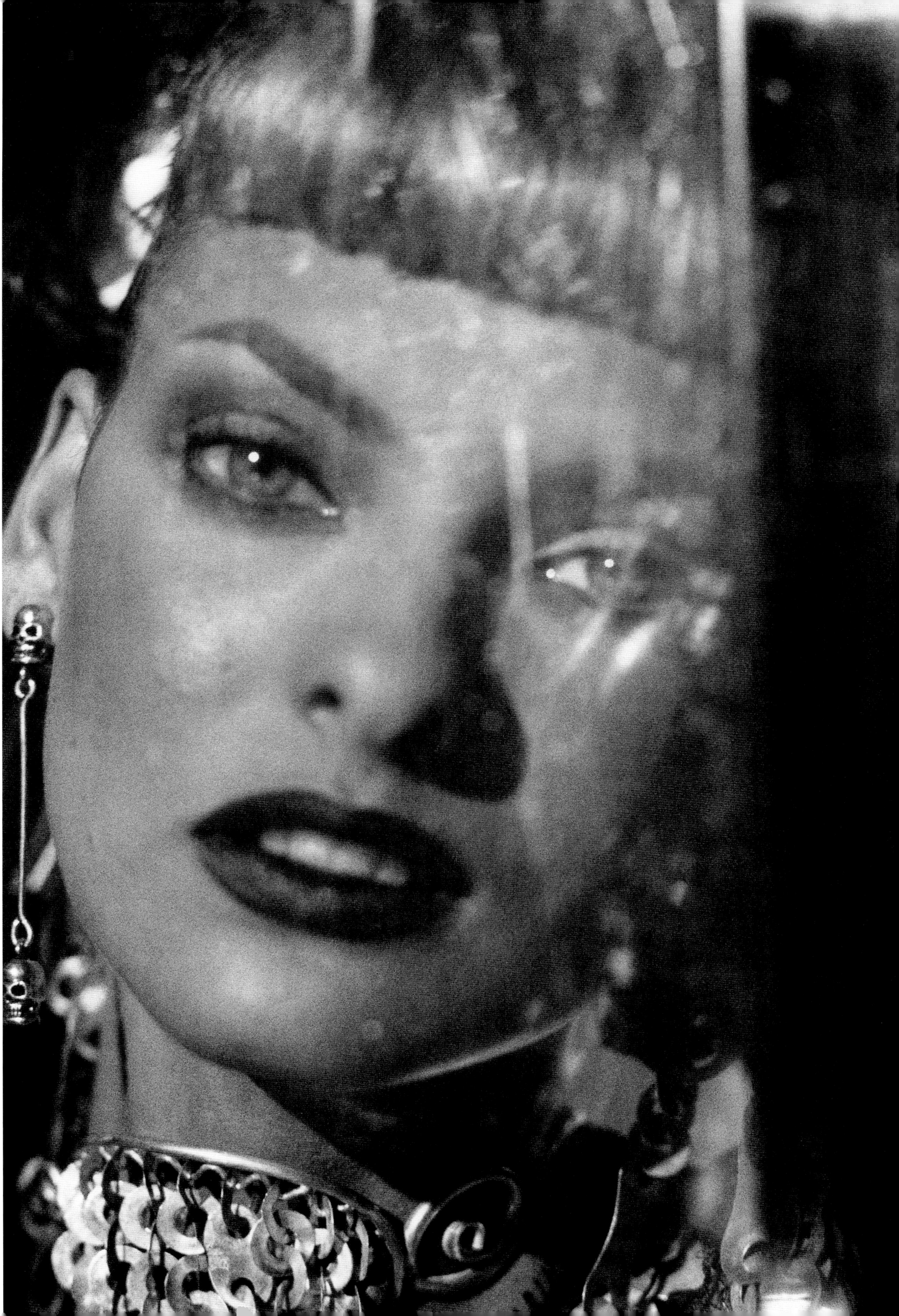

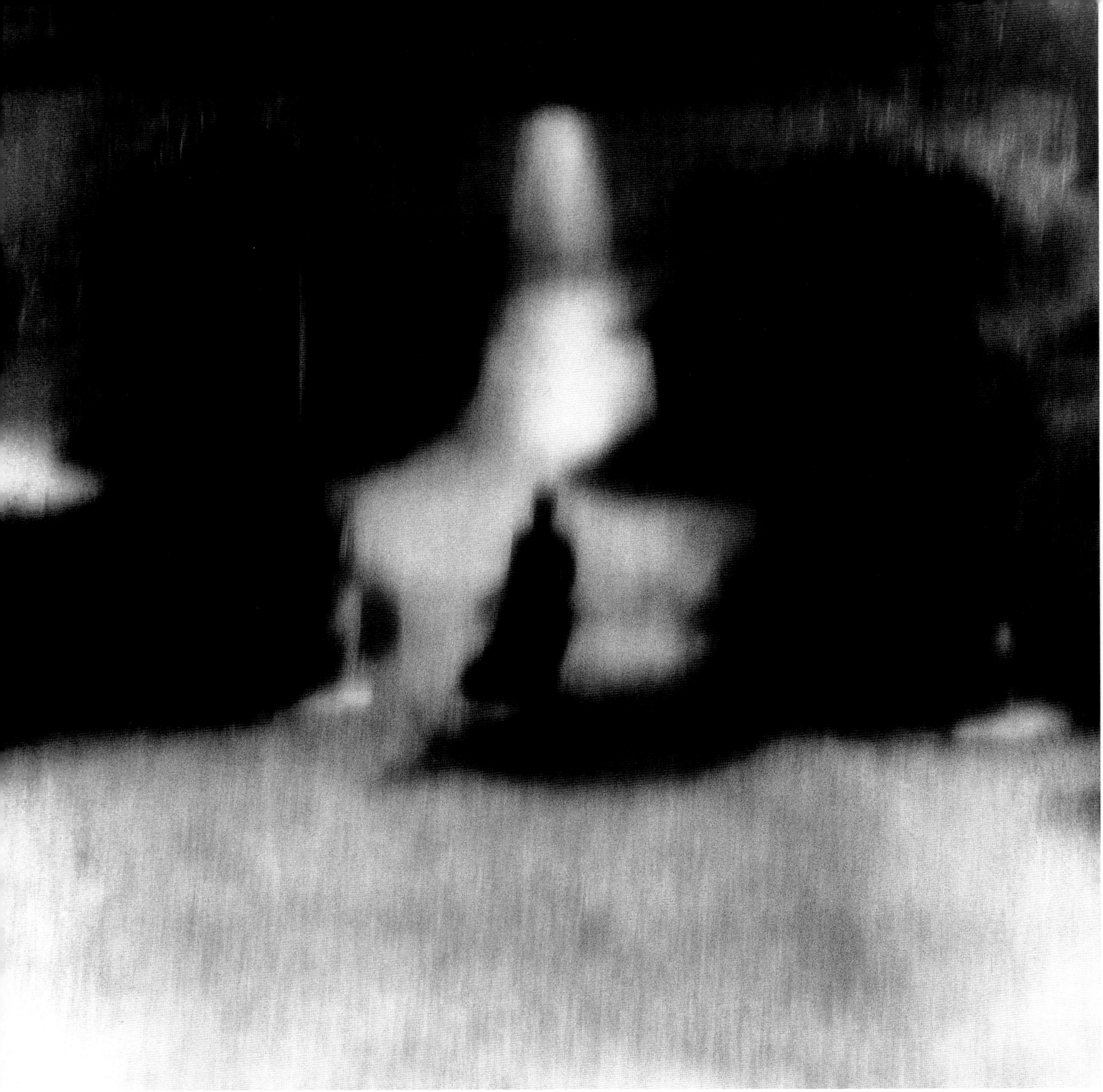

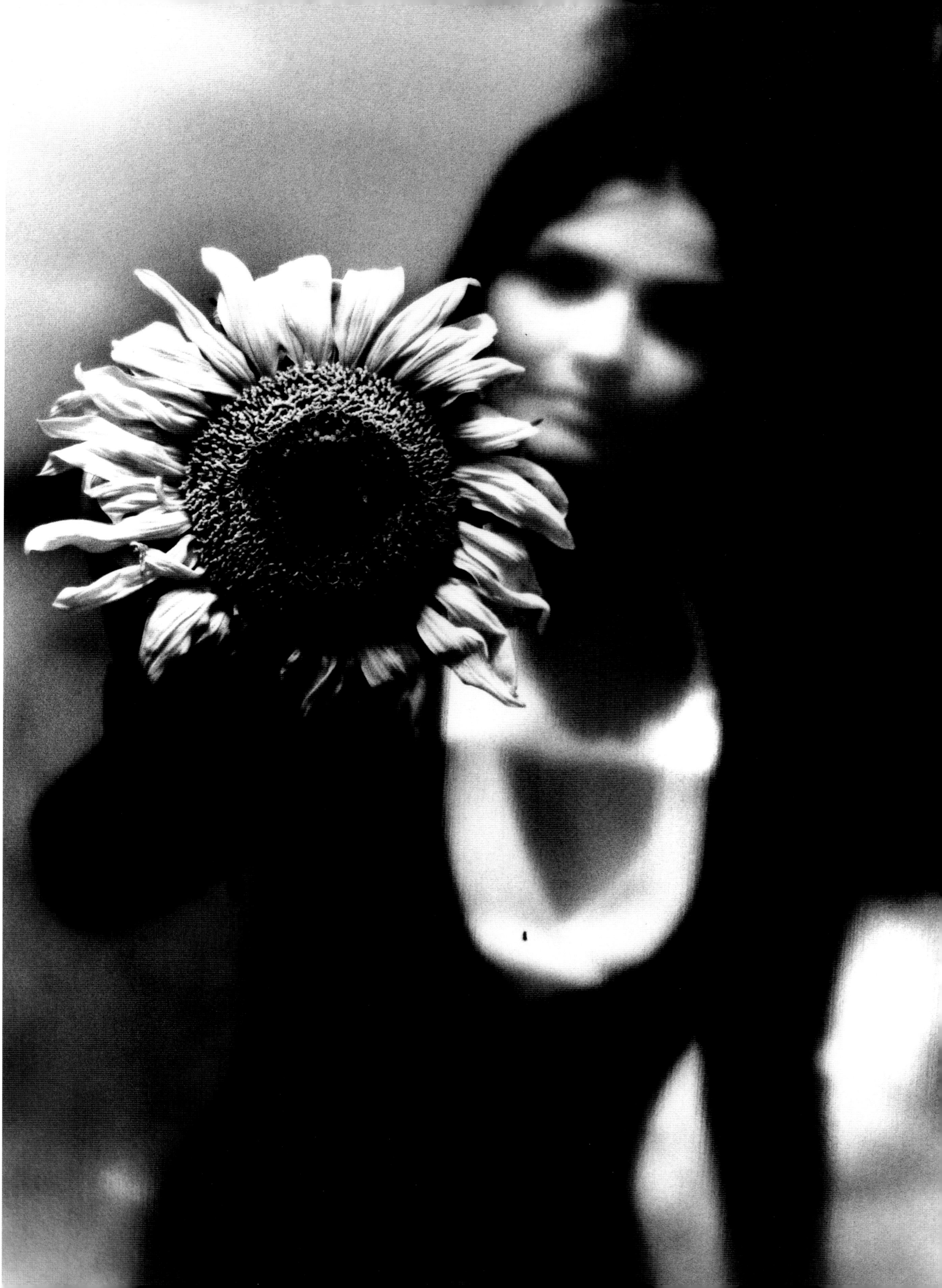

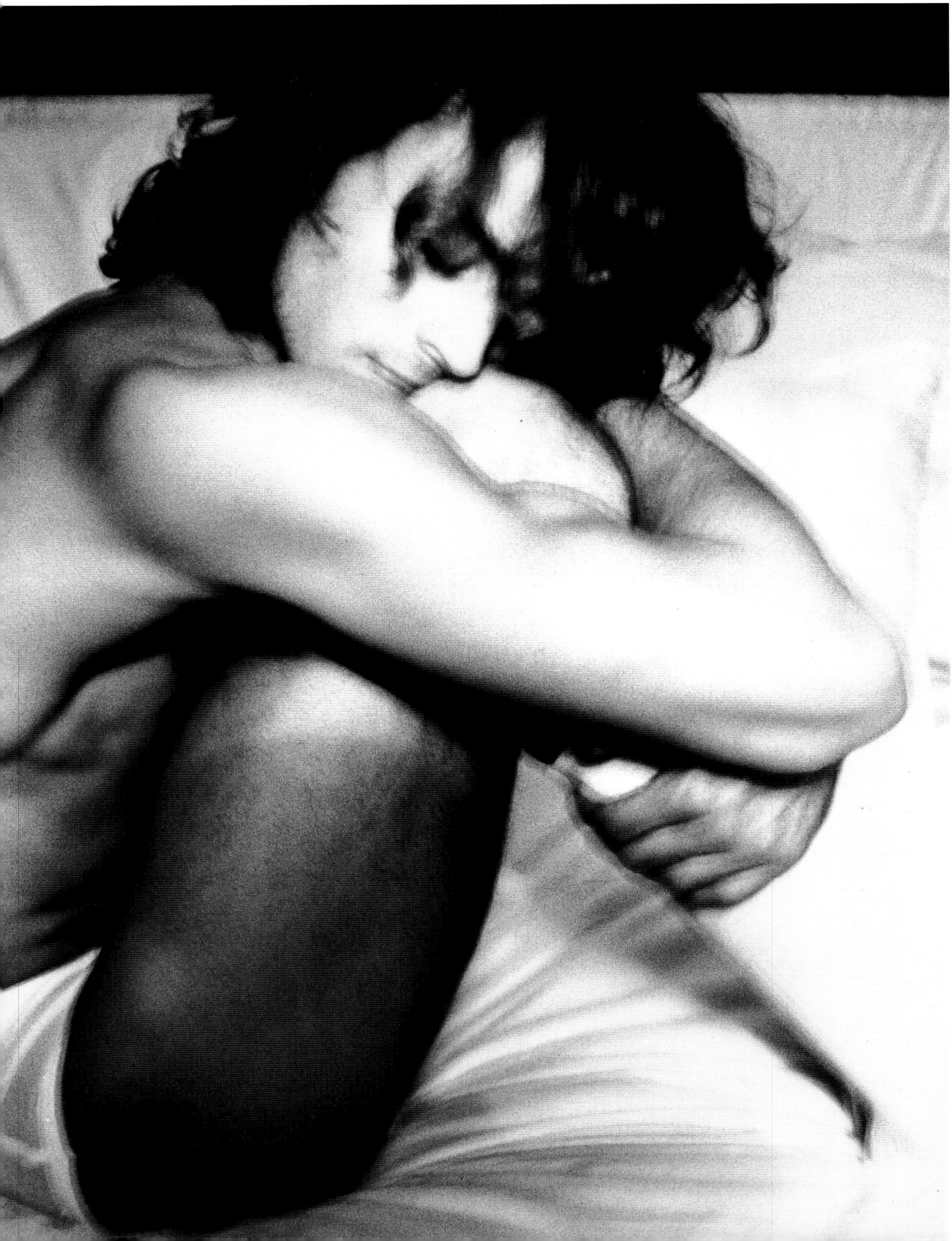

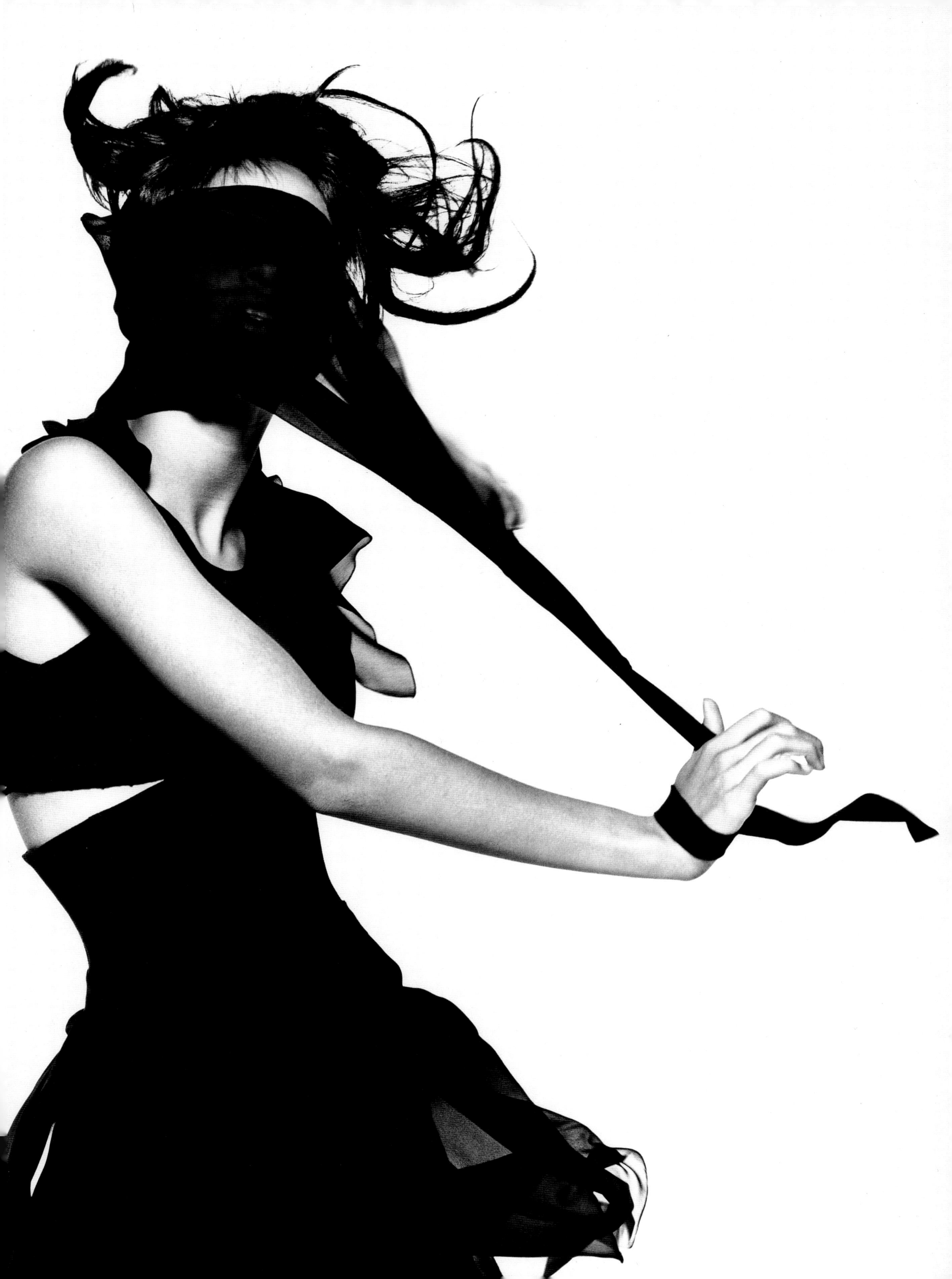

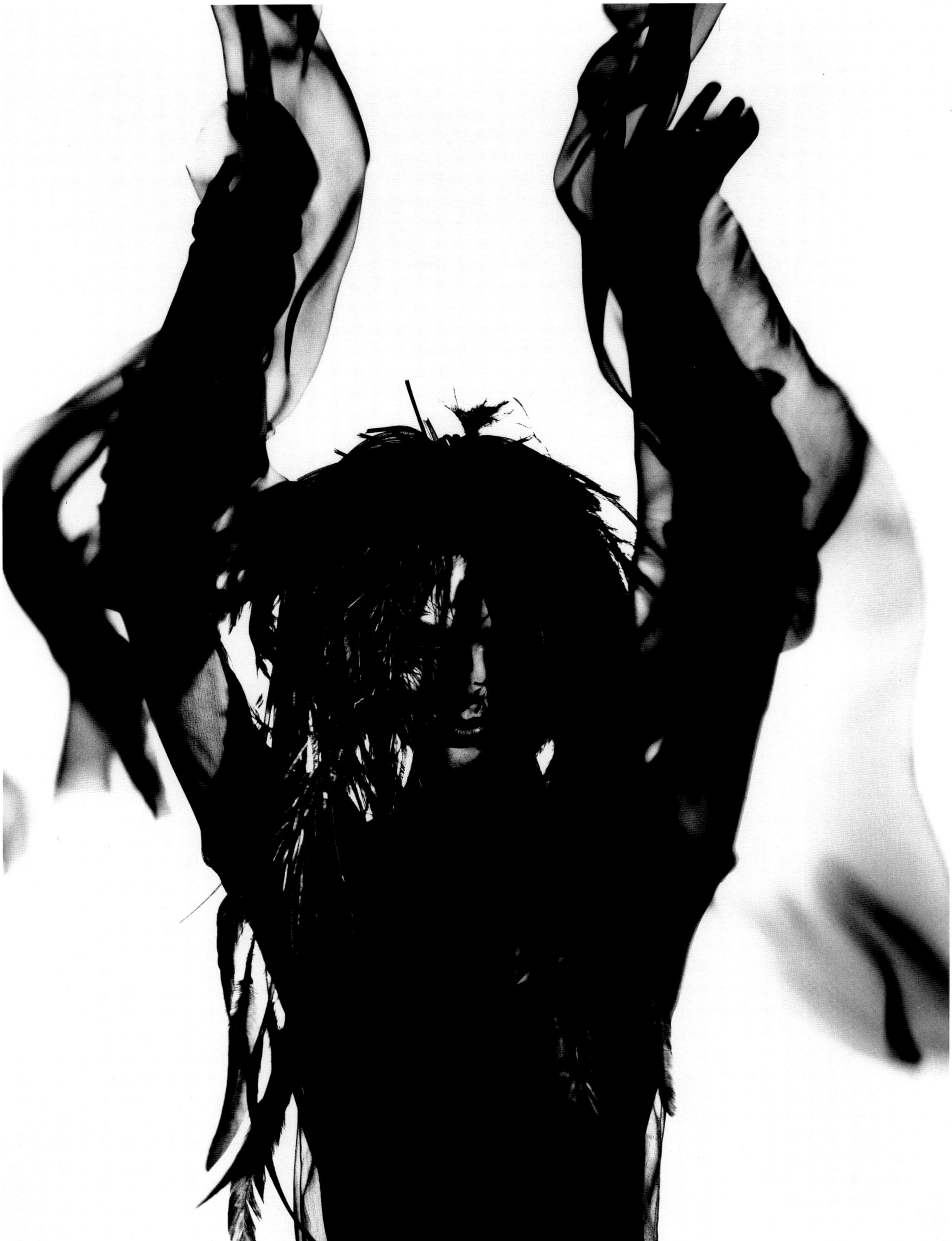

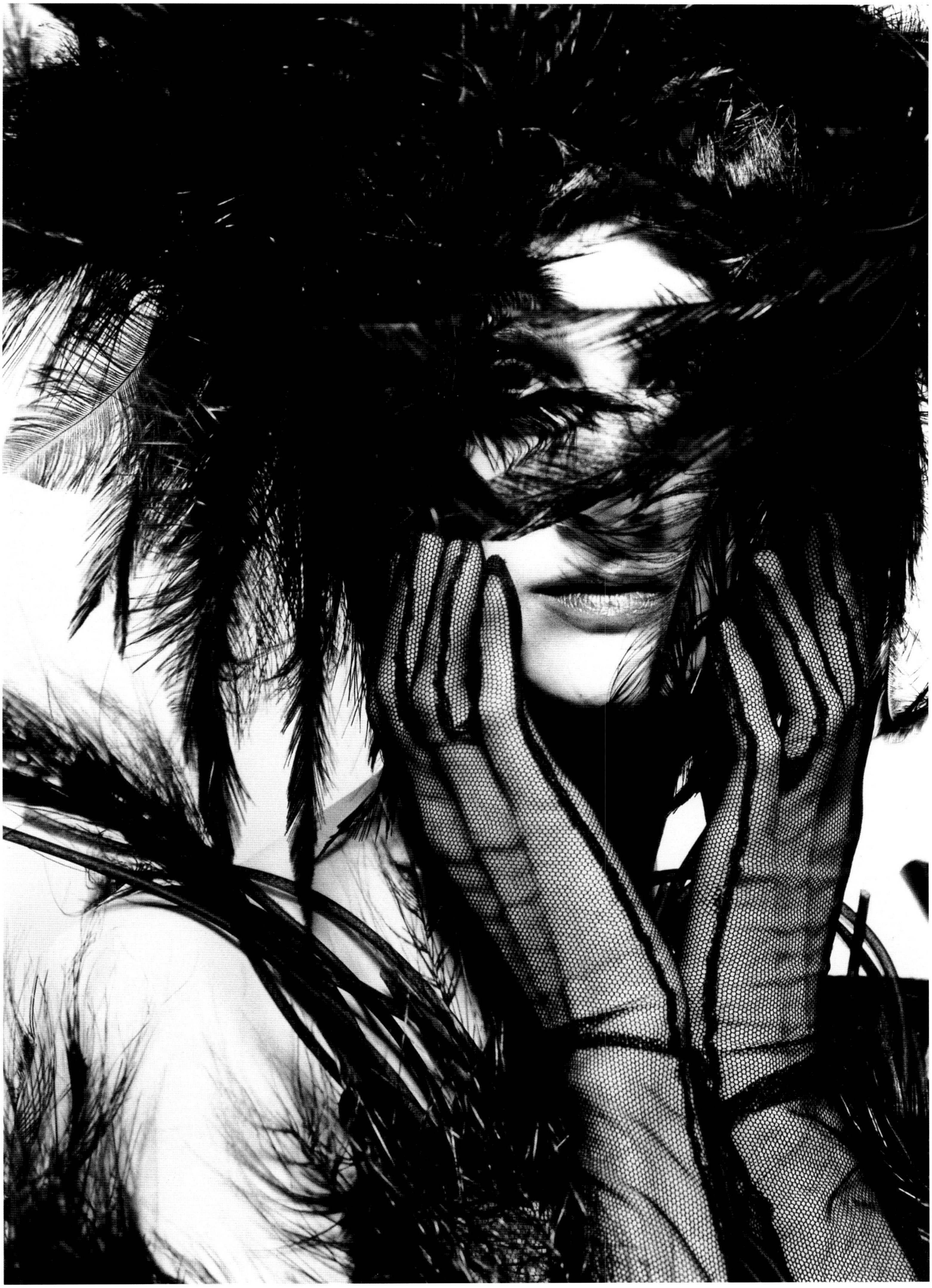

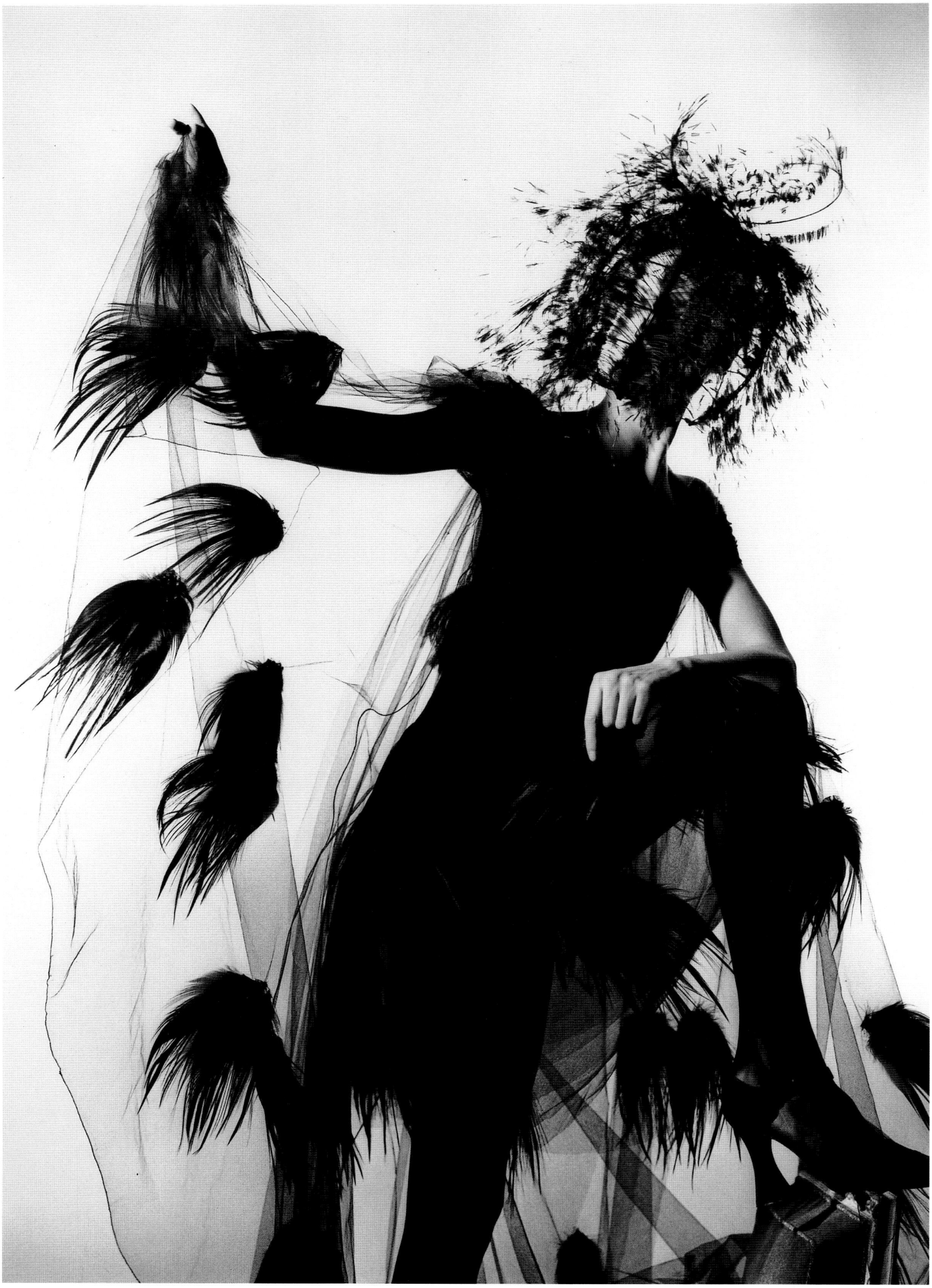

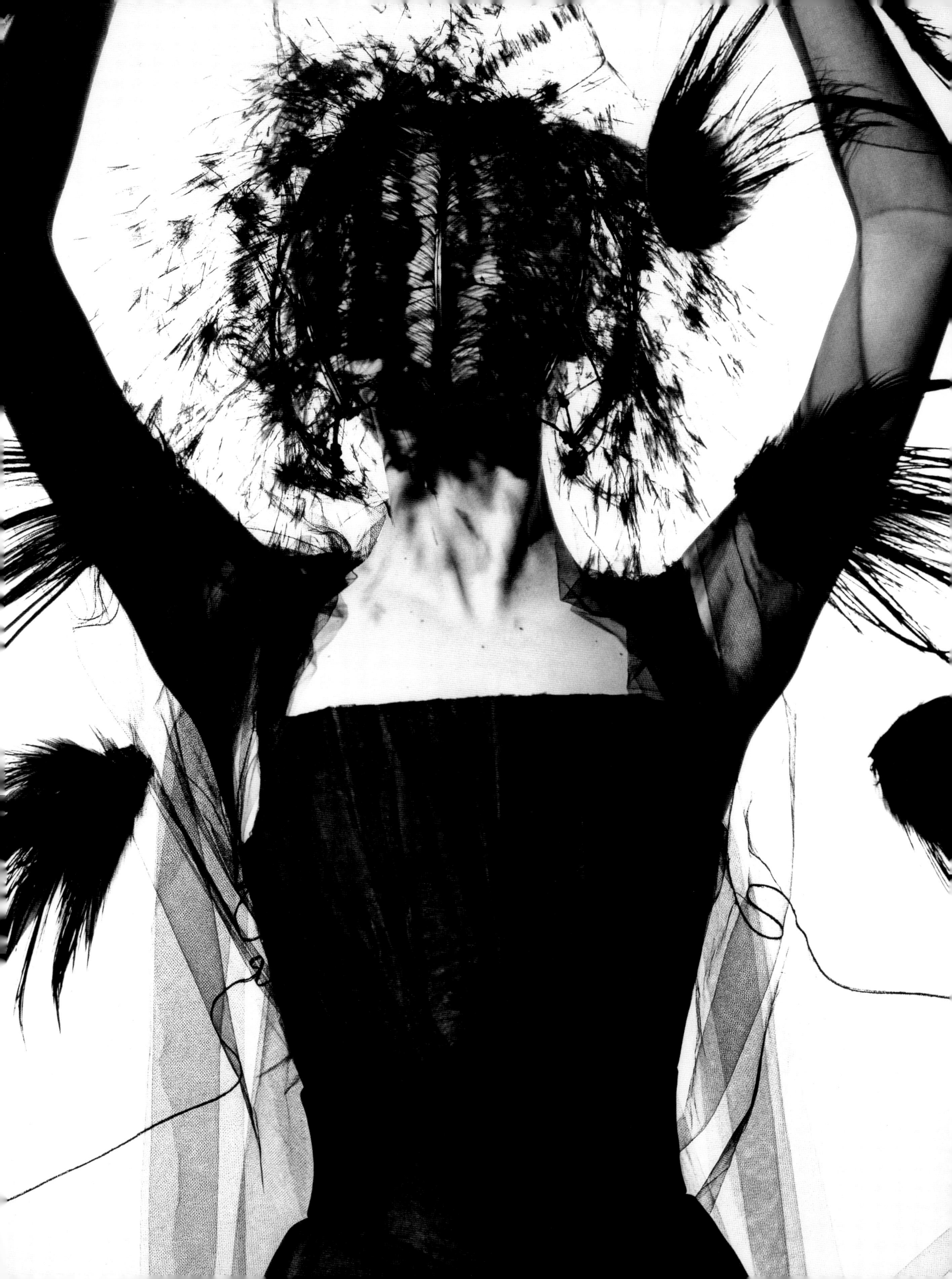

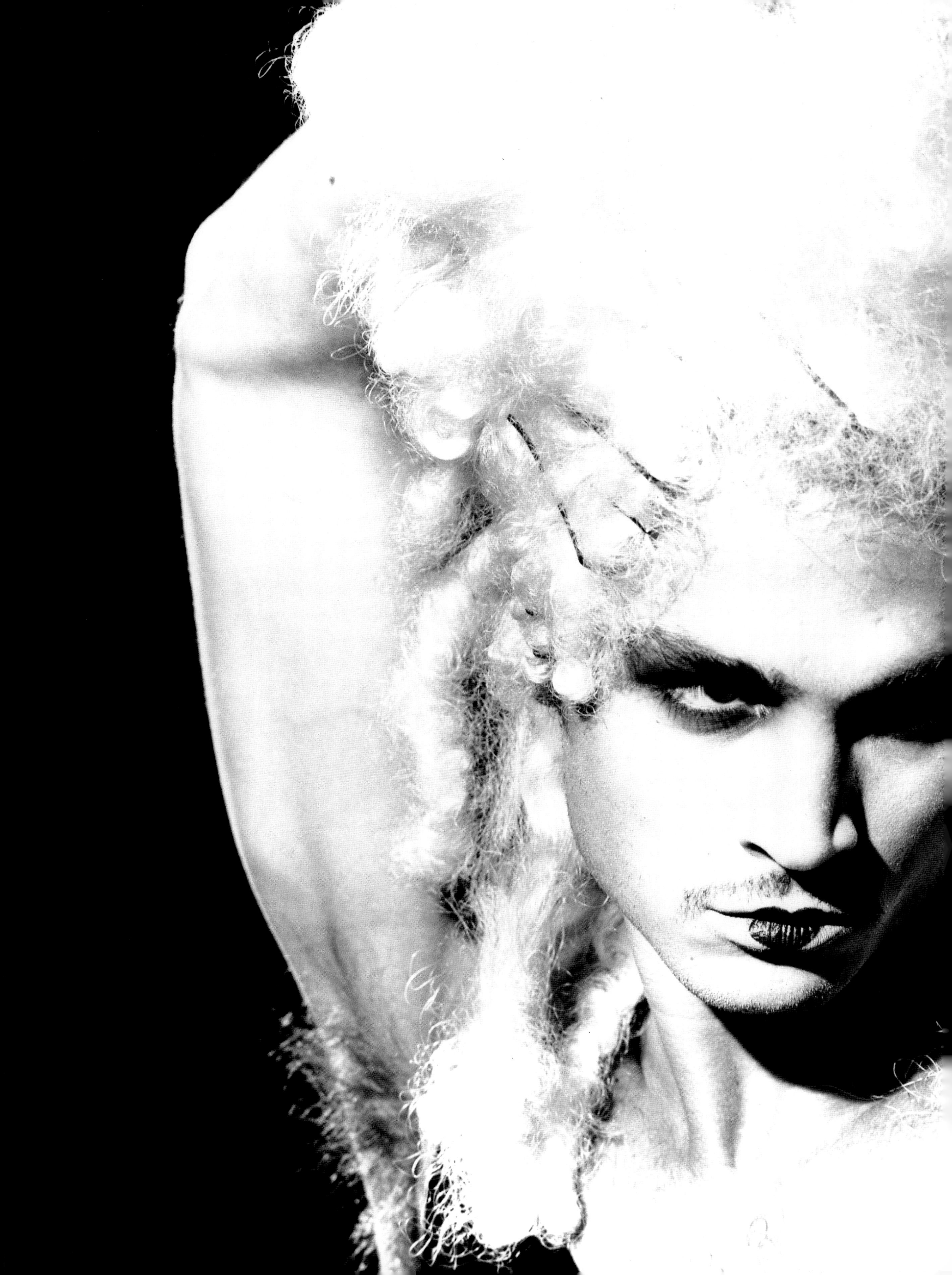

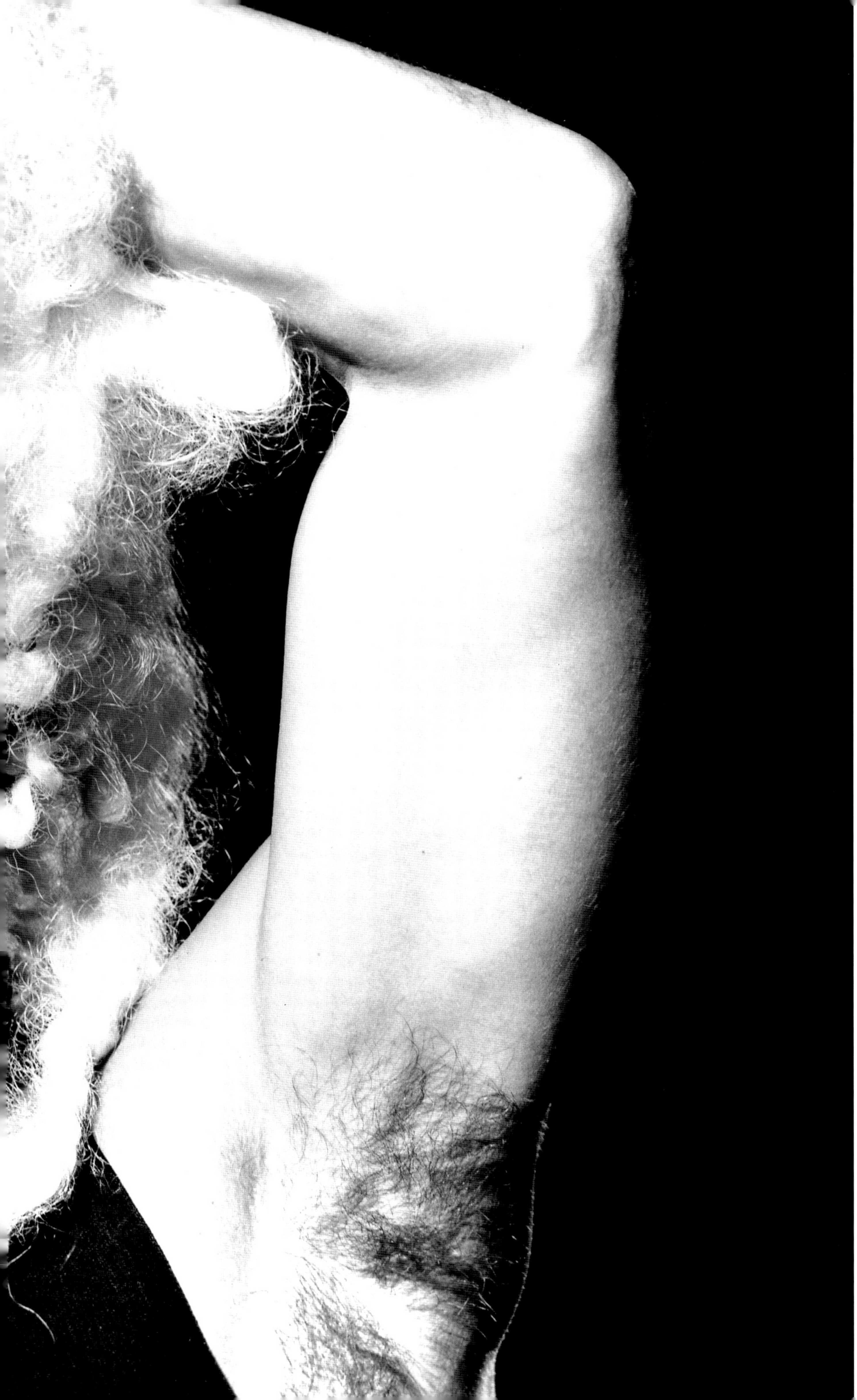

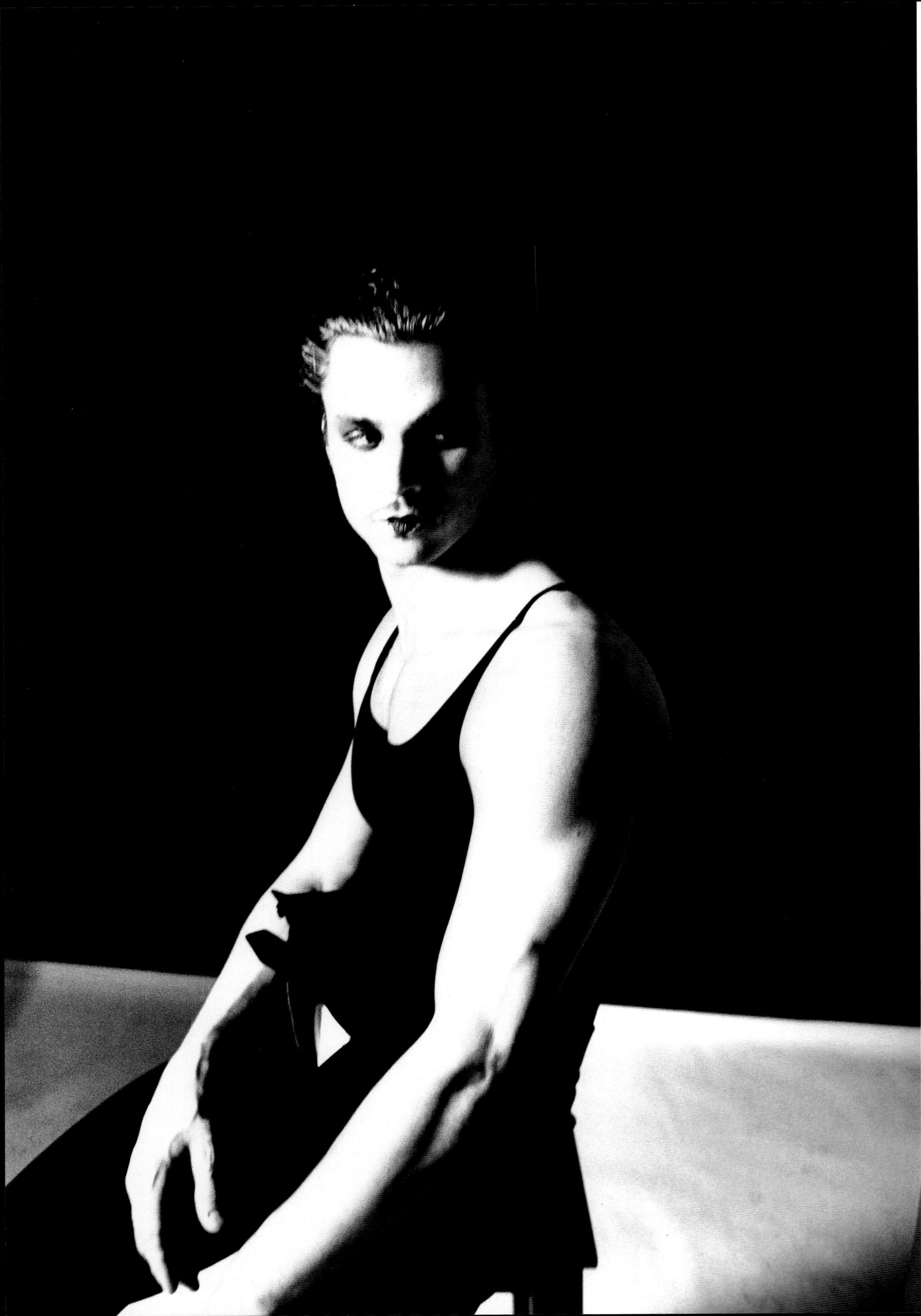

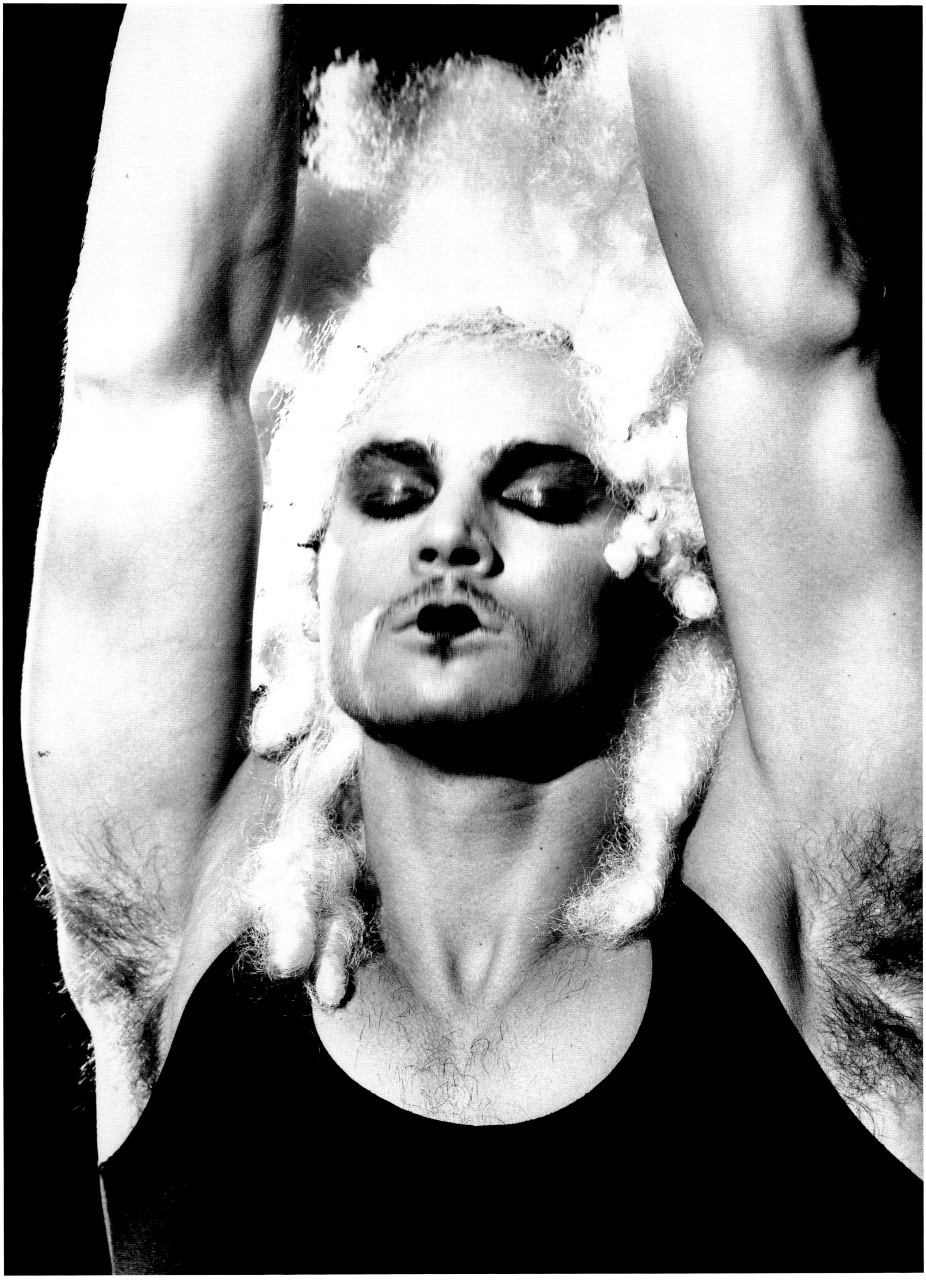

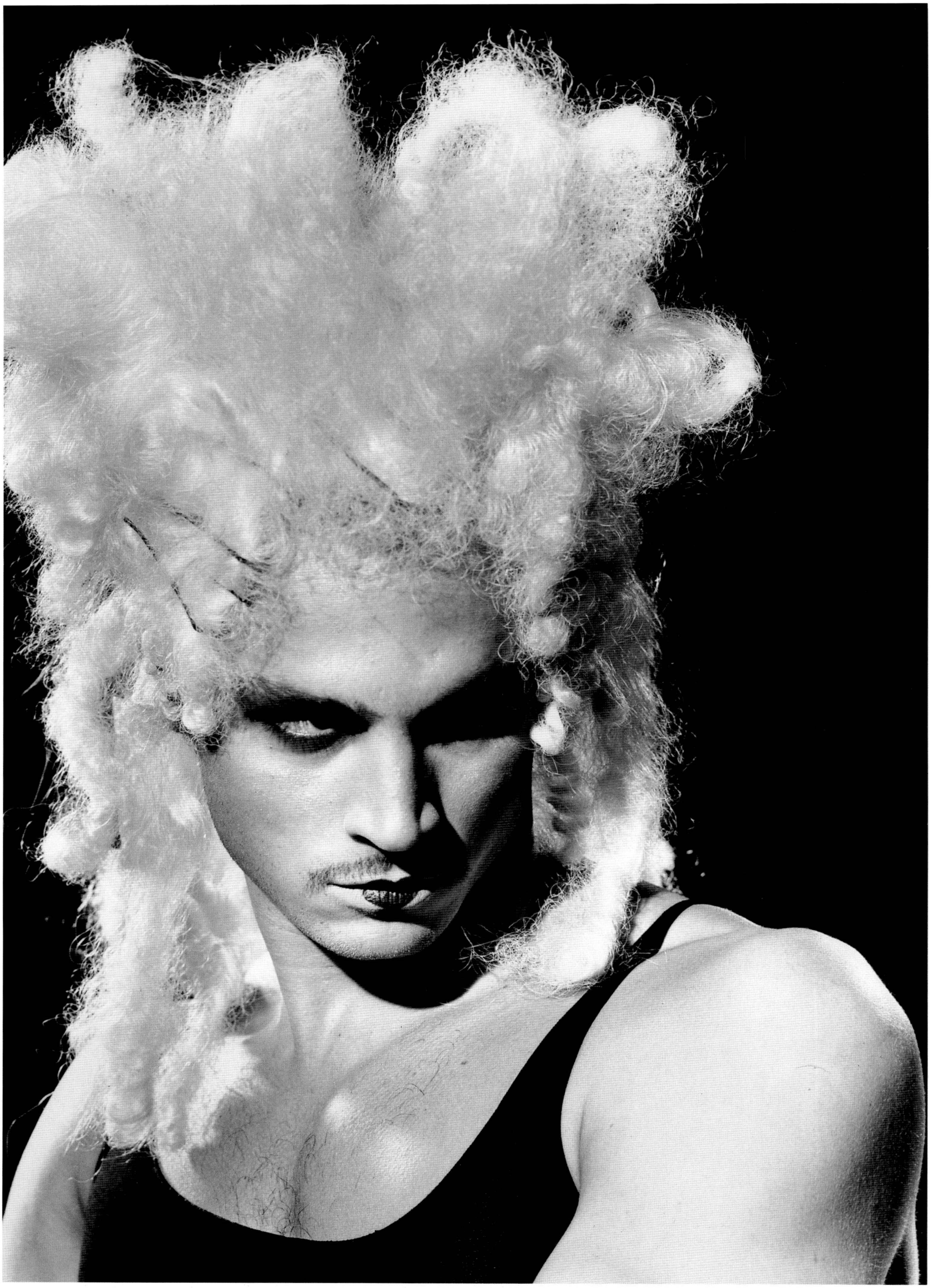

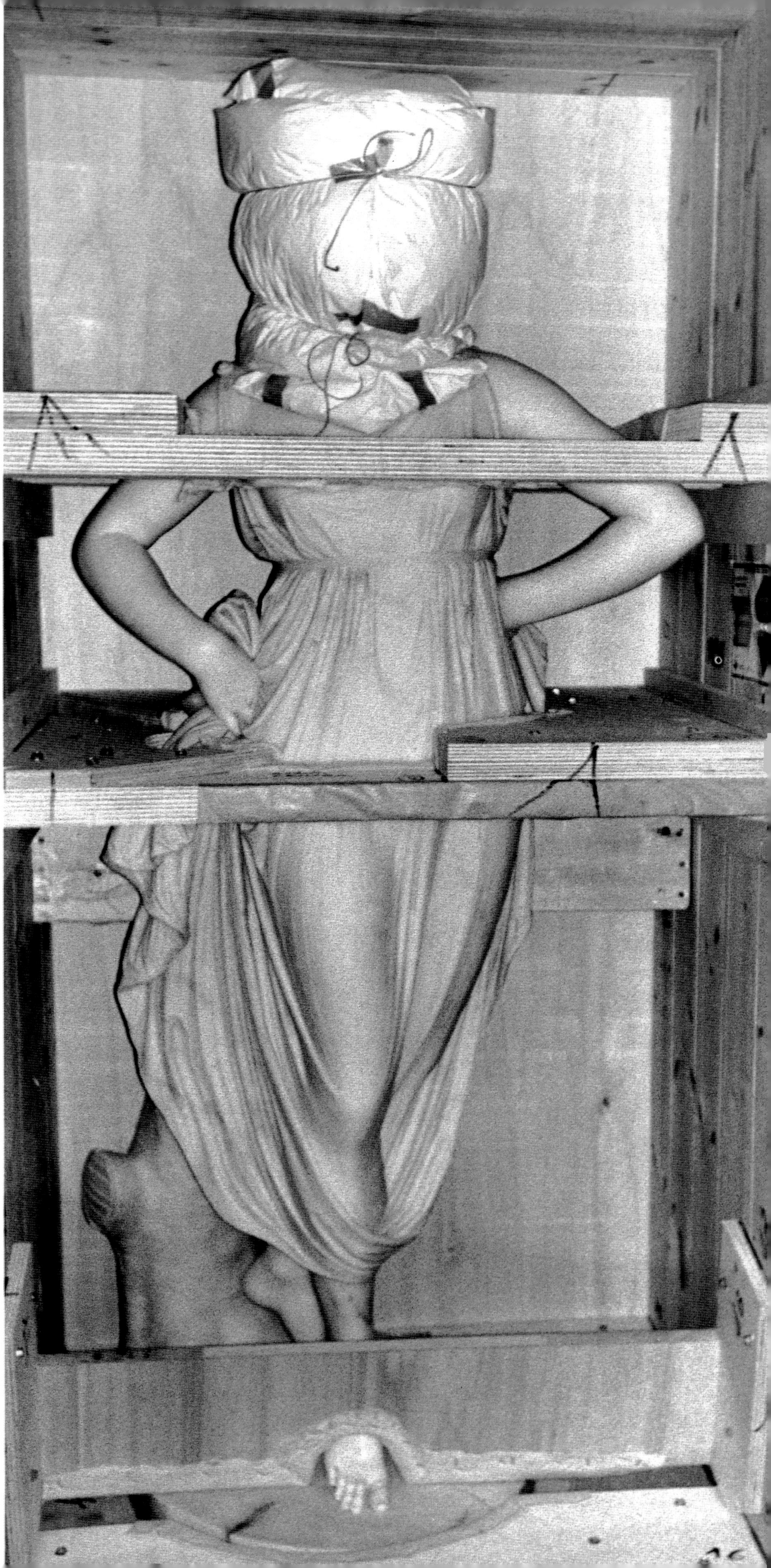

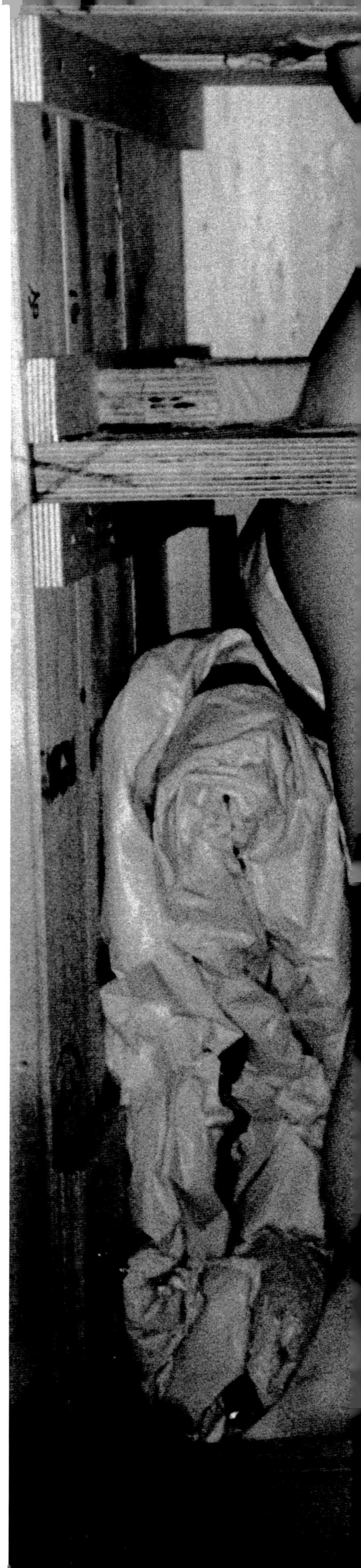

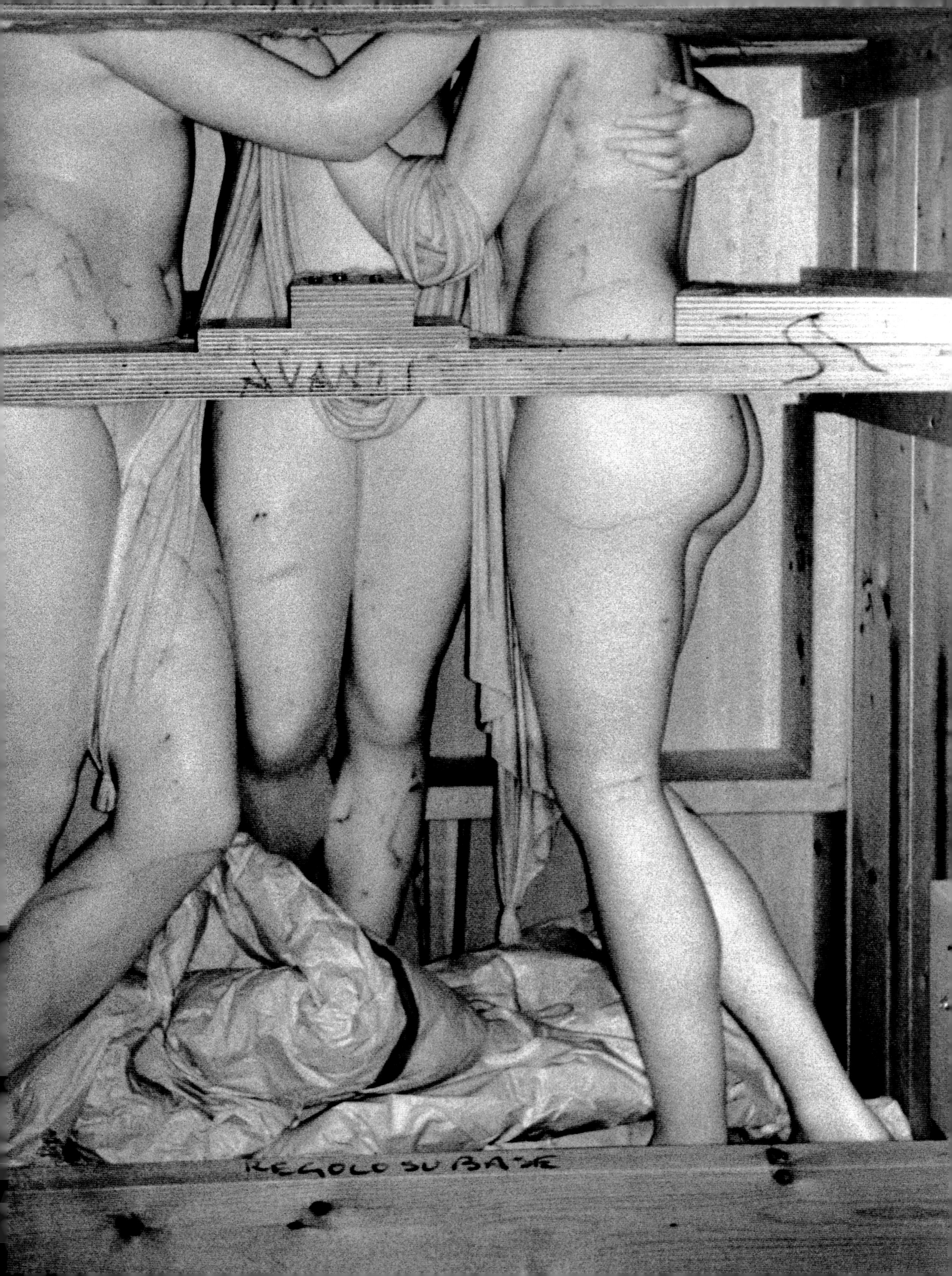
AVANTI
REGOLO SU BASE

Château de Roussan

Linda im Schloß von Roussan

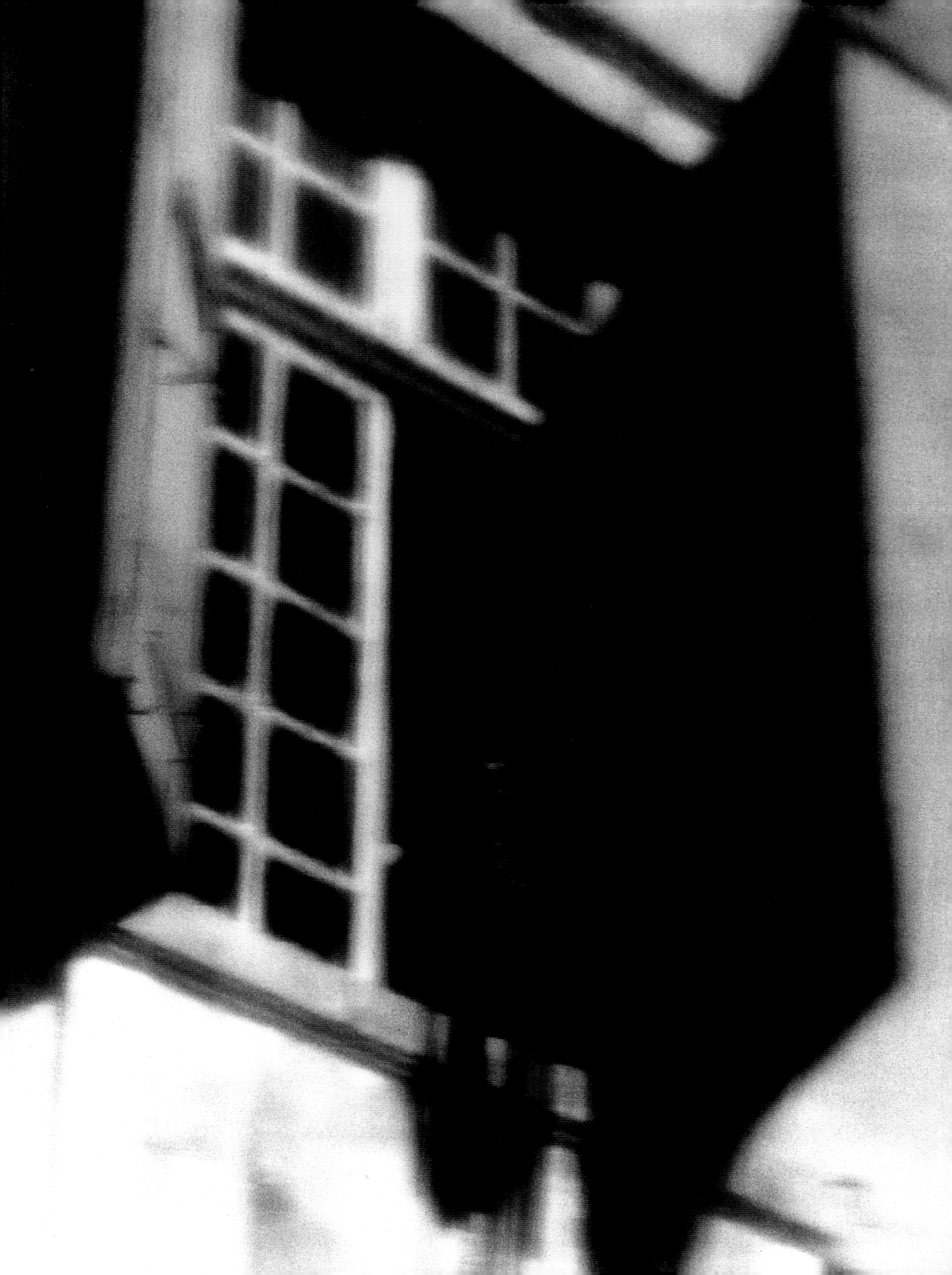

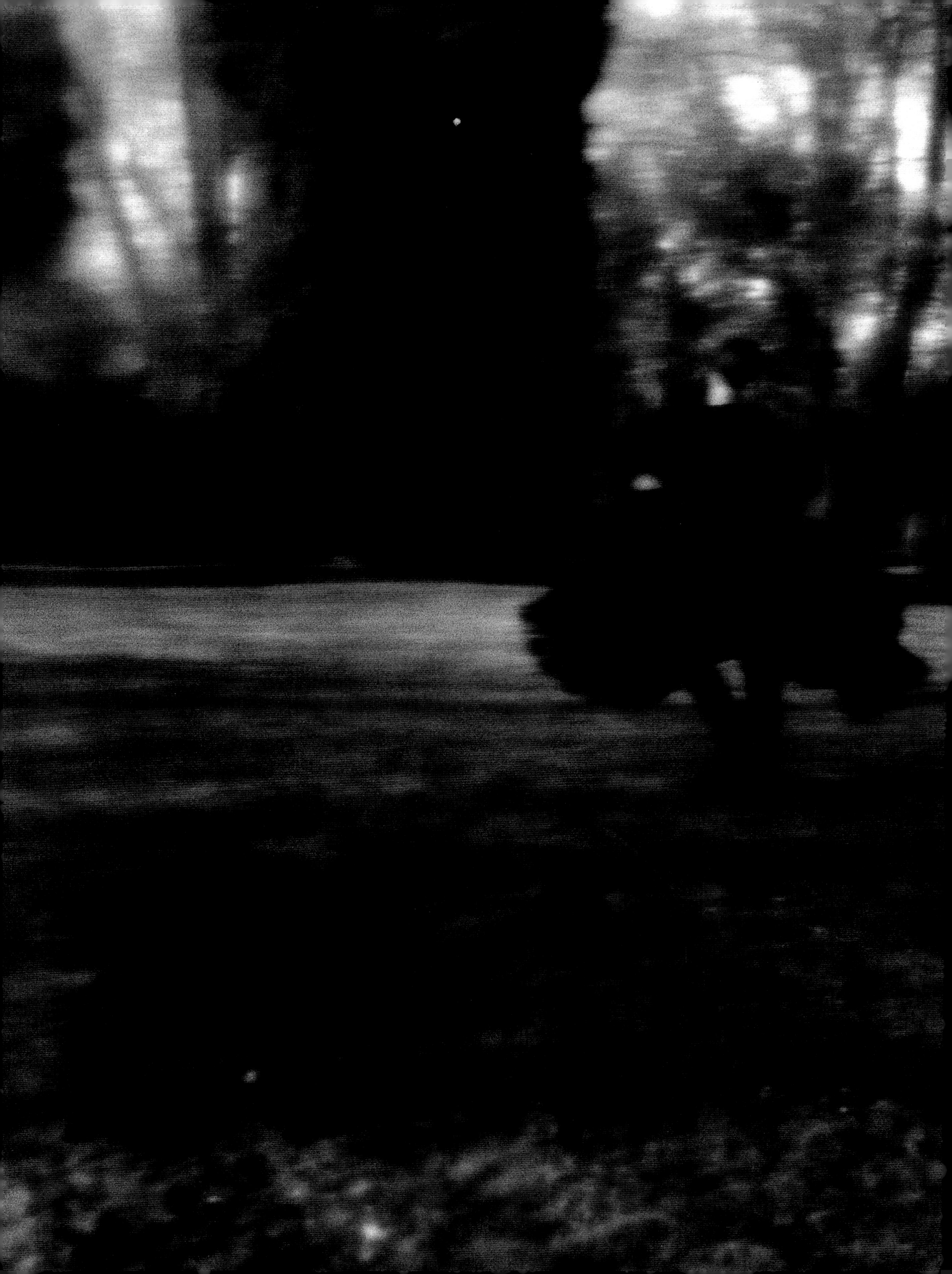

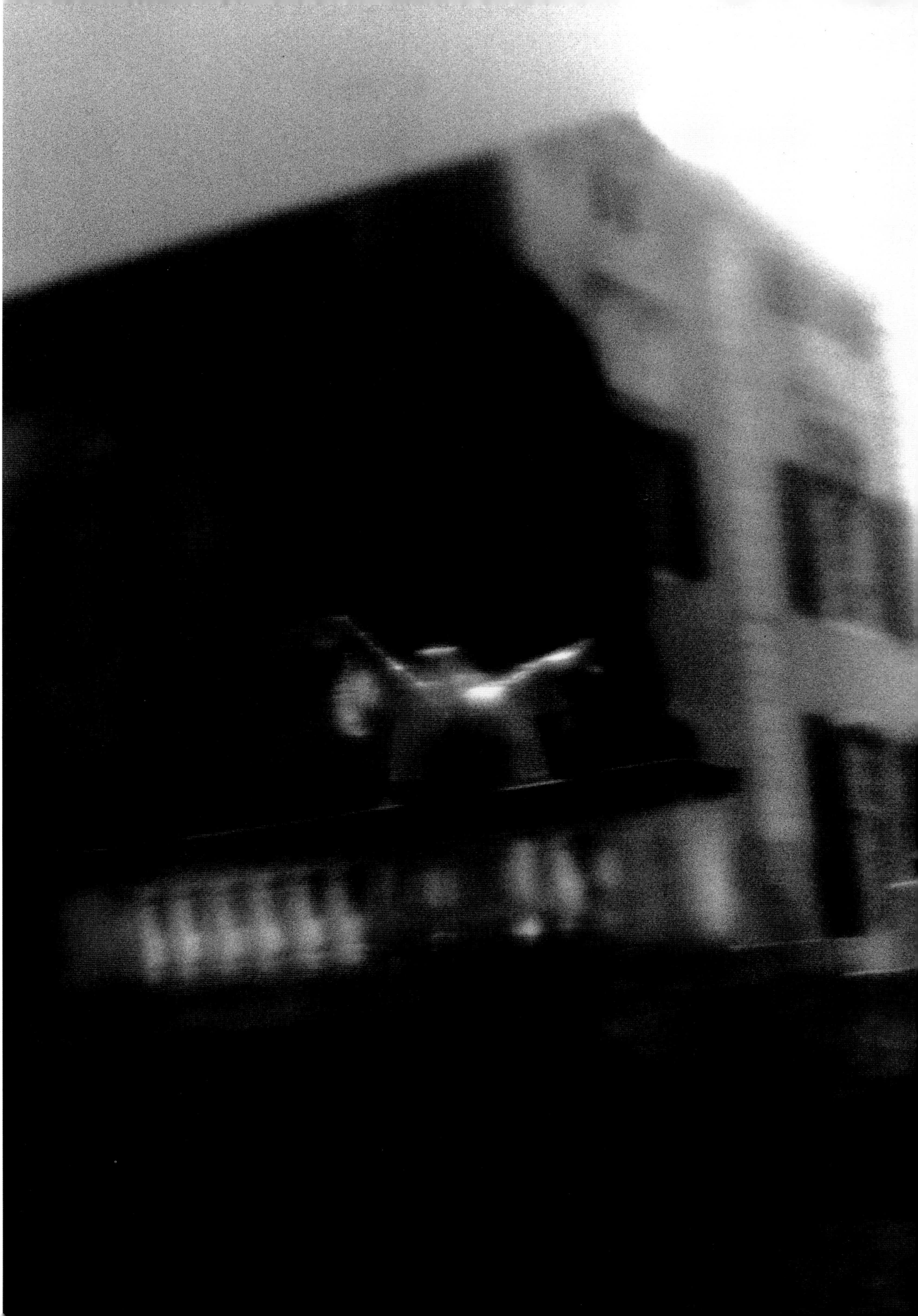

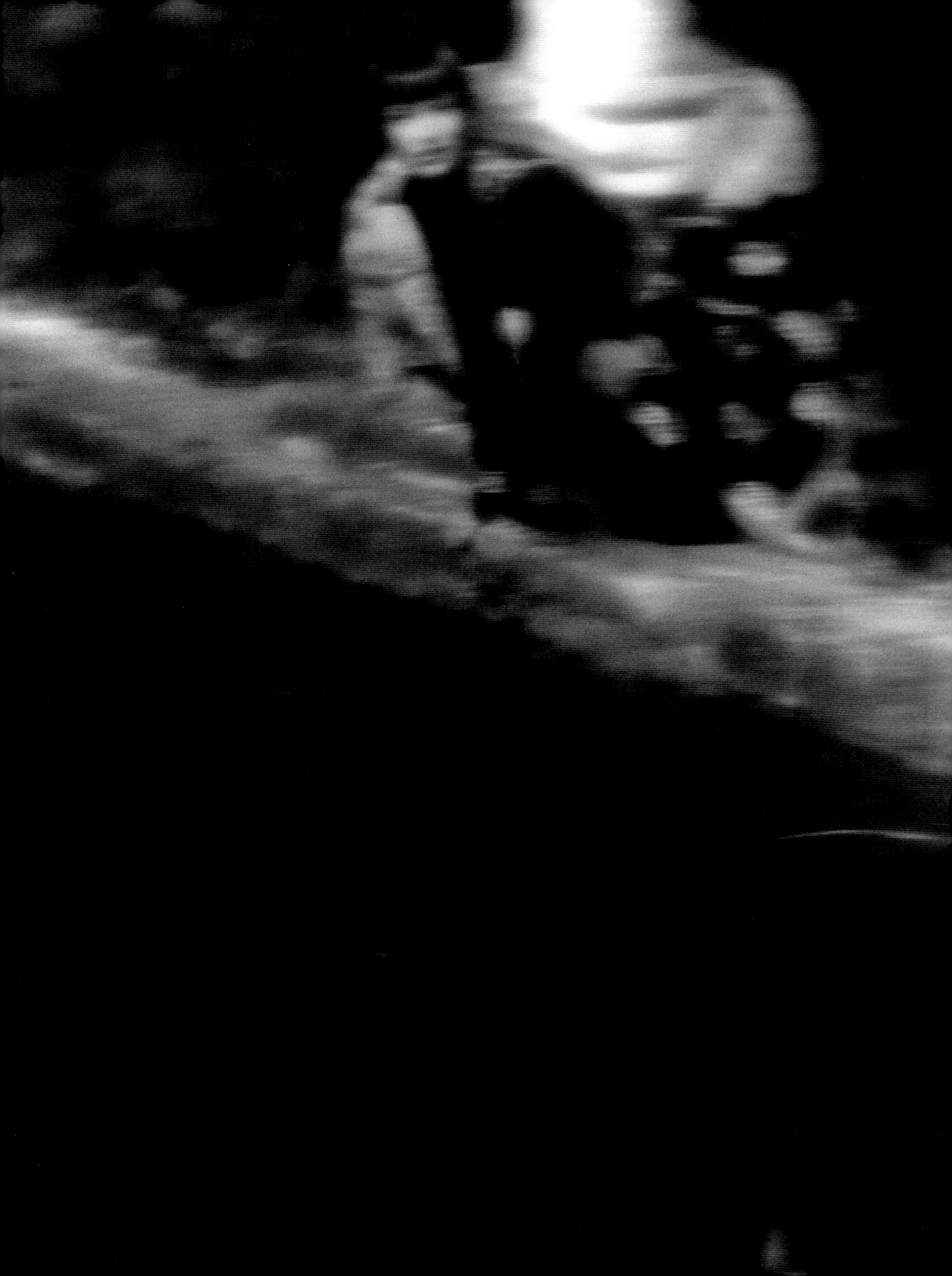

Linda Evangelista in
DER GANG IN

DEN SCHNEE

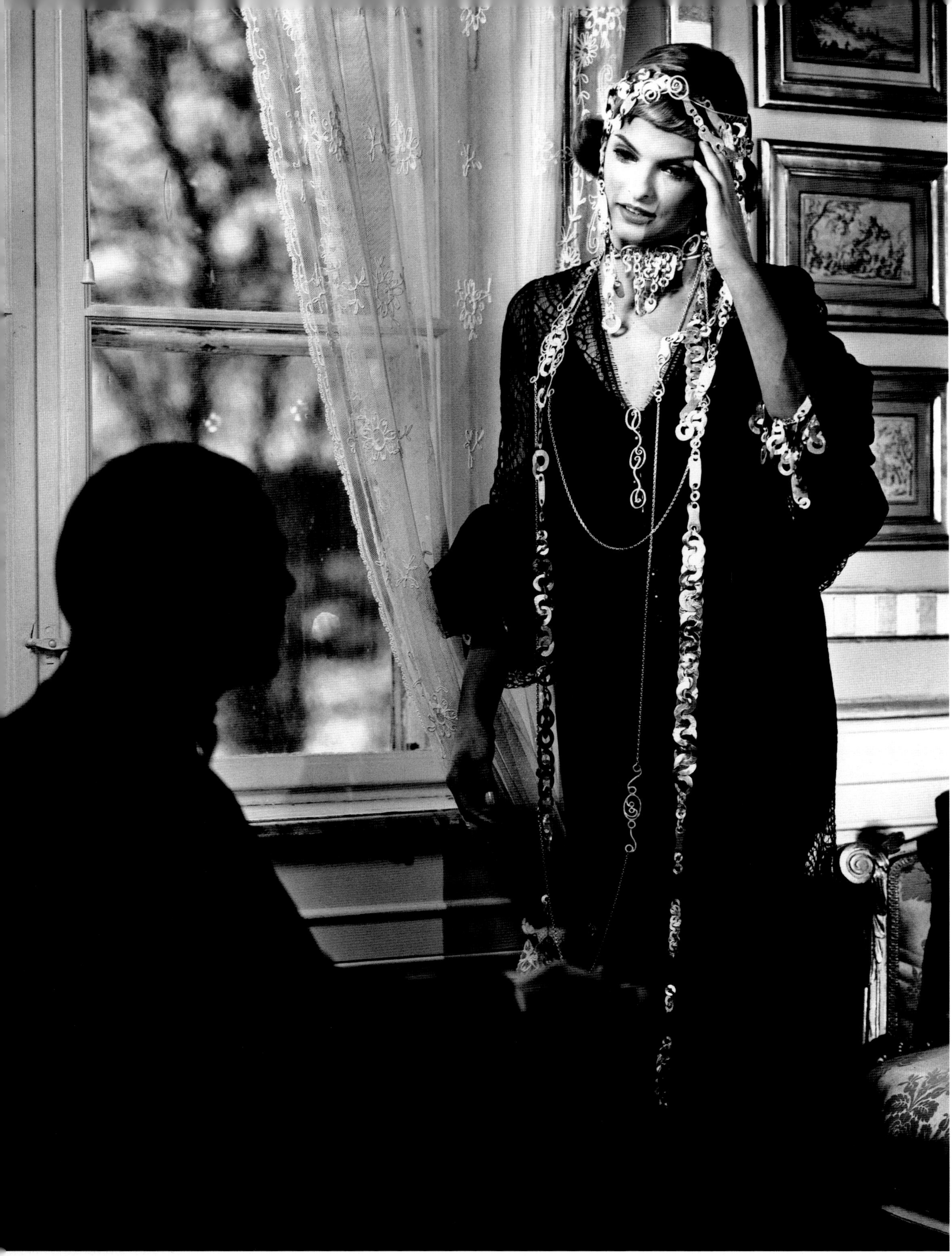

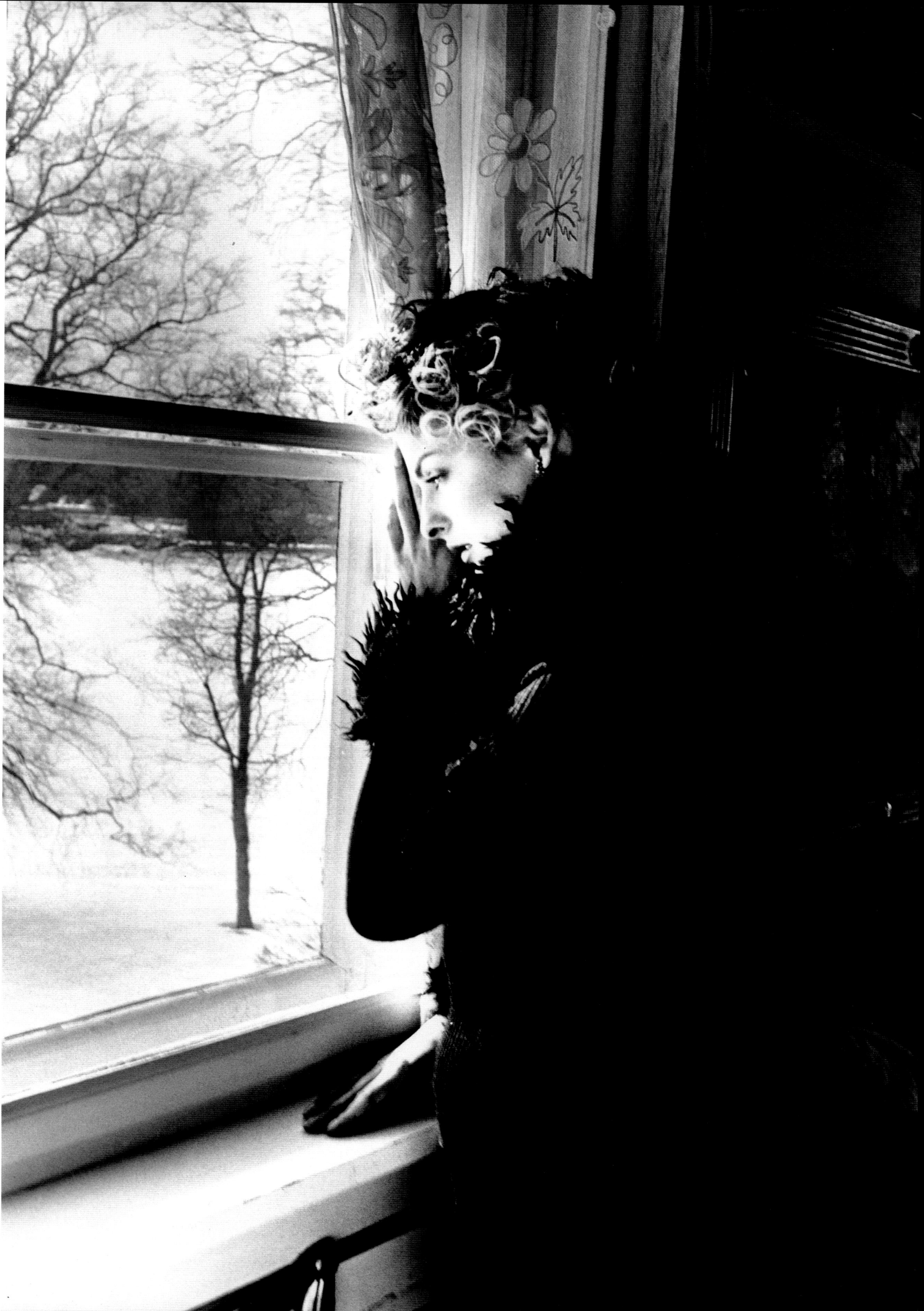

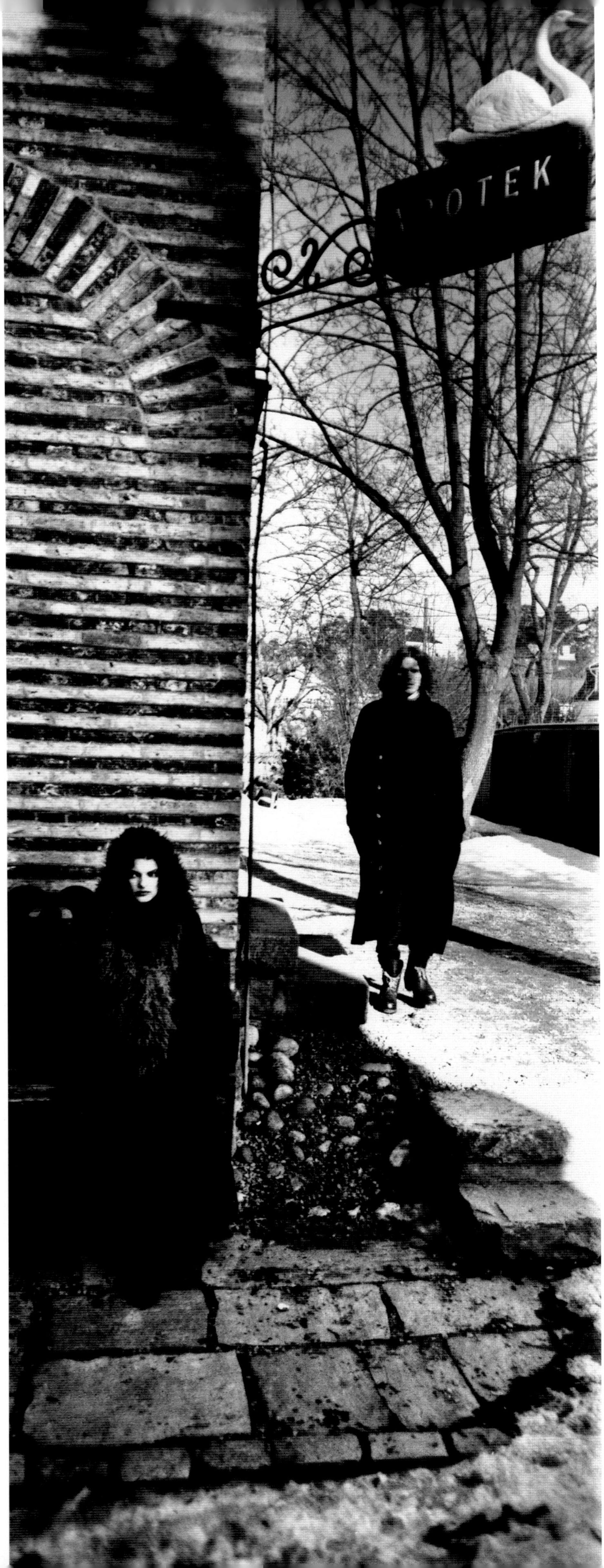
OTEK

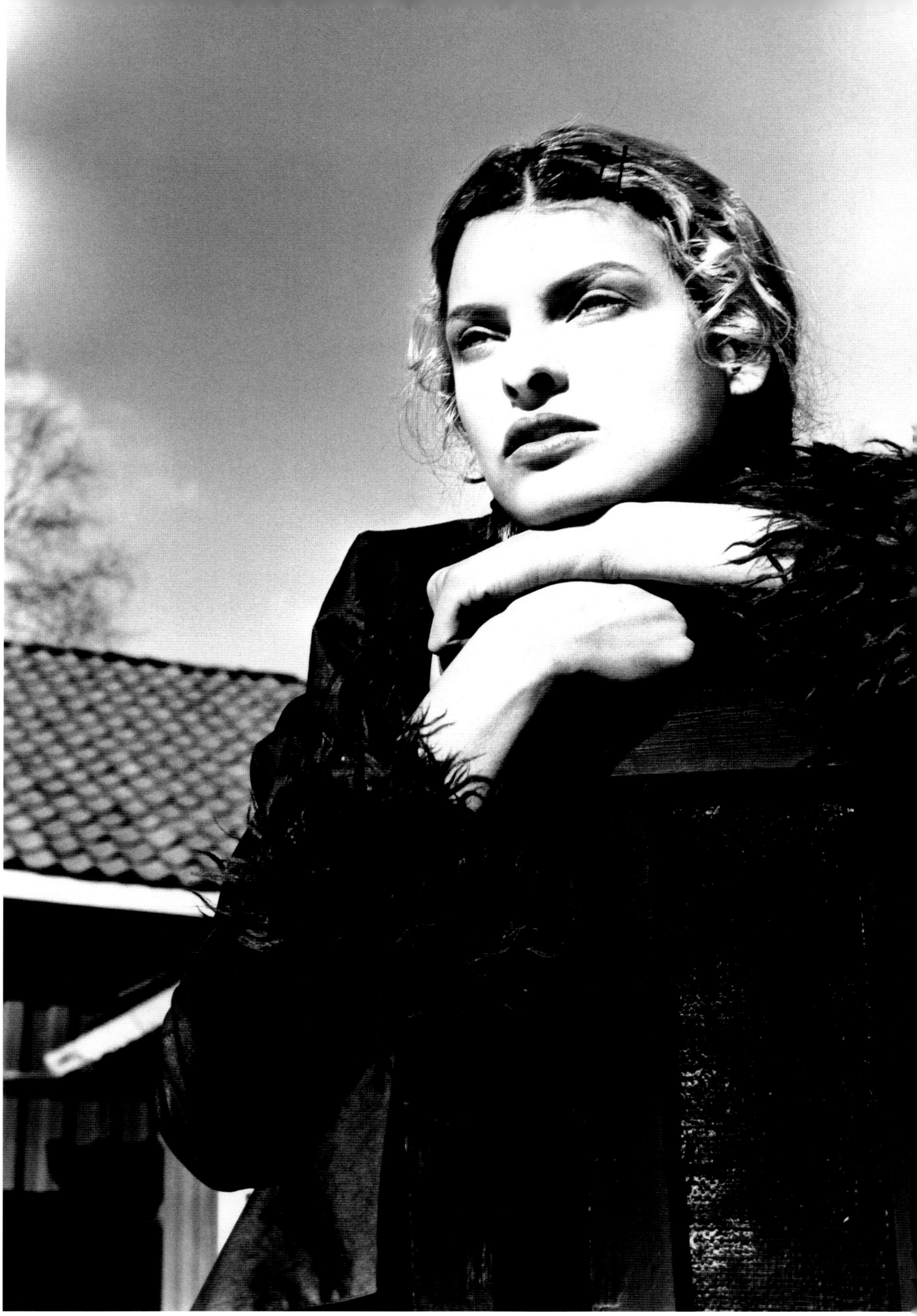

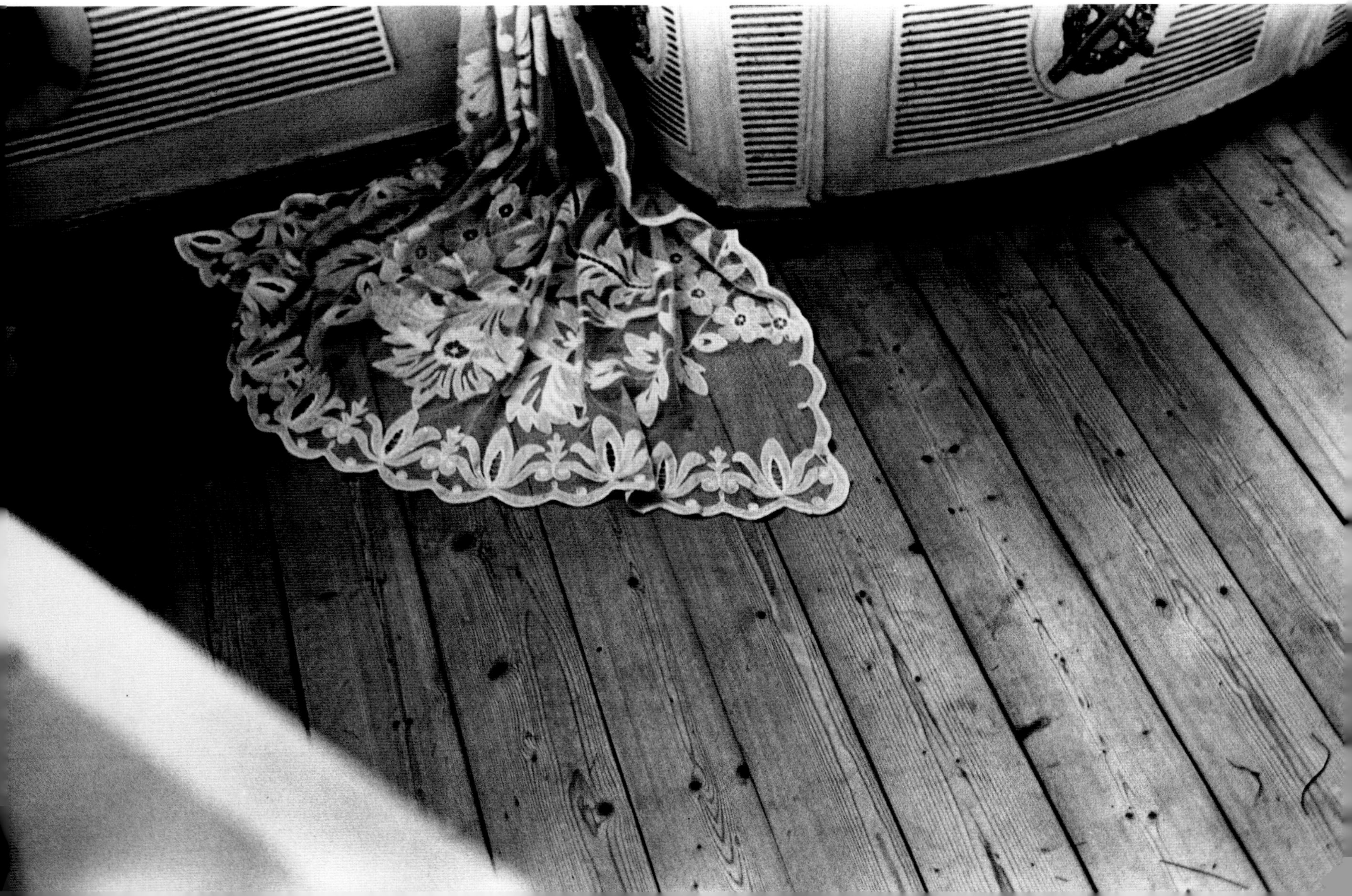

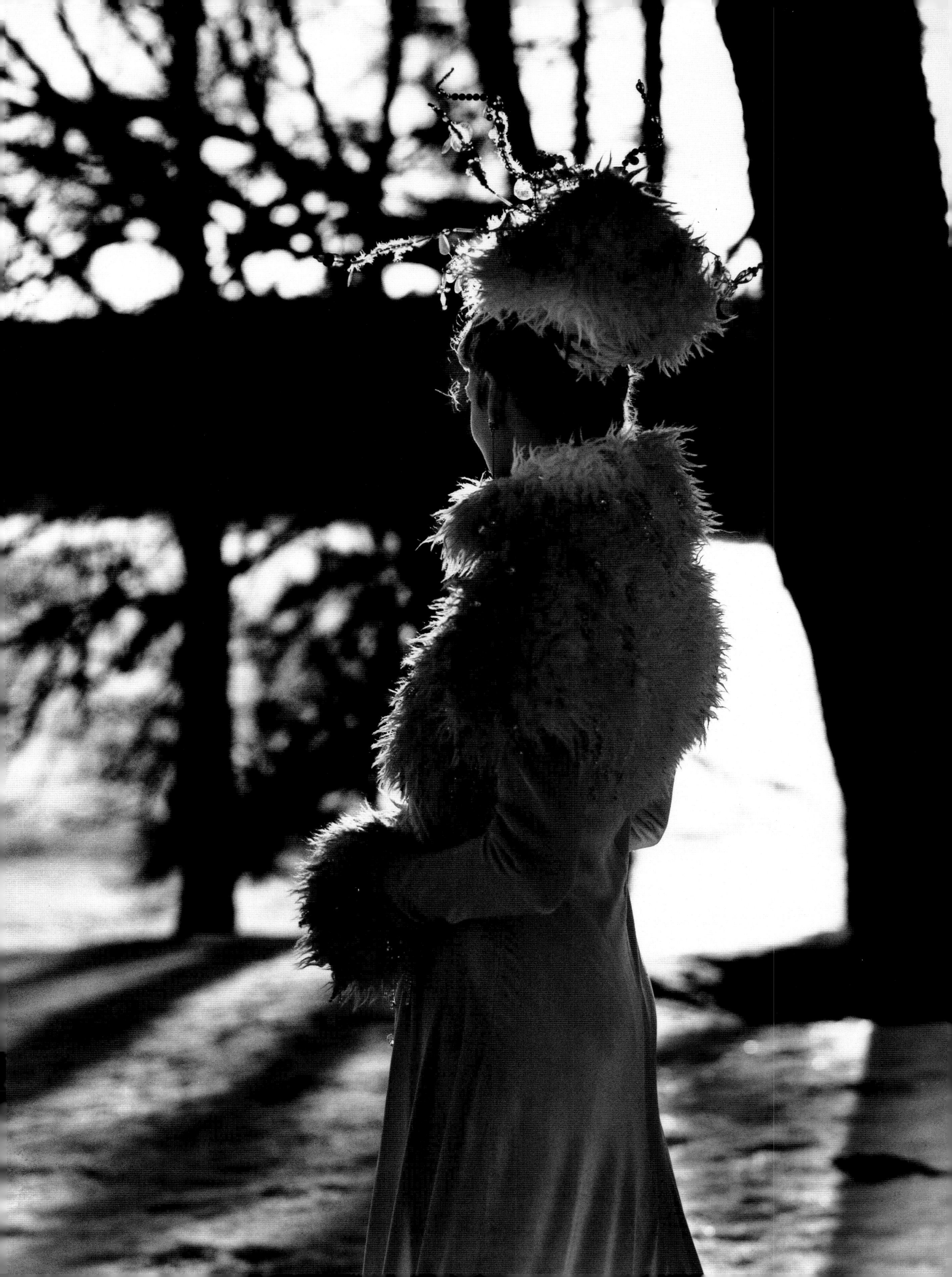

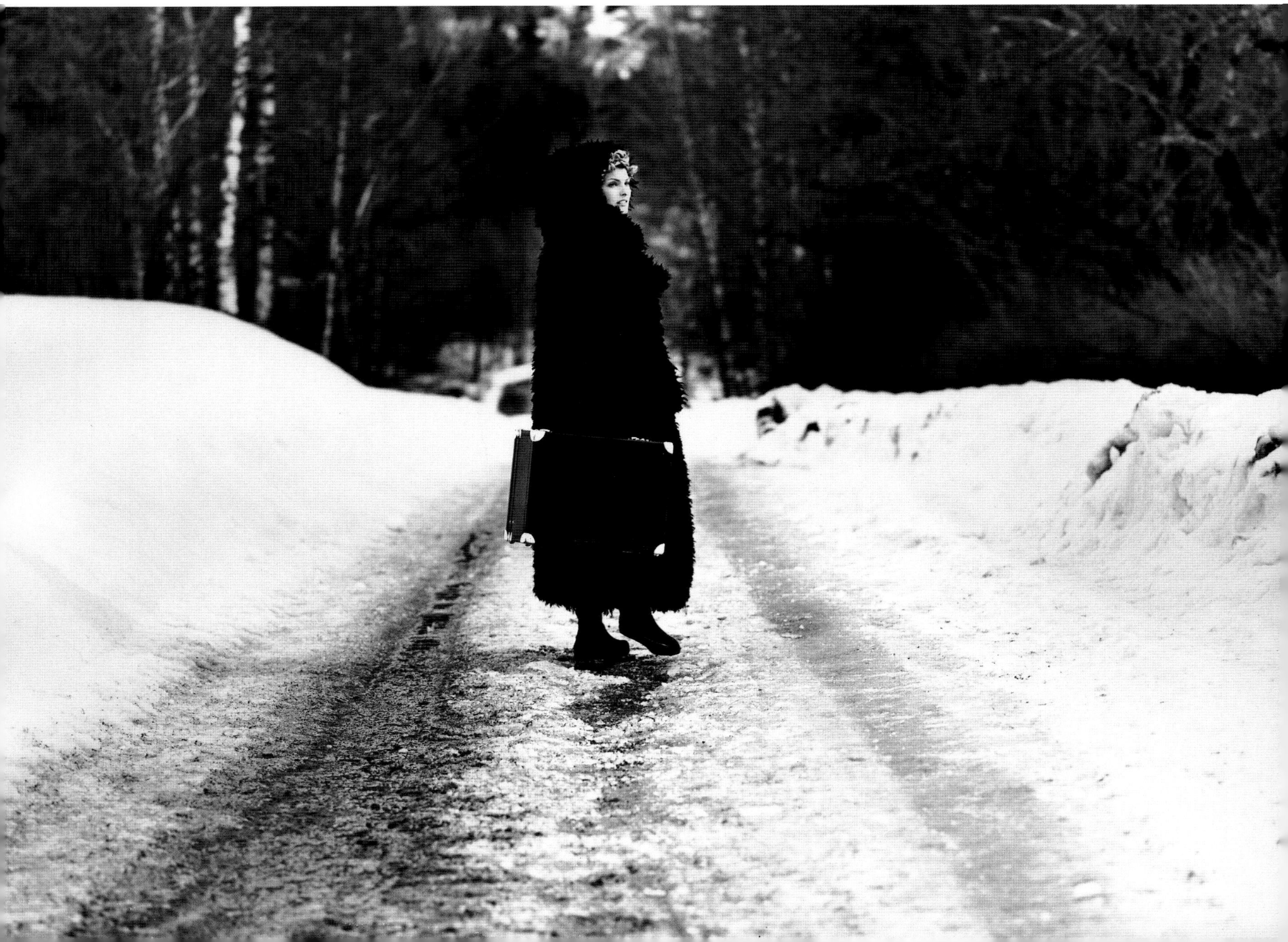

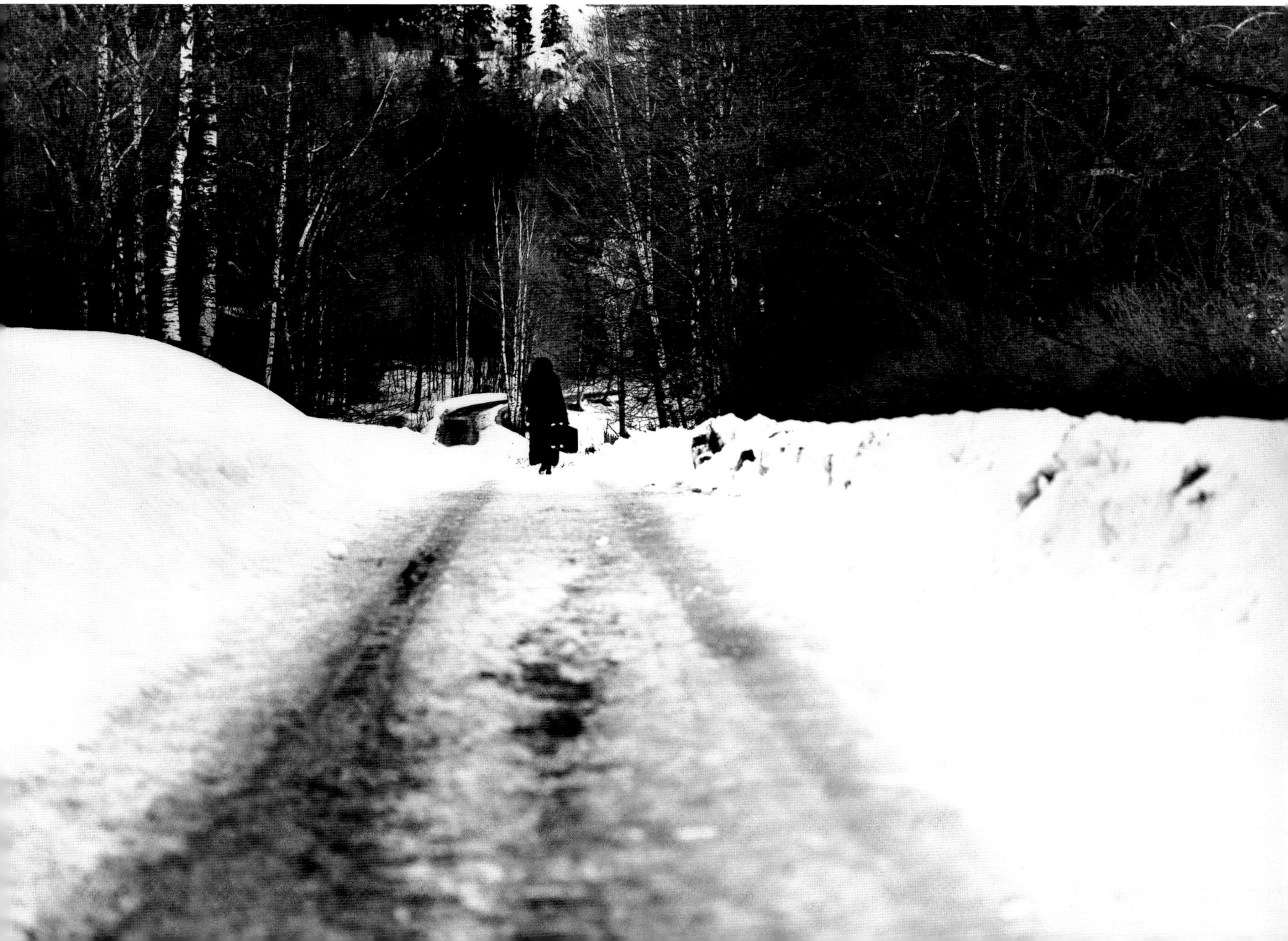

NACHMITTAG EINES FAUNS

Varianten zu einem Thema von Mallarmé

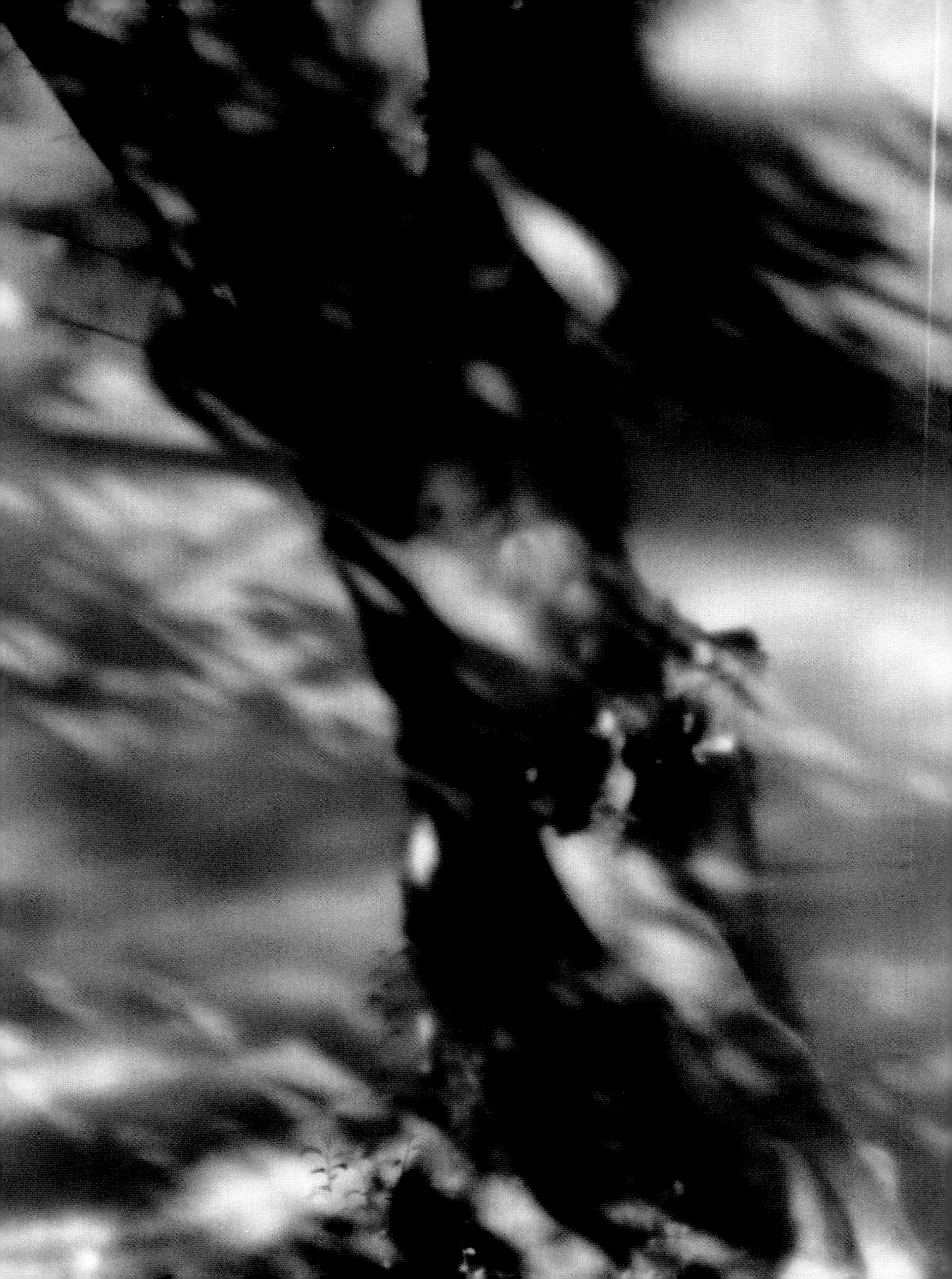

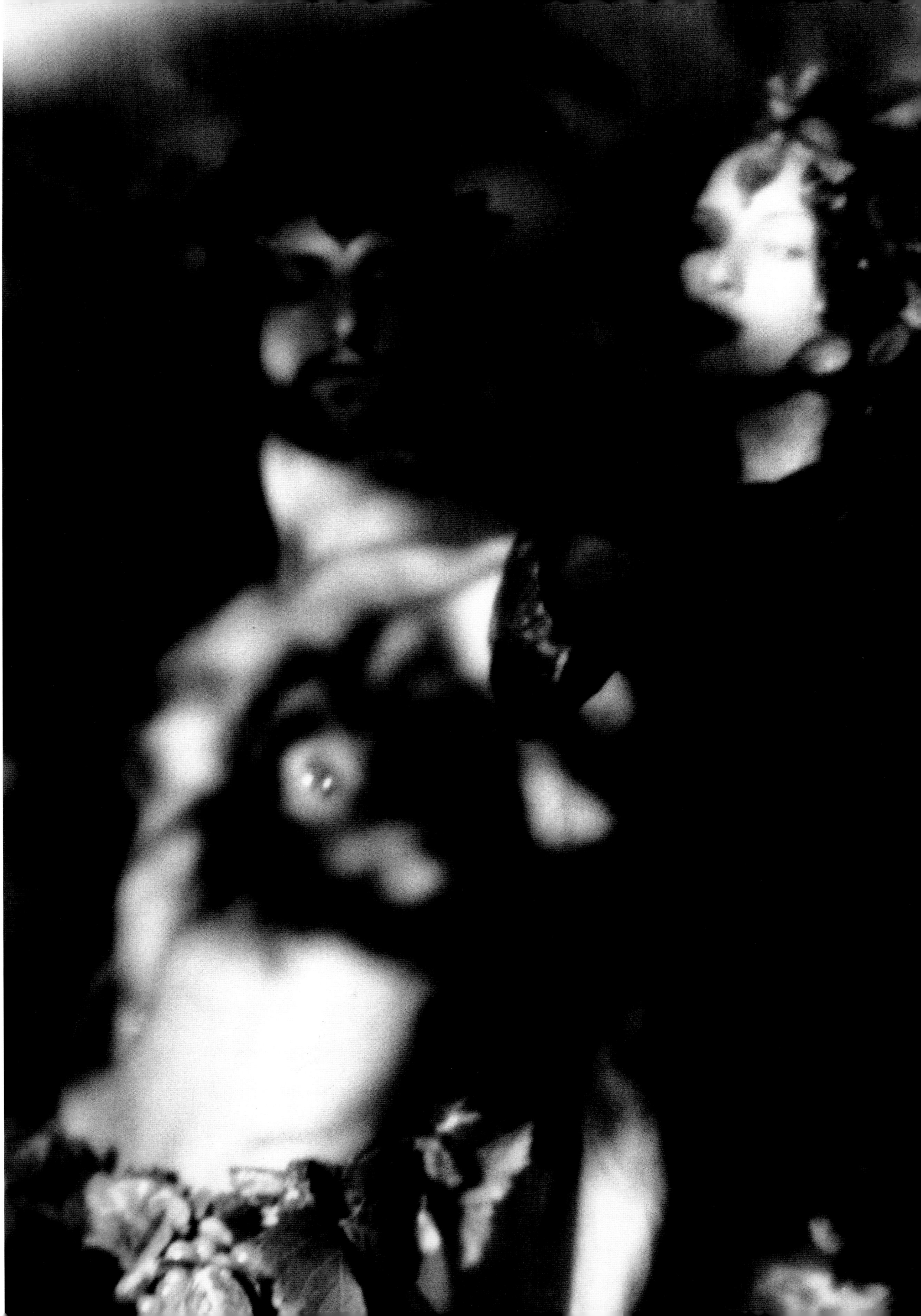

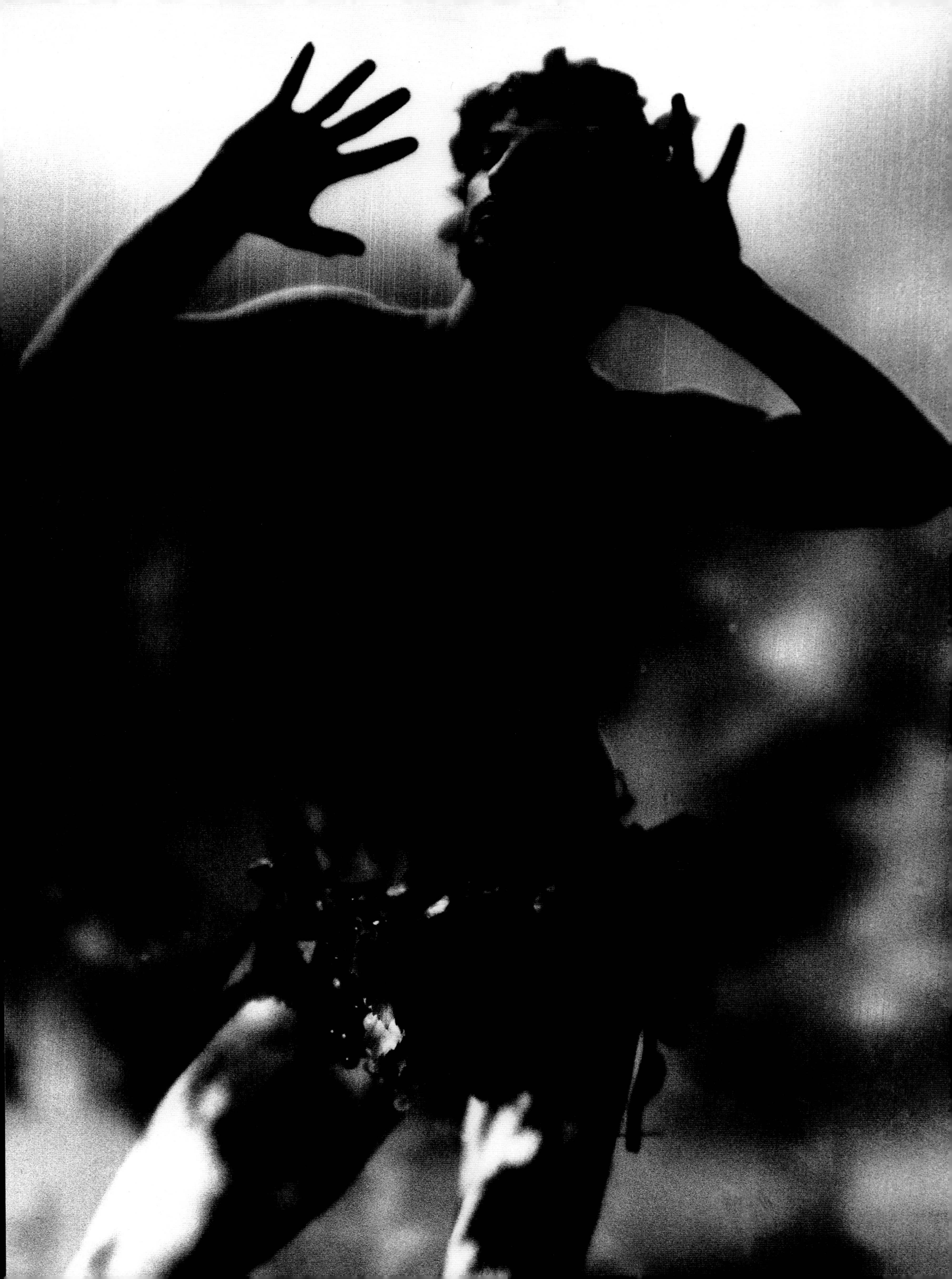

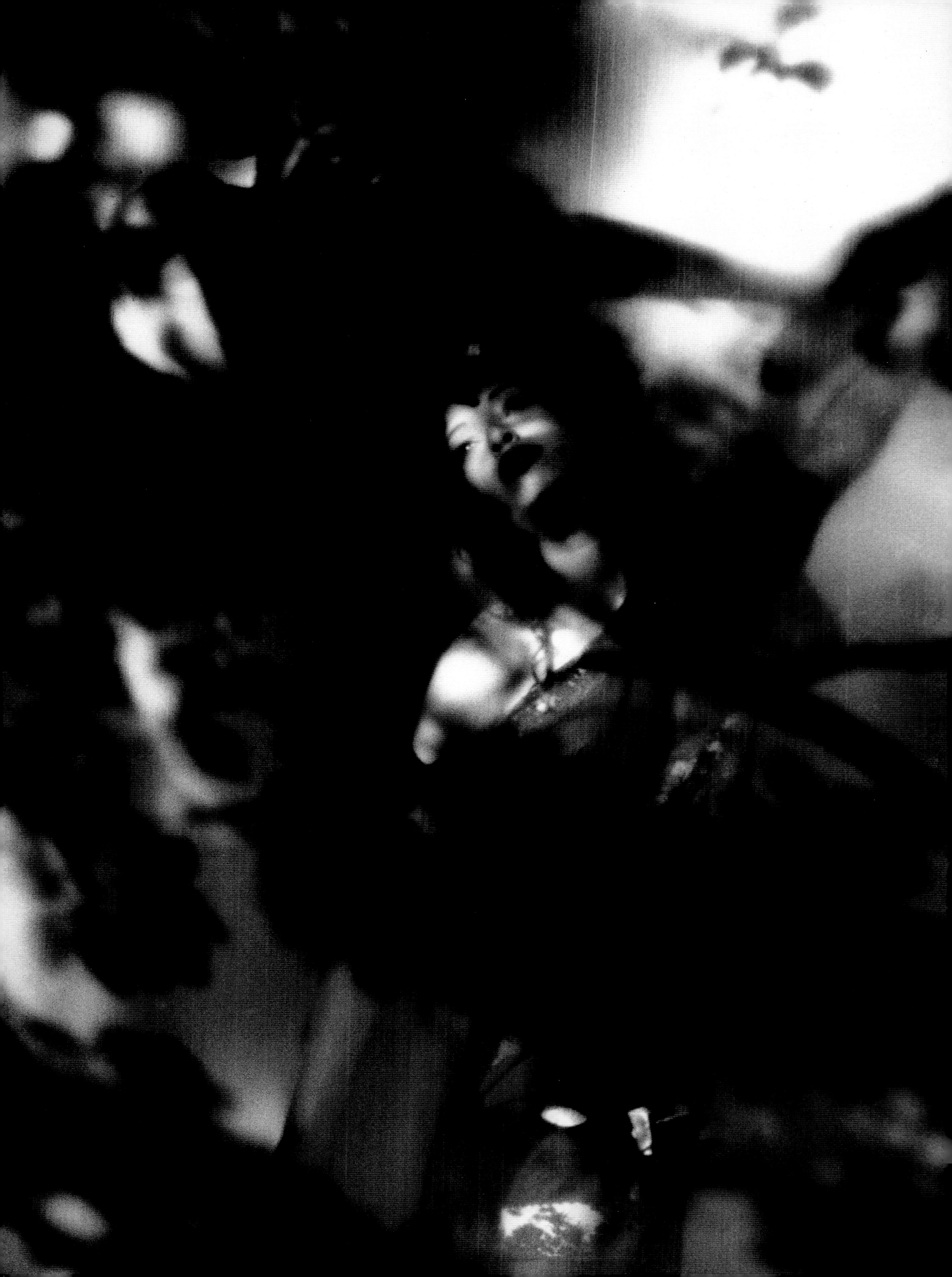

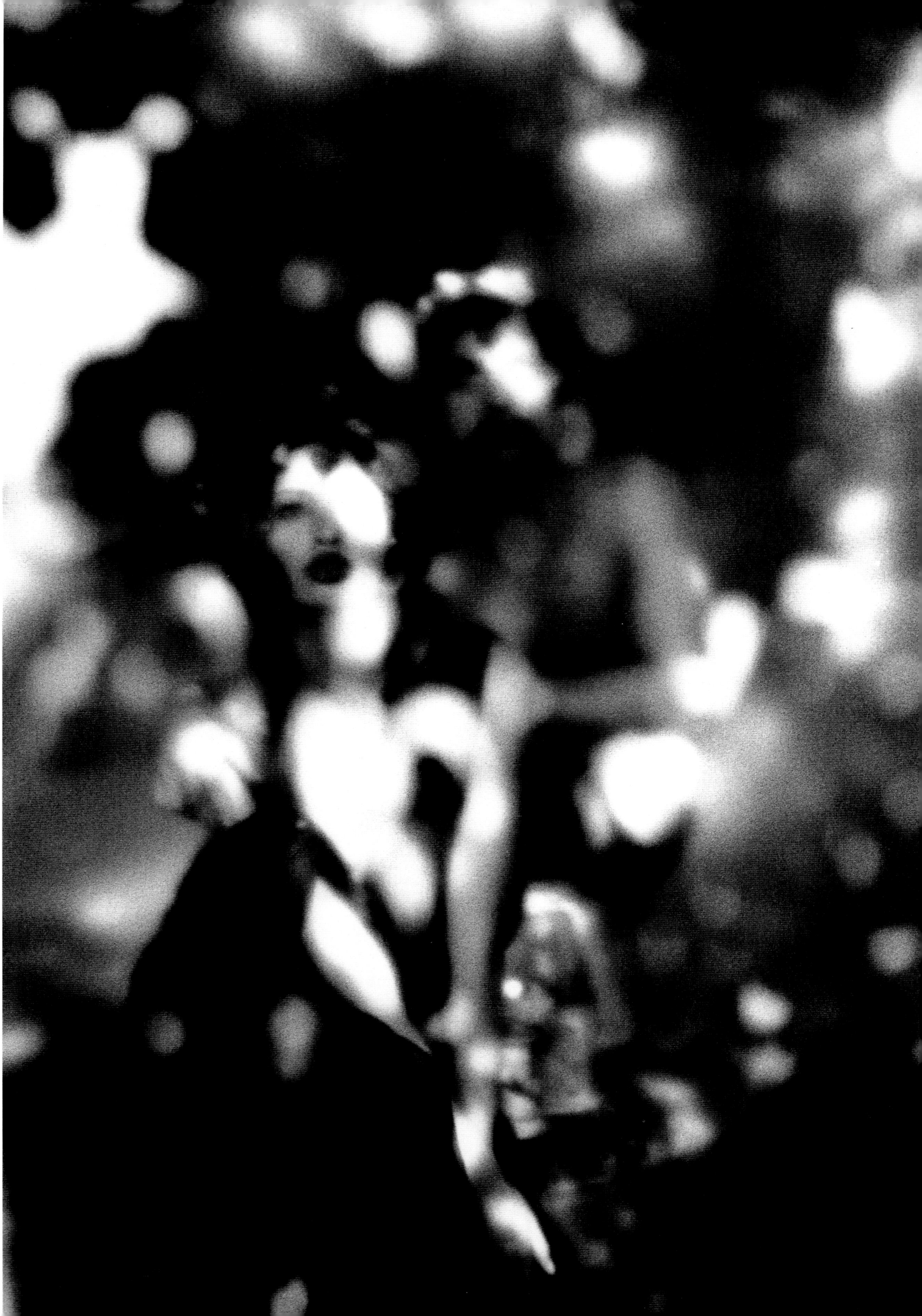

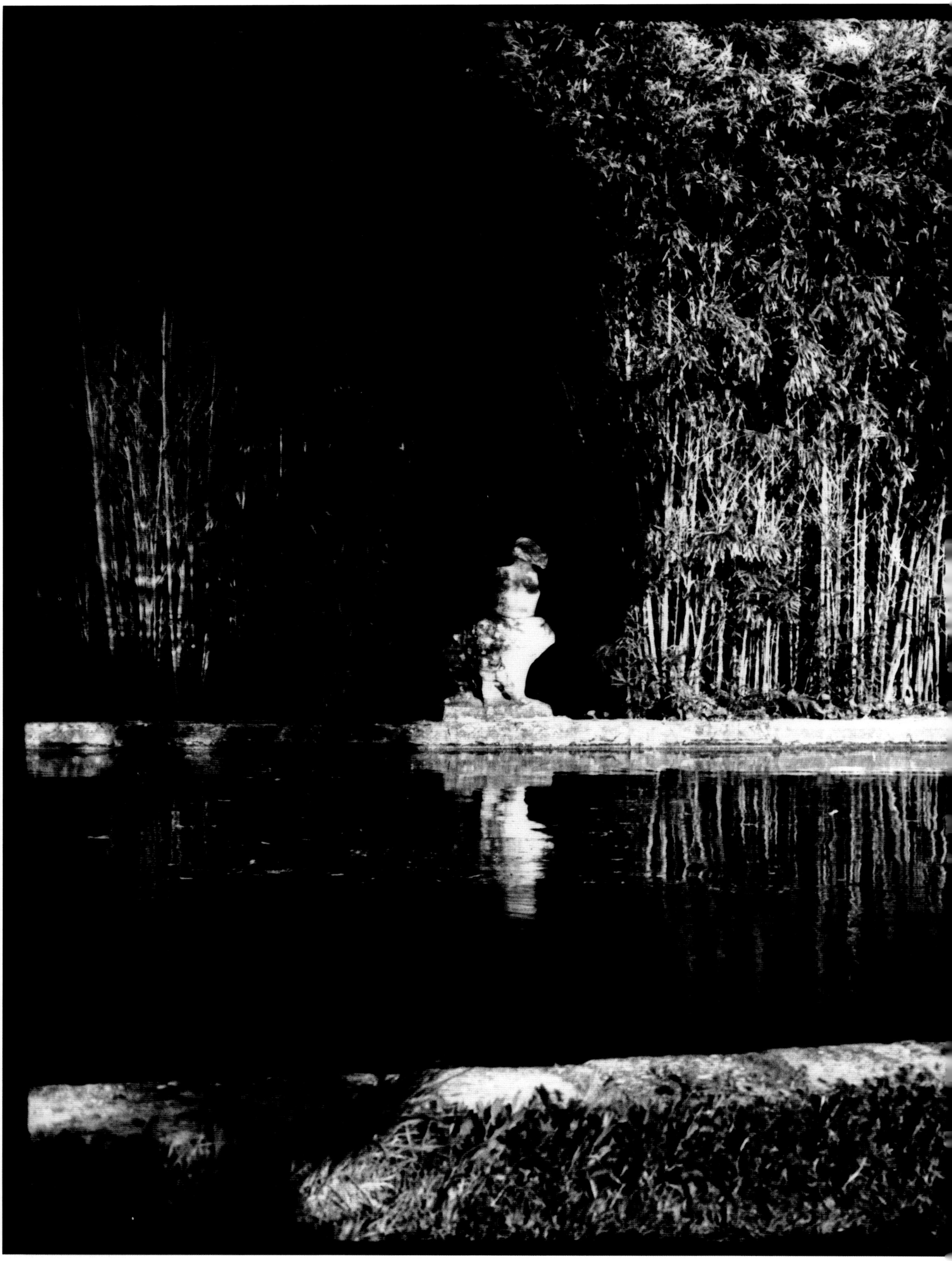

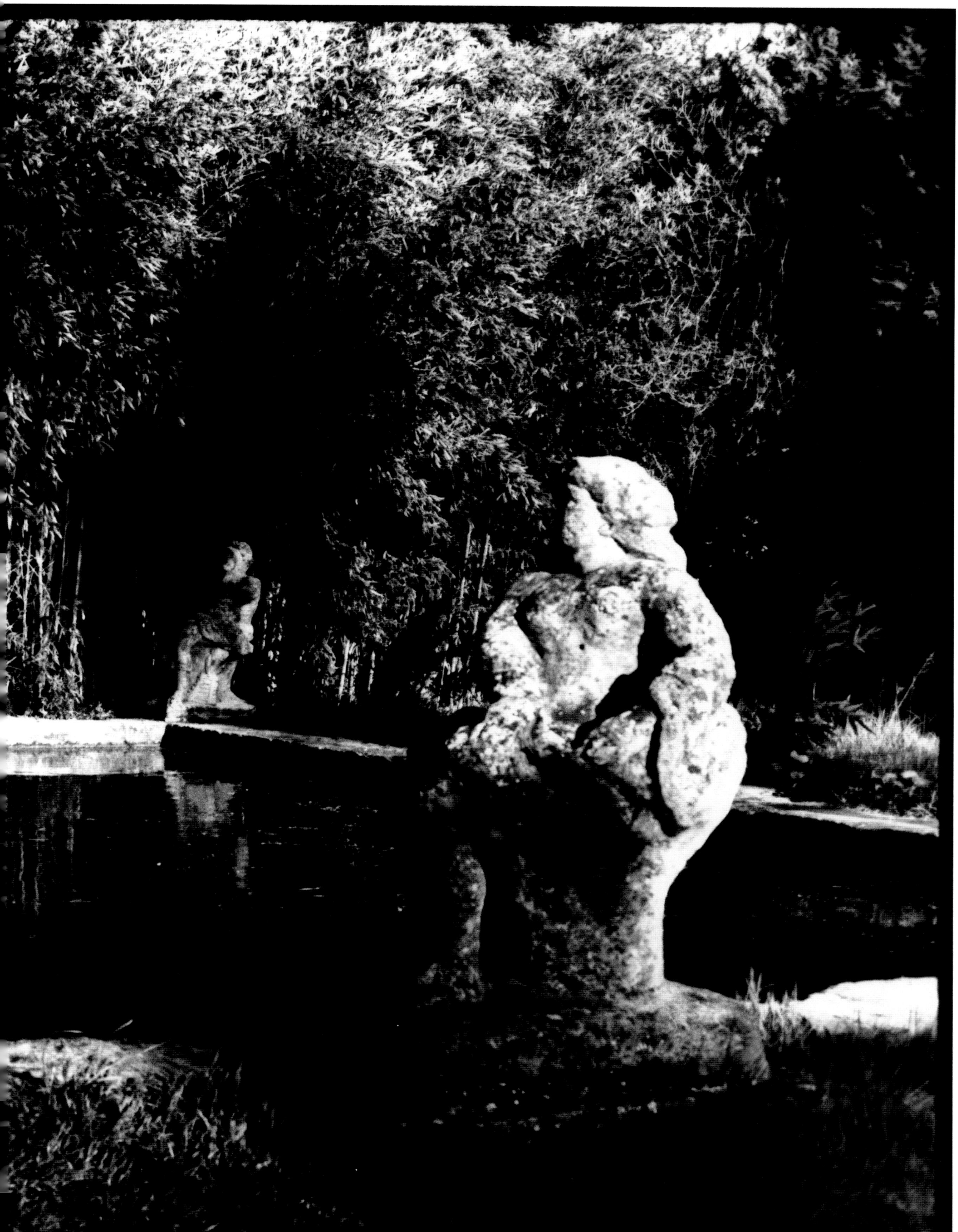

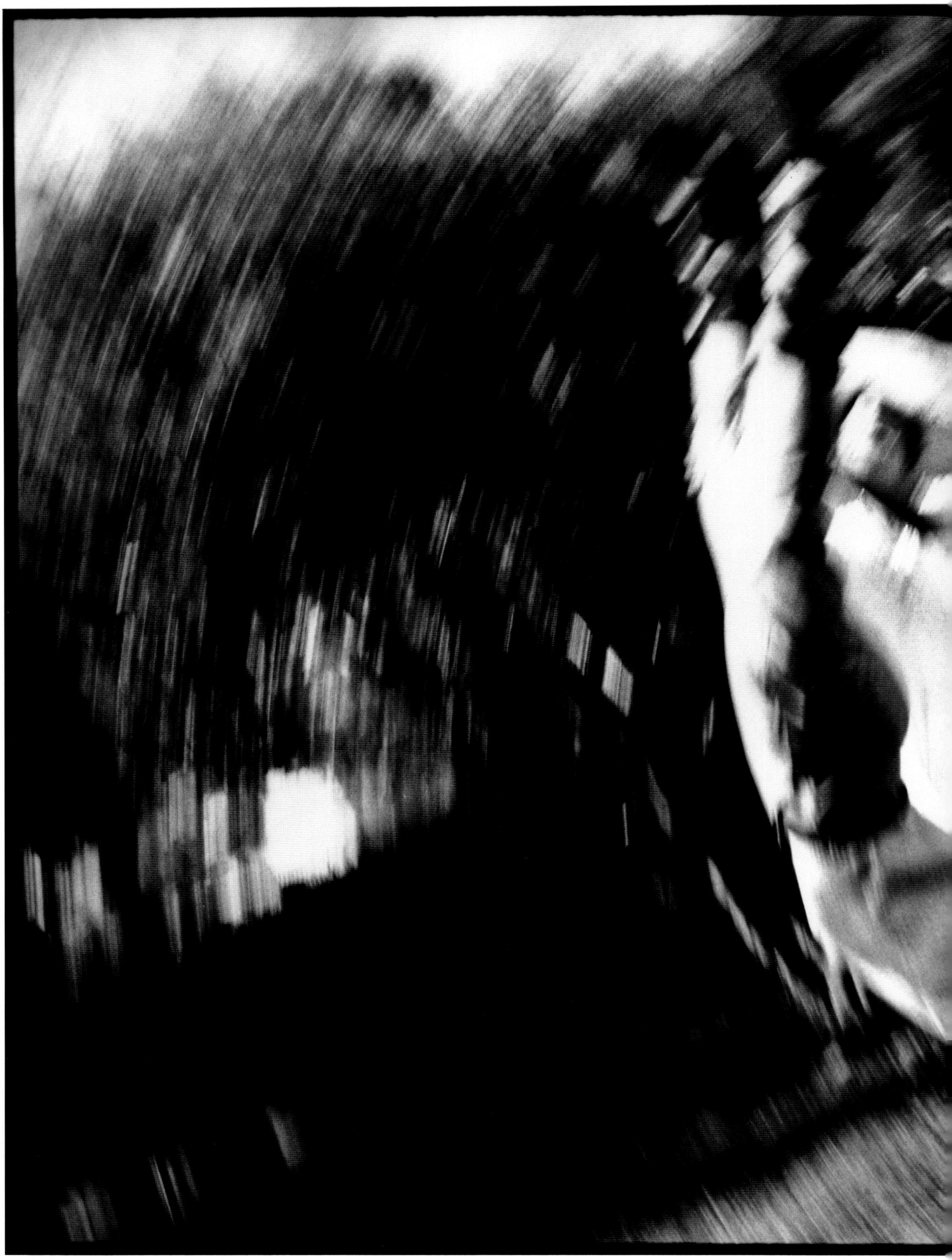

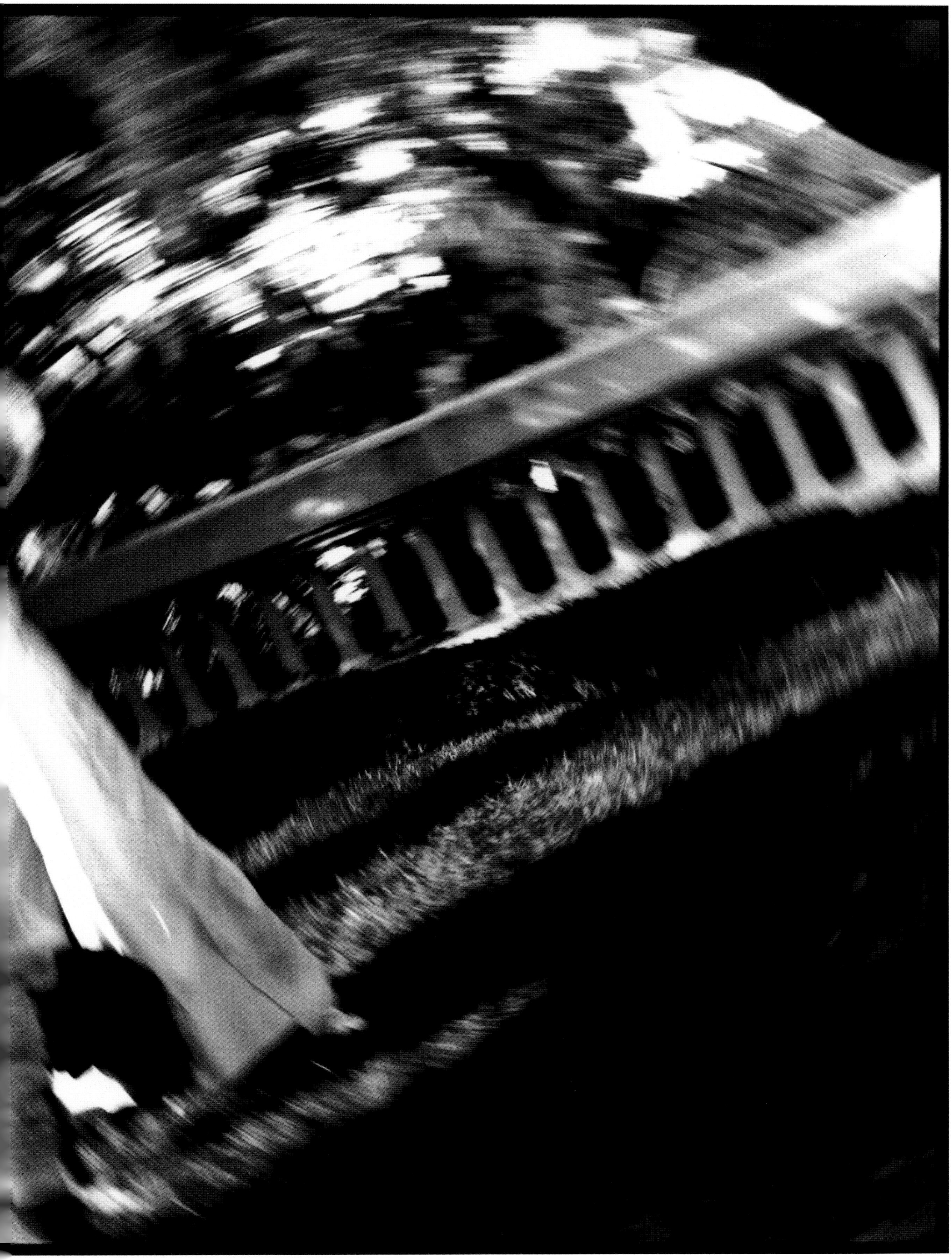

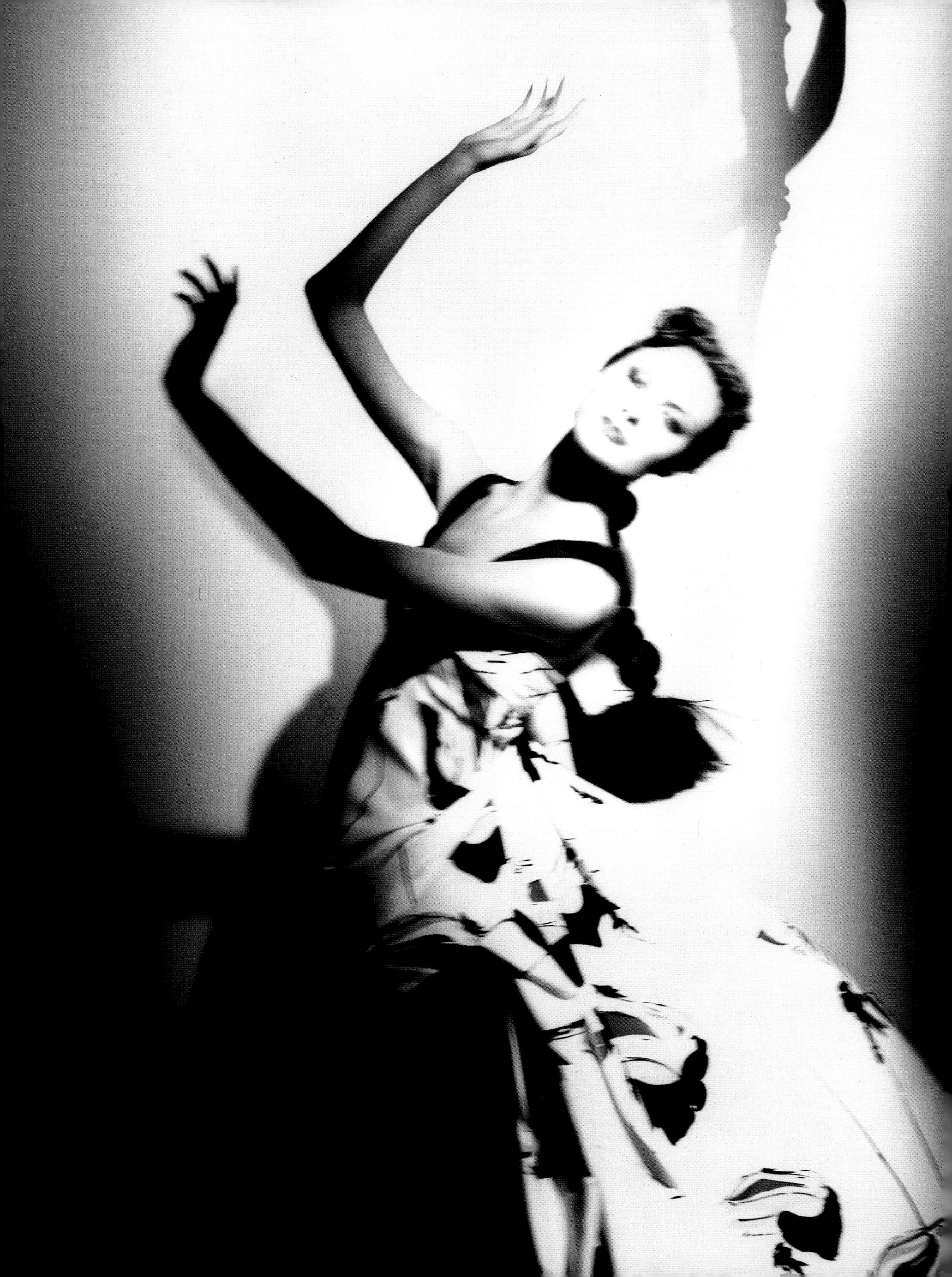

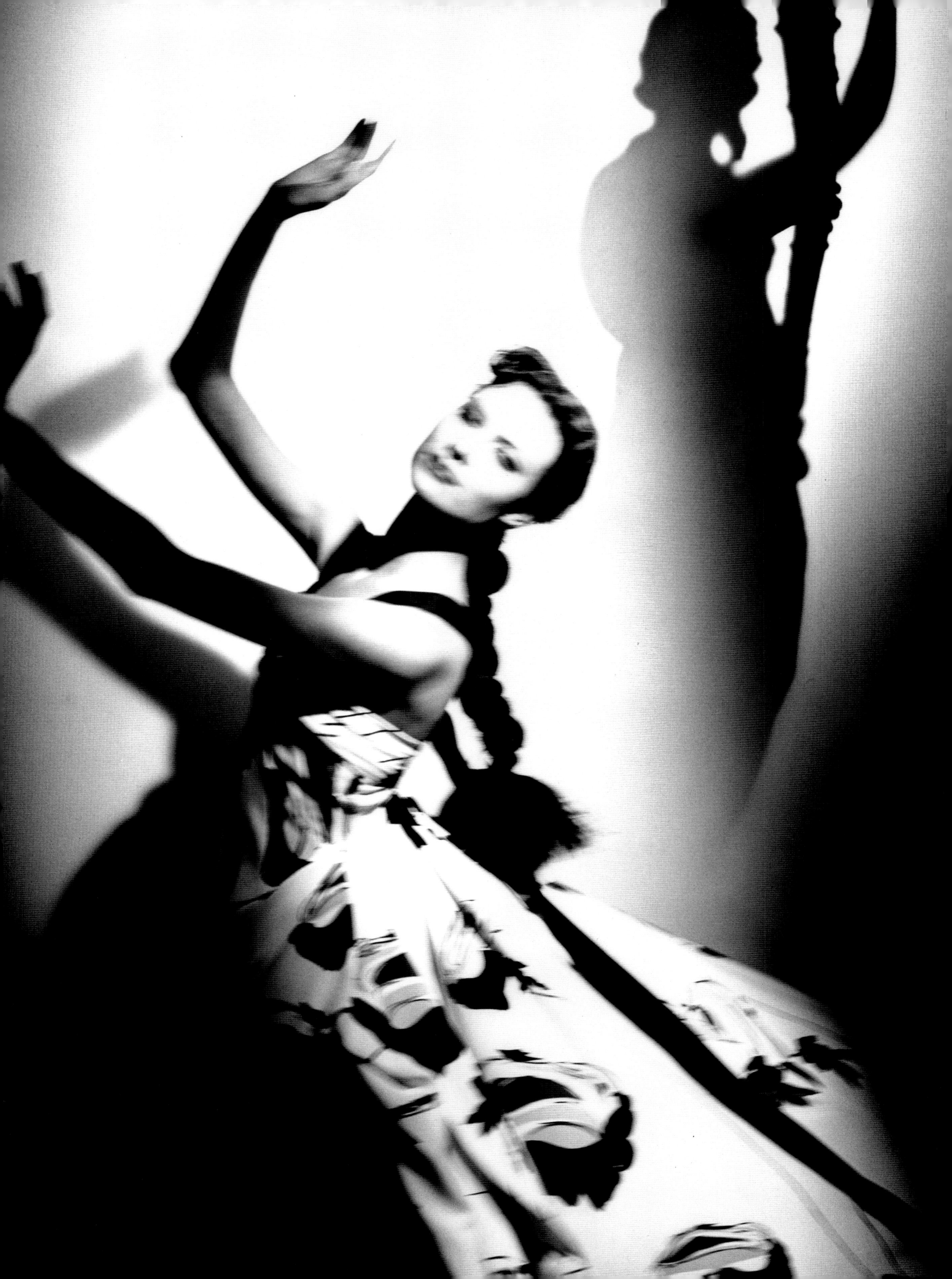

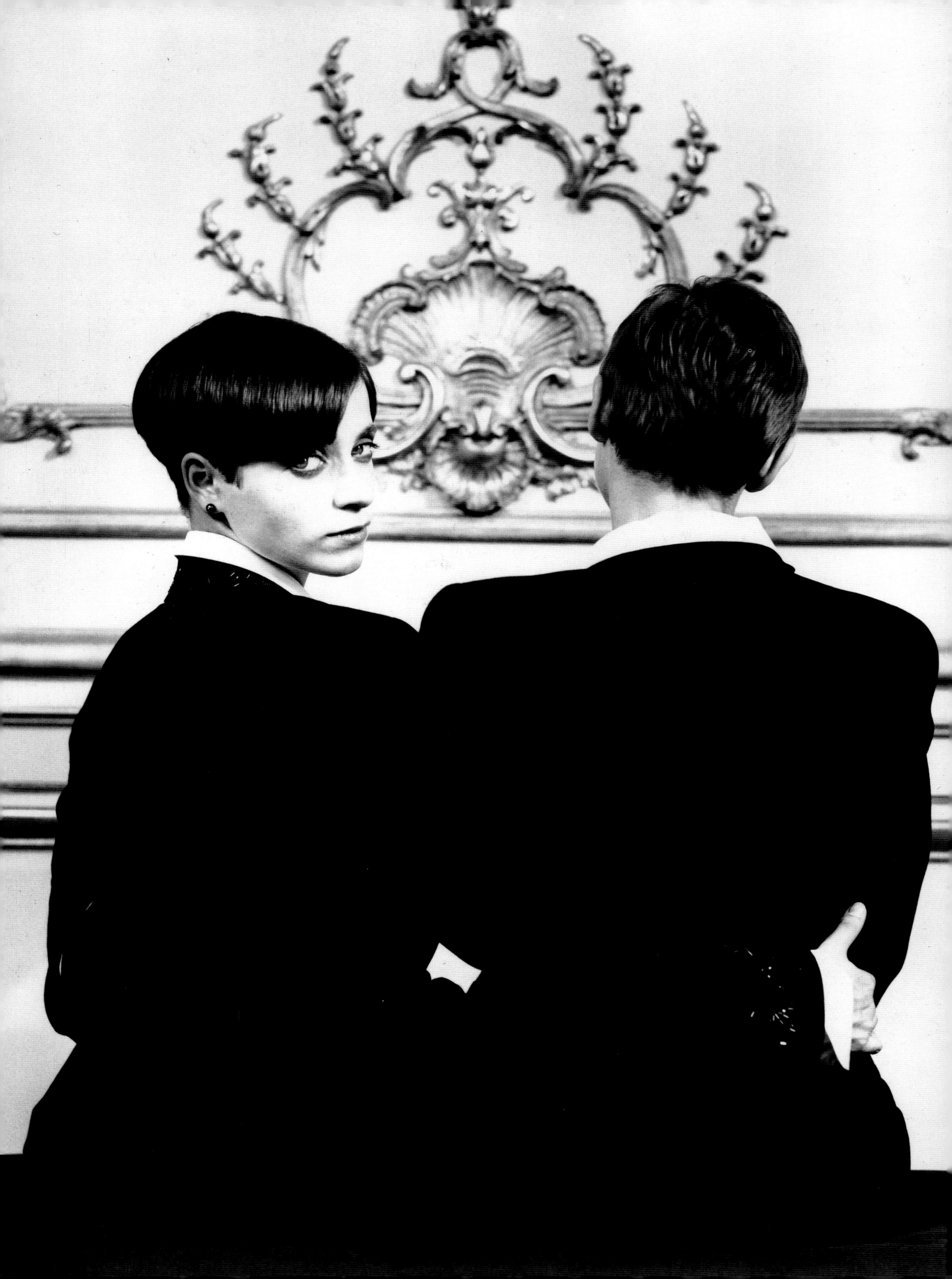

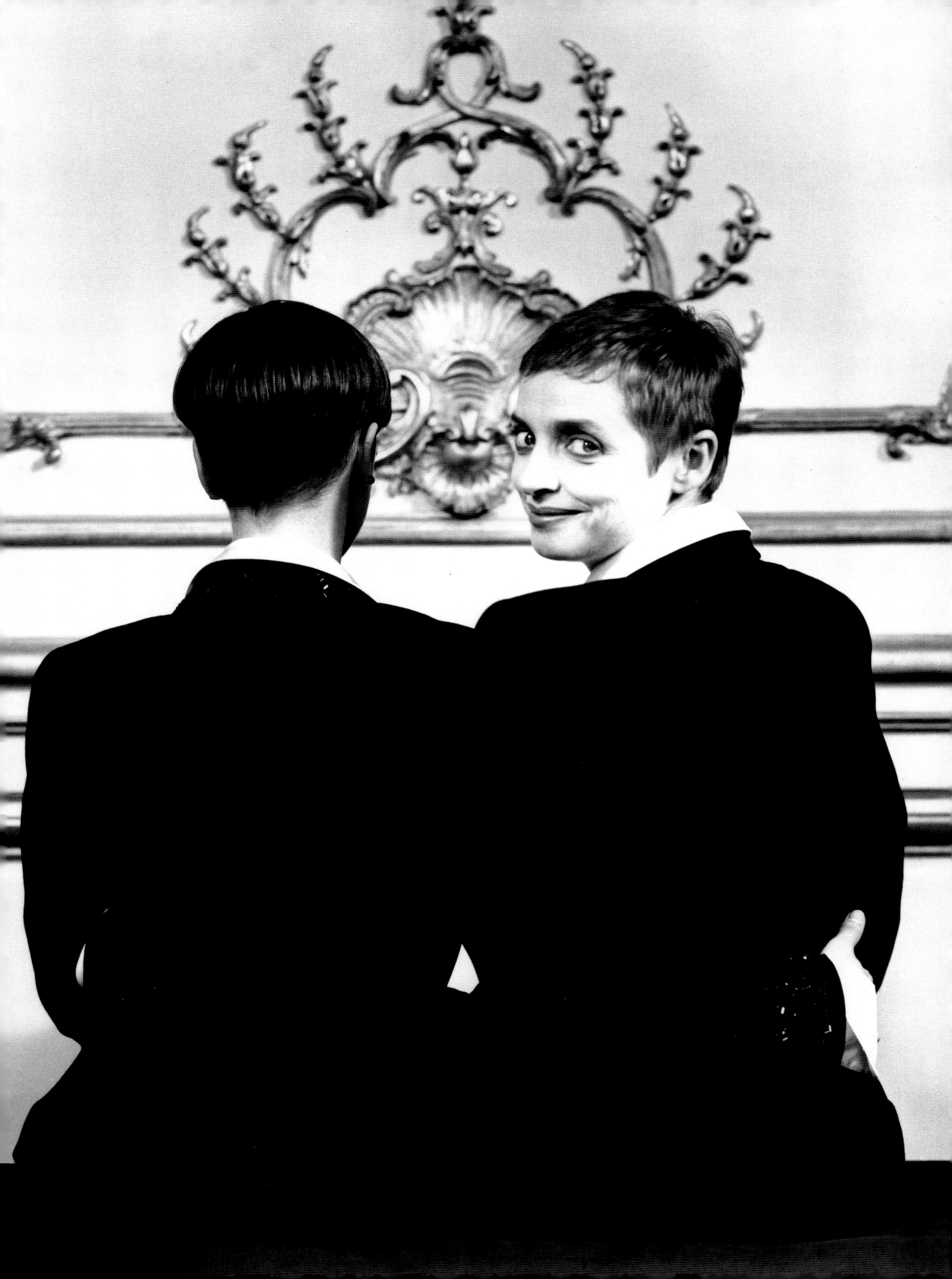

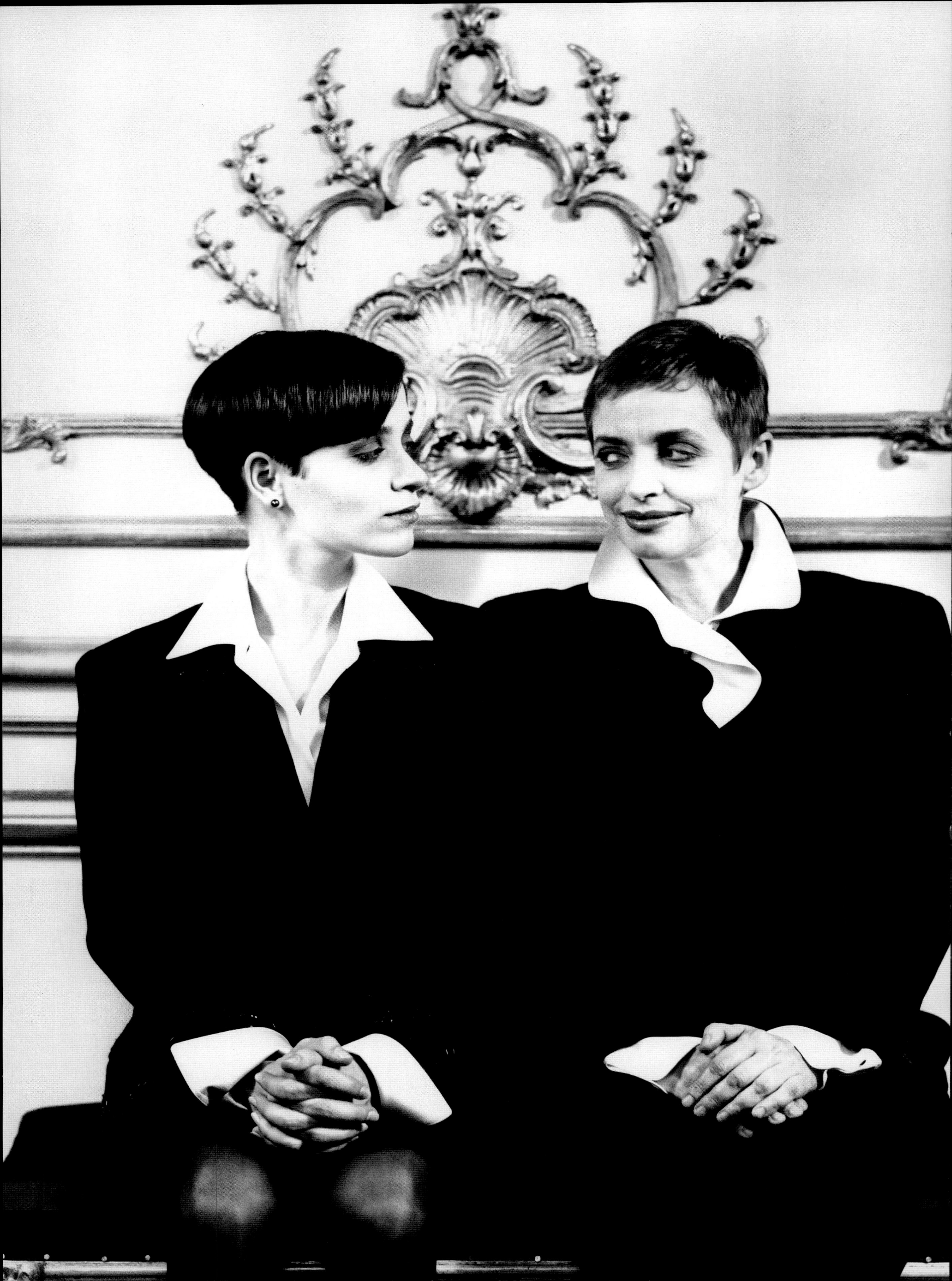

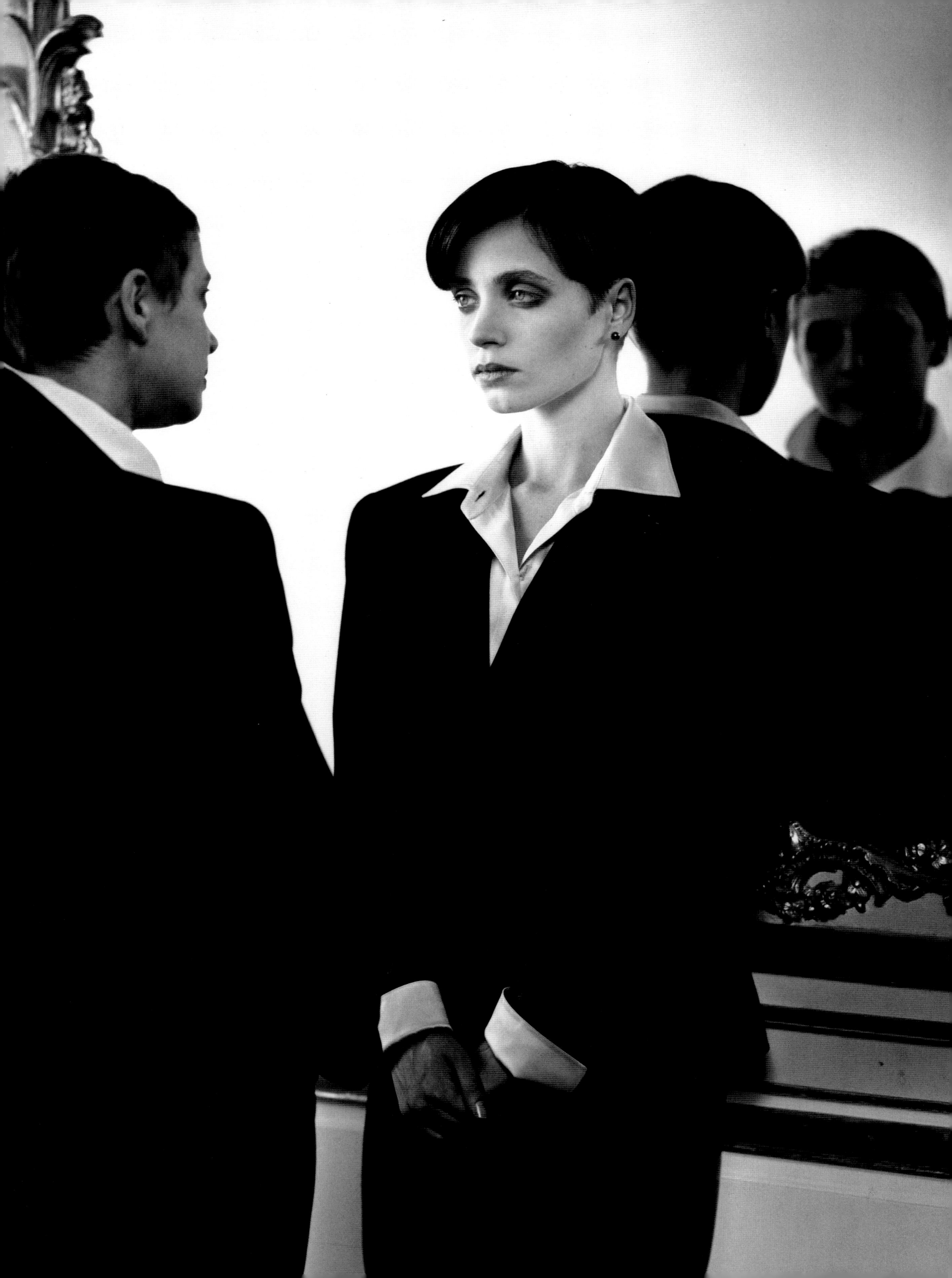

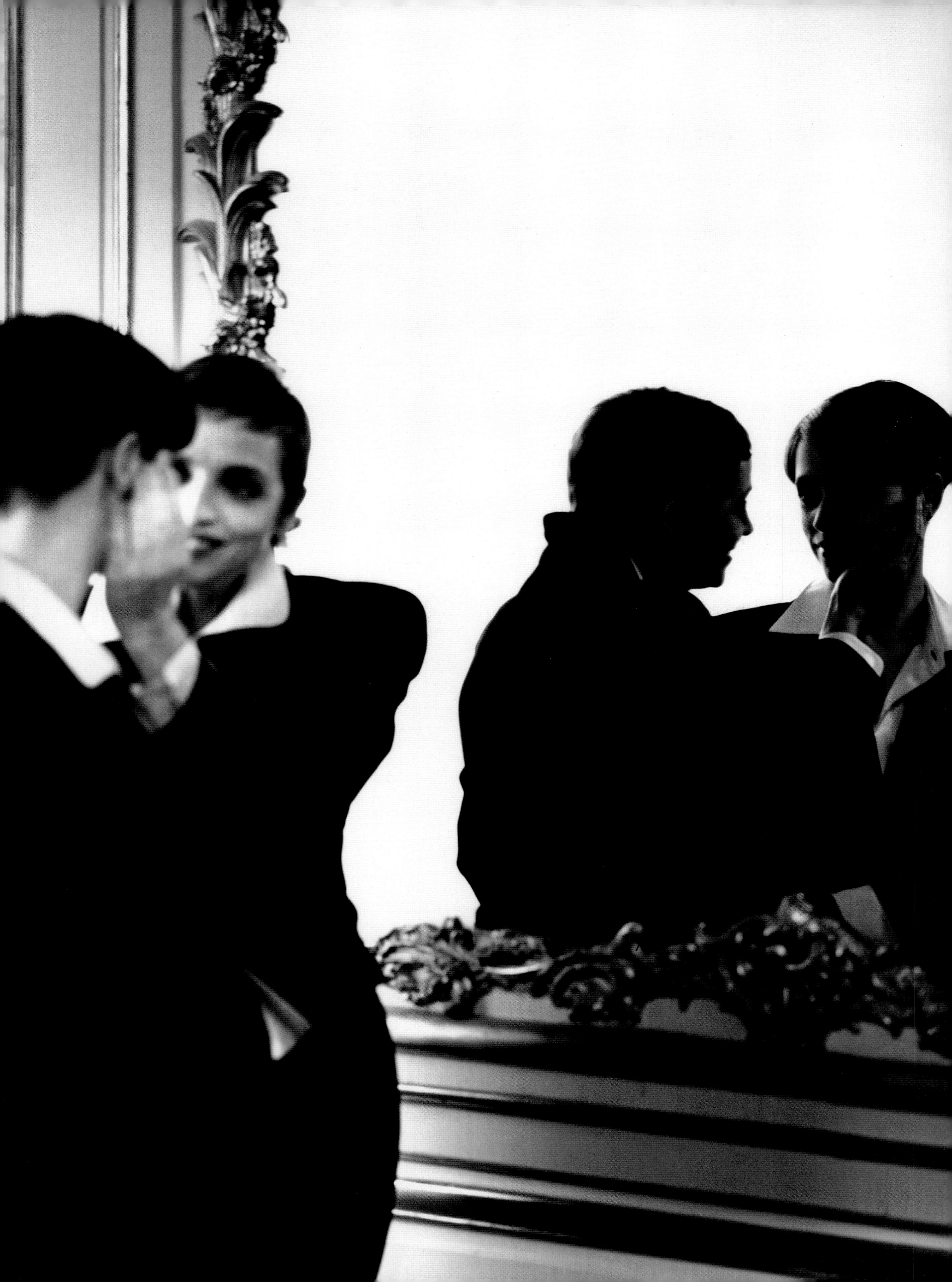

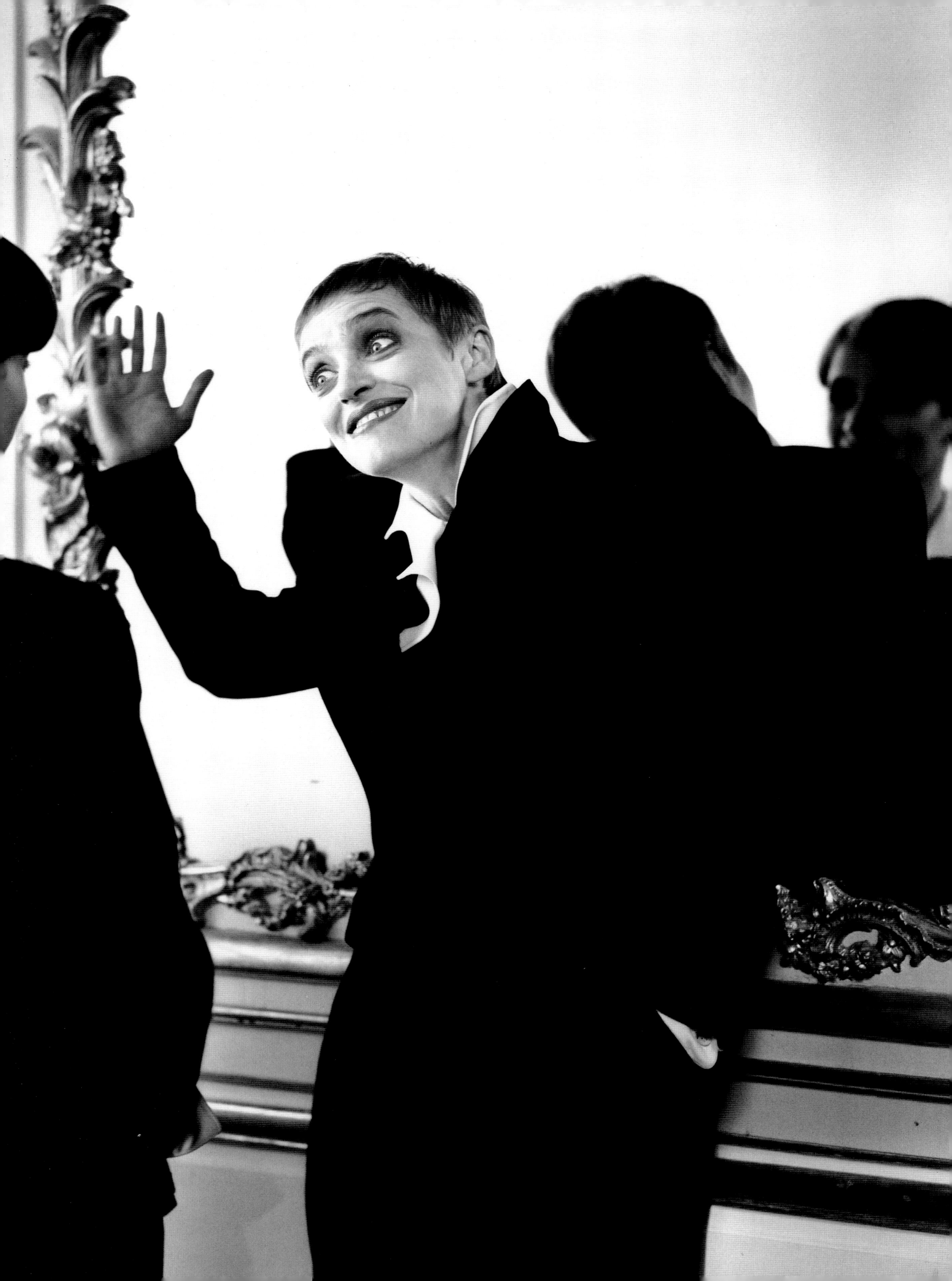

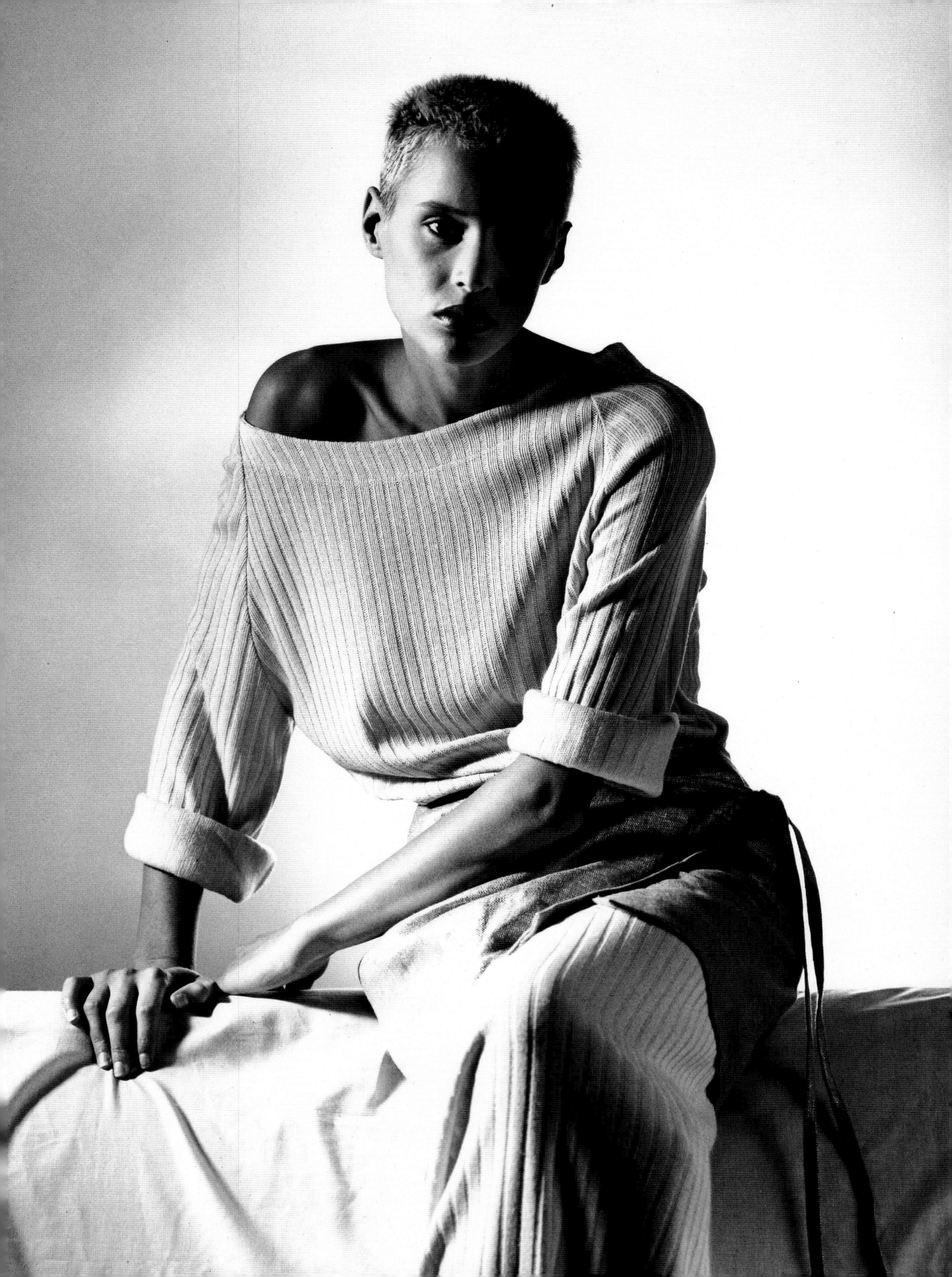

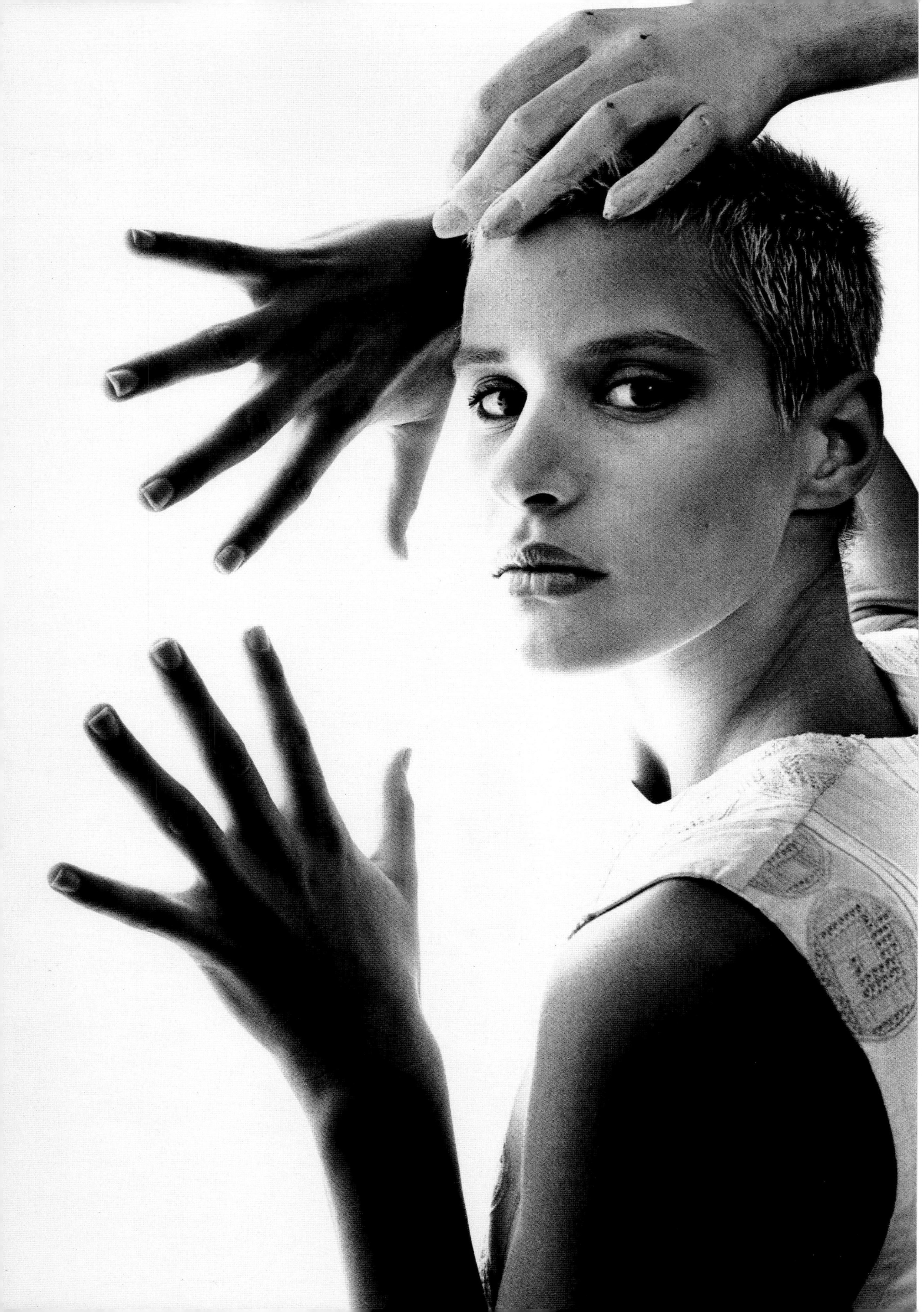

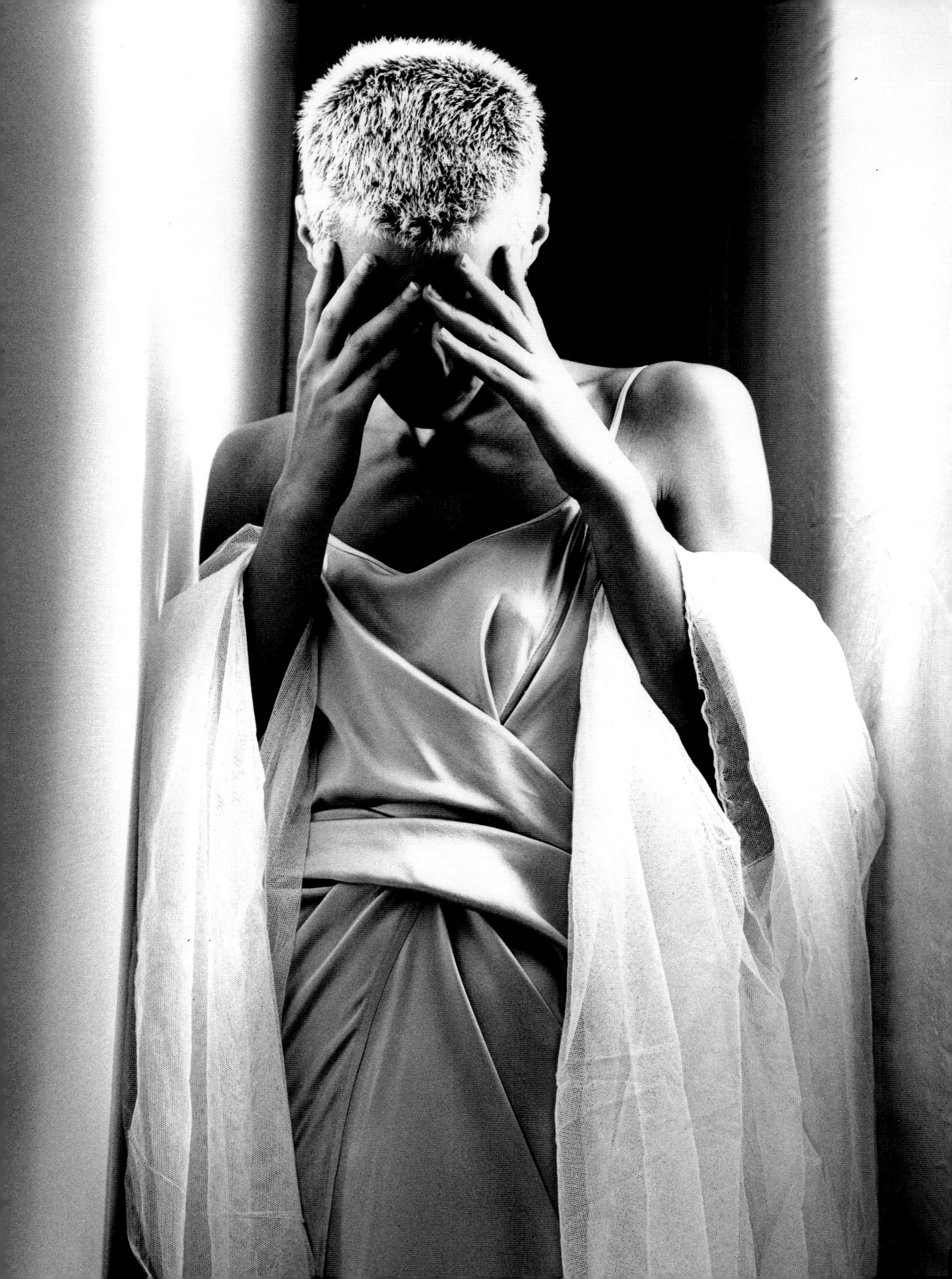

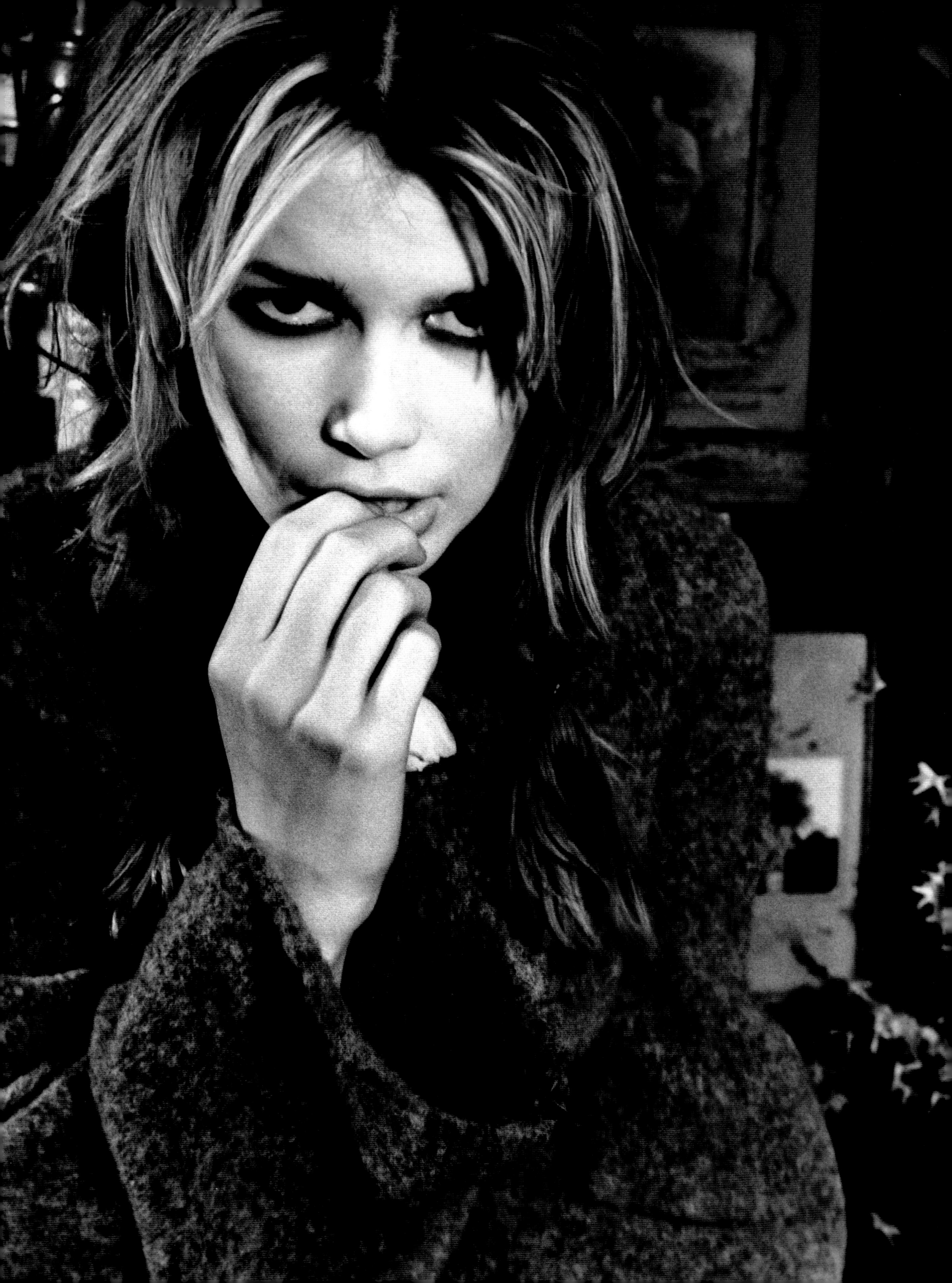

Claudia Schiffer in

NIX

oder die einfache, naive und lehrreiche Geschichte
über die Reise von Greta und Hans nach Berlin.

Ein Heimatfilm

Sie sind Studenten und haben sehr wenig Geld...

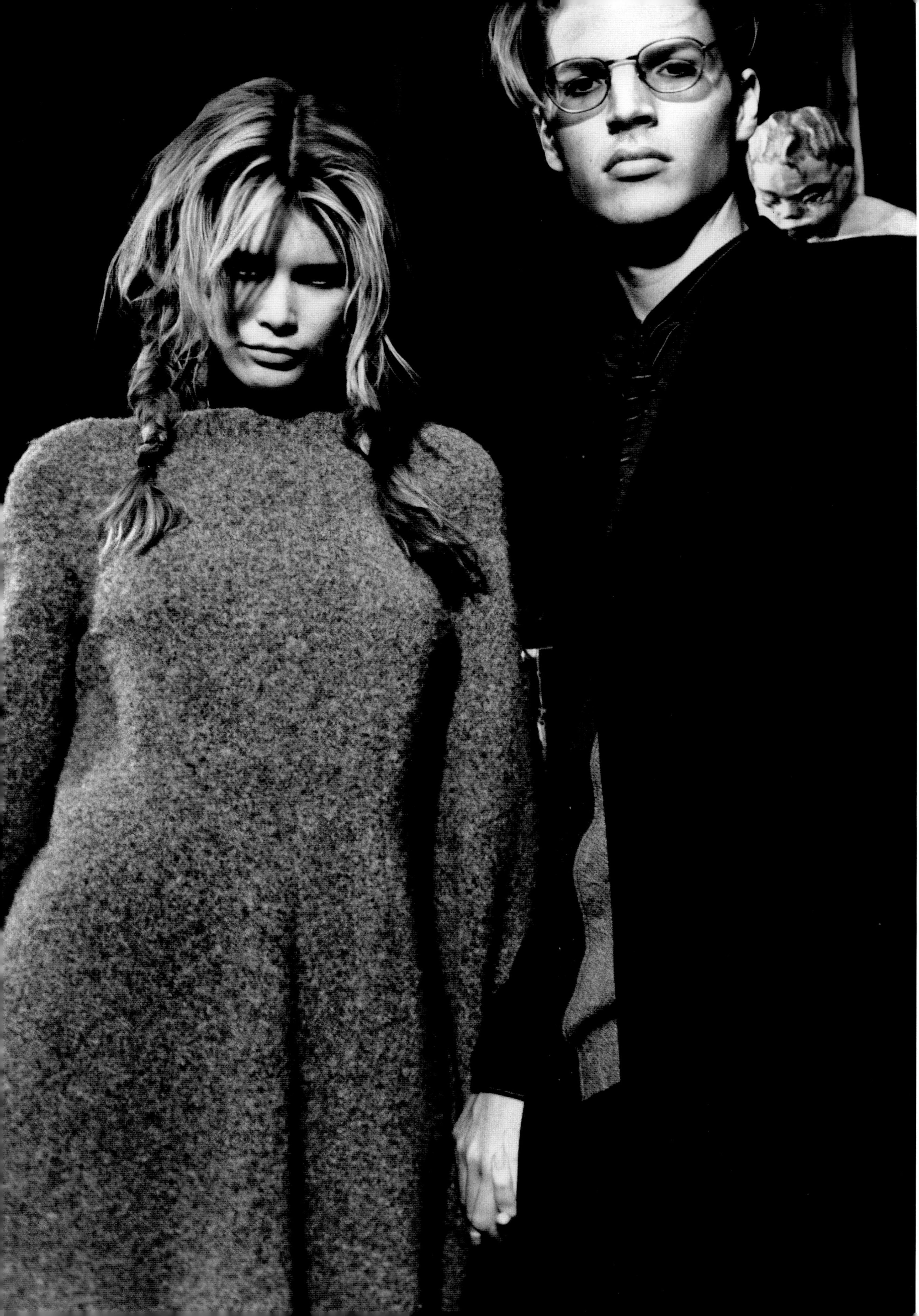

Greta und Hans wohnen in einer kleinen Bleibe im früheren Ost-Berlin. Wie so vieles in diesem Teil der Stadt, sind Haus und Hinterhof verwahrlost. Die Wohnung gehört Gretas merkwürdigem Onkel, einem ehemaligen Offizier, der nie verheiratet war. Er ist nicht da. Die Wohnung ist »gemütlich«, sehr deutsch, vollgestopft mit Nippsachen und Souvenirs.

P.S. Ob Sie's glauben oder nicht, alles in dieser Wohnung sah wirklich genau so aus. Nicht ein einziges Stück habe ich verschoben ... Unglaublich, aber wahr.

Um ein bißchen Geld zu bekommen, gehen sie zum Flohmarkt, in Berlin Zille-Markt genannt, und Greta verkauft Madame Boettcher einen Ring. Die Madame hat zwei Freunde mit sehr engen Kontakten zur »Szene«. Der eine, Medi, verliebt sich in Greta und in Klaus, einen Barkeeper und ziemlich schlimmen Jungen. Offiziell arbeitet Medi, der türkische Junge, auf dem Flohmarkt. Aber: Ist er vielleicht Madame Boettchers Geliebter?

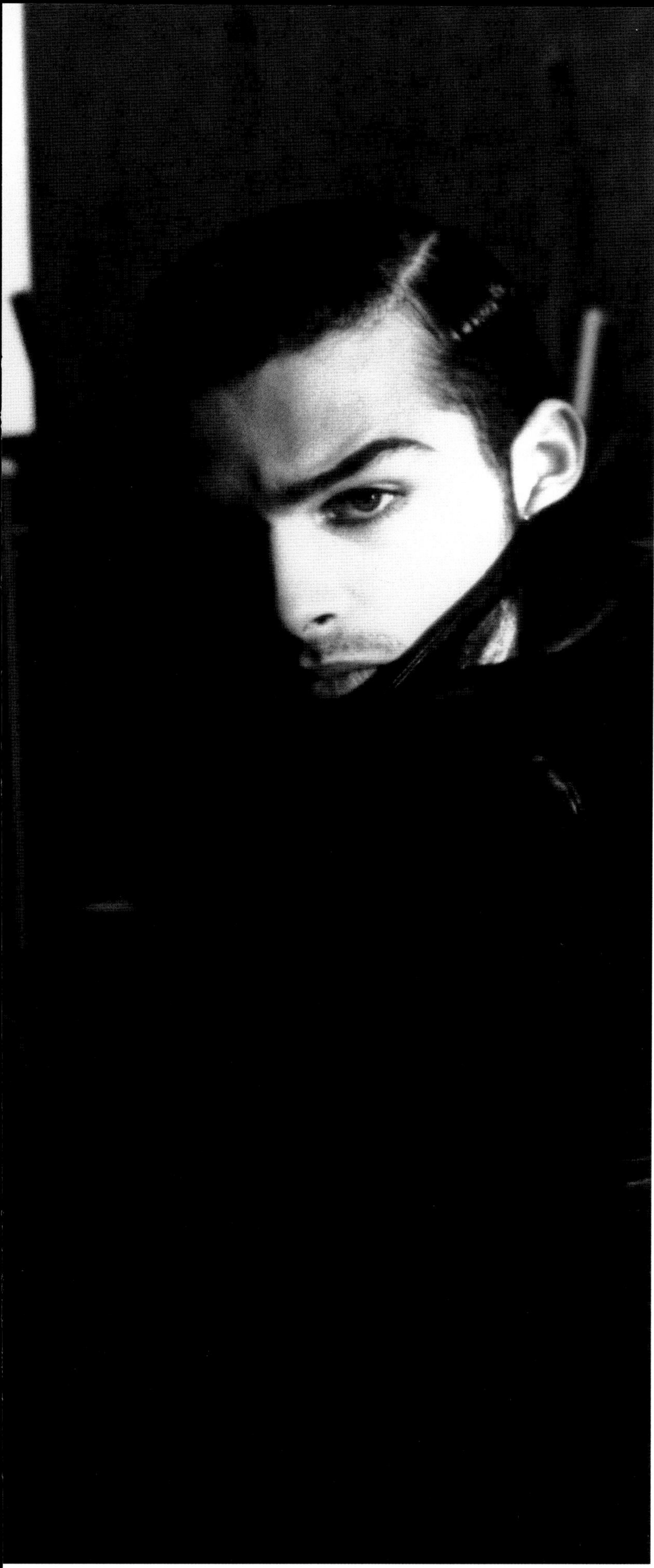

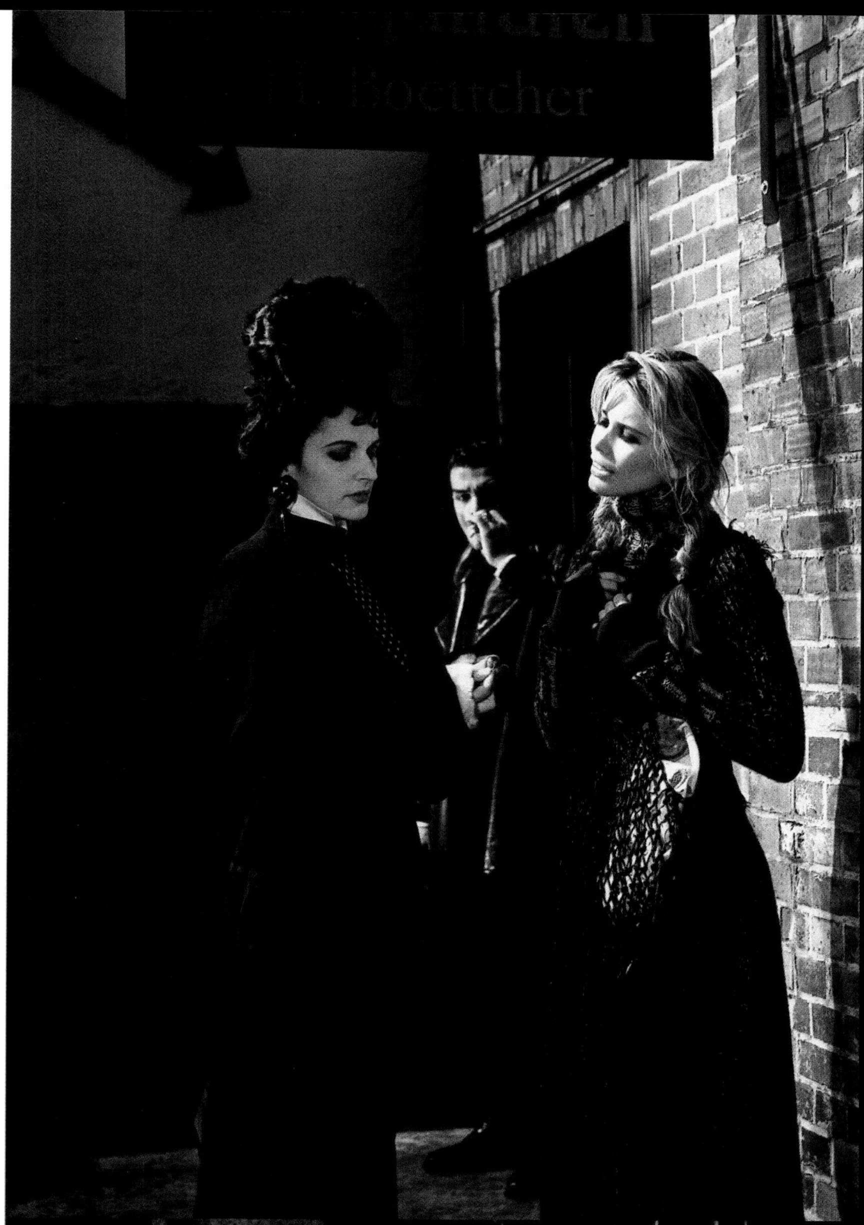
Boettcher

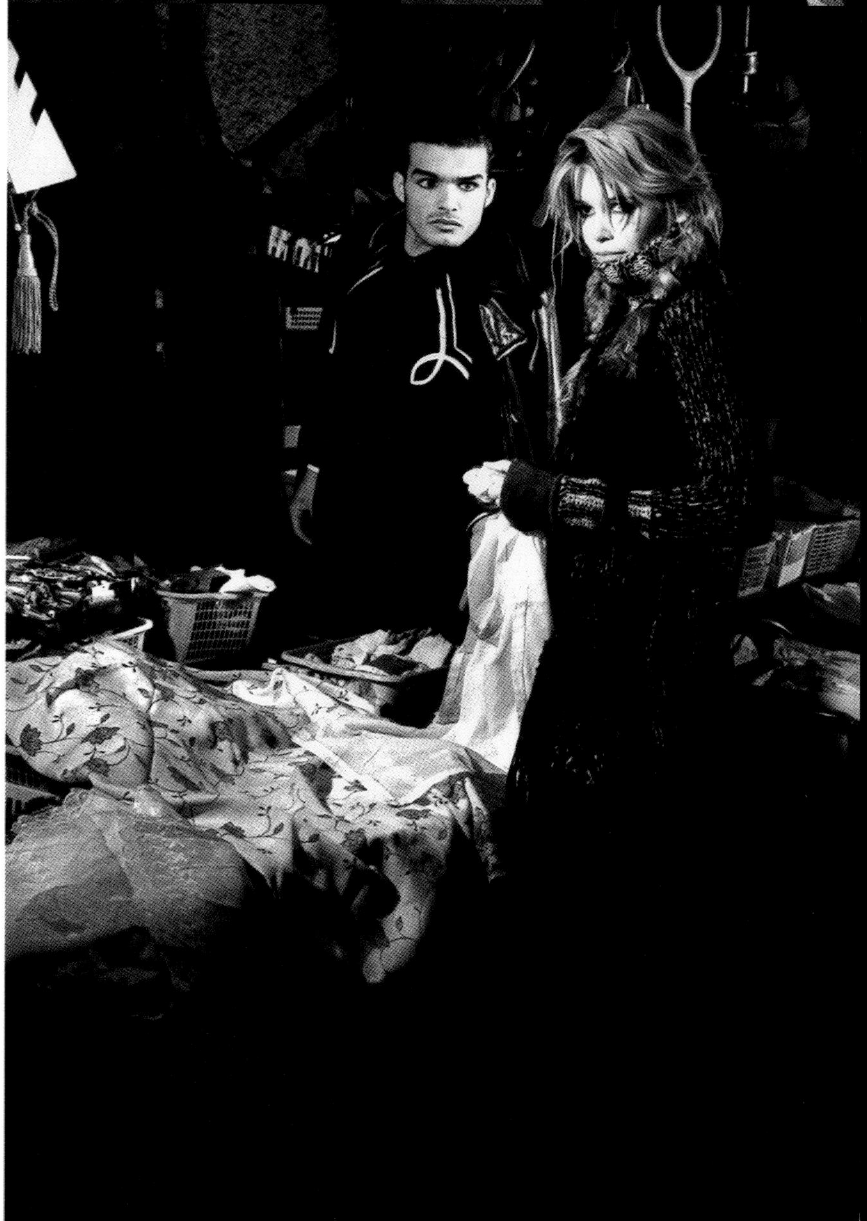

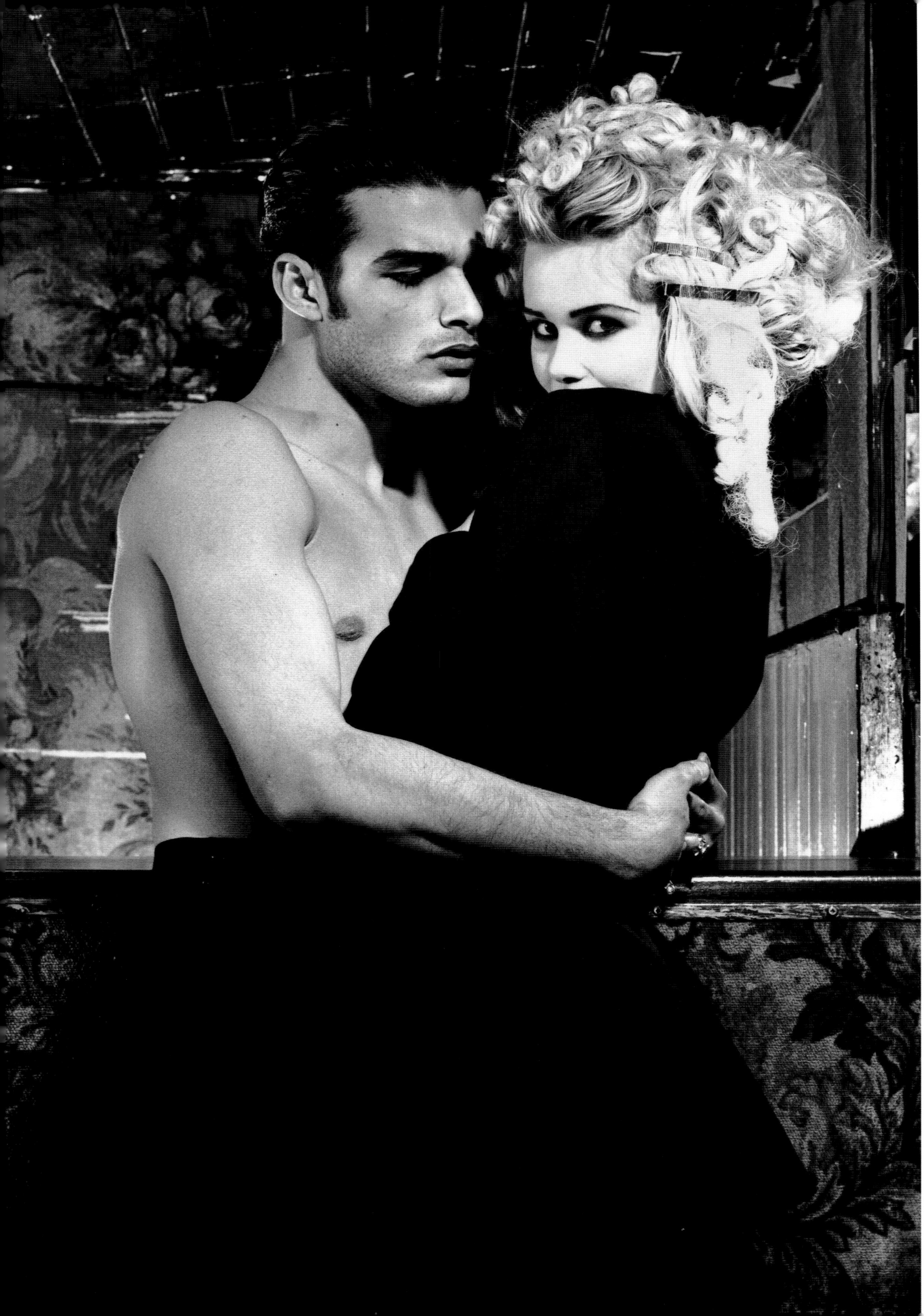

Klaus ist Barkeeper im Nachtclub von Madame Francine, einer von einem Deutschen, Herrn Falkenberg, geschiedenen Französin. Auch sie ist mit Medi liiert. Klaus und Medi nehmen Greta und Hans mit in den bis spät nachts geöffneten Club, ...

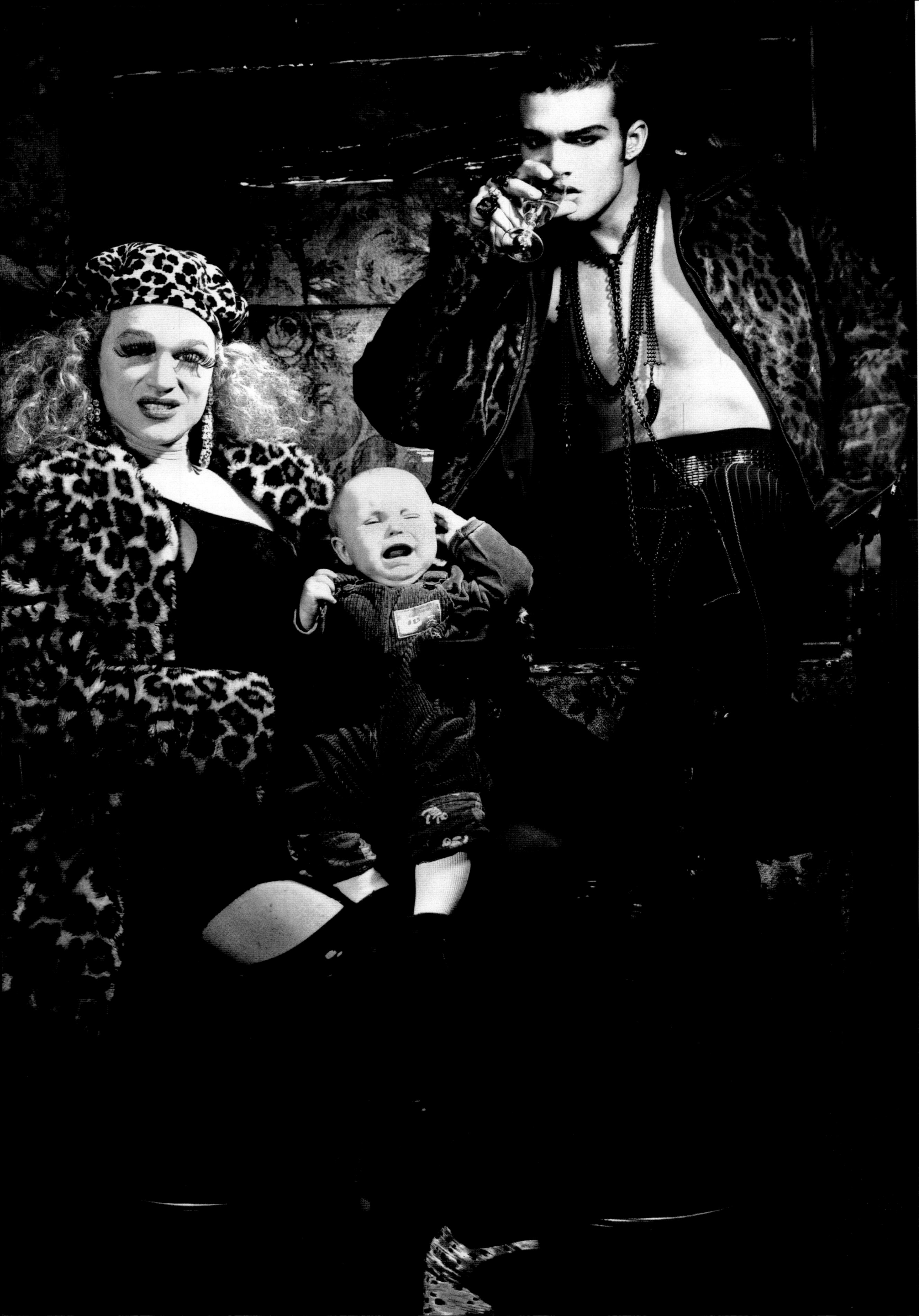

... wo auch Transvestiten sich ein Stelldichein geben; einer von ihnen verdingt sich jeweils am späten Nachmittag als Babysitter.

Hans ist unglücklich, weil er zusehen muß, wie Greta mit Medi flirtet.

Der Star von Madame Francines Late Night Show ist ein französischer Transvestit, Cri-Cri de Paris. Madame Francine und Medi bedrängen Greta, auch aufzutreten, zu singen und zu tanzen. Die Idee gefällt ihr ...

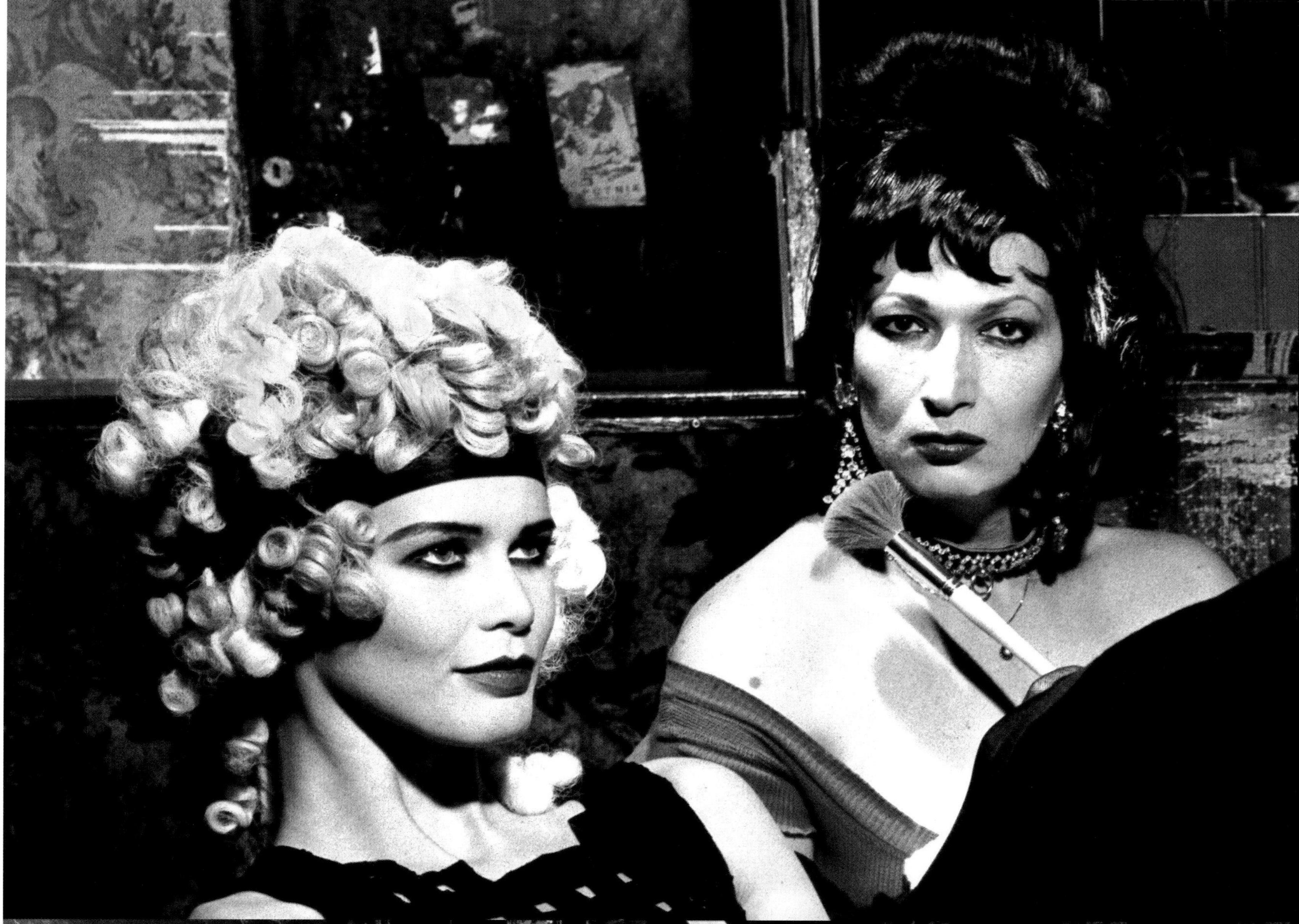

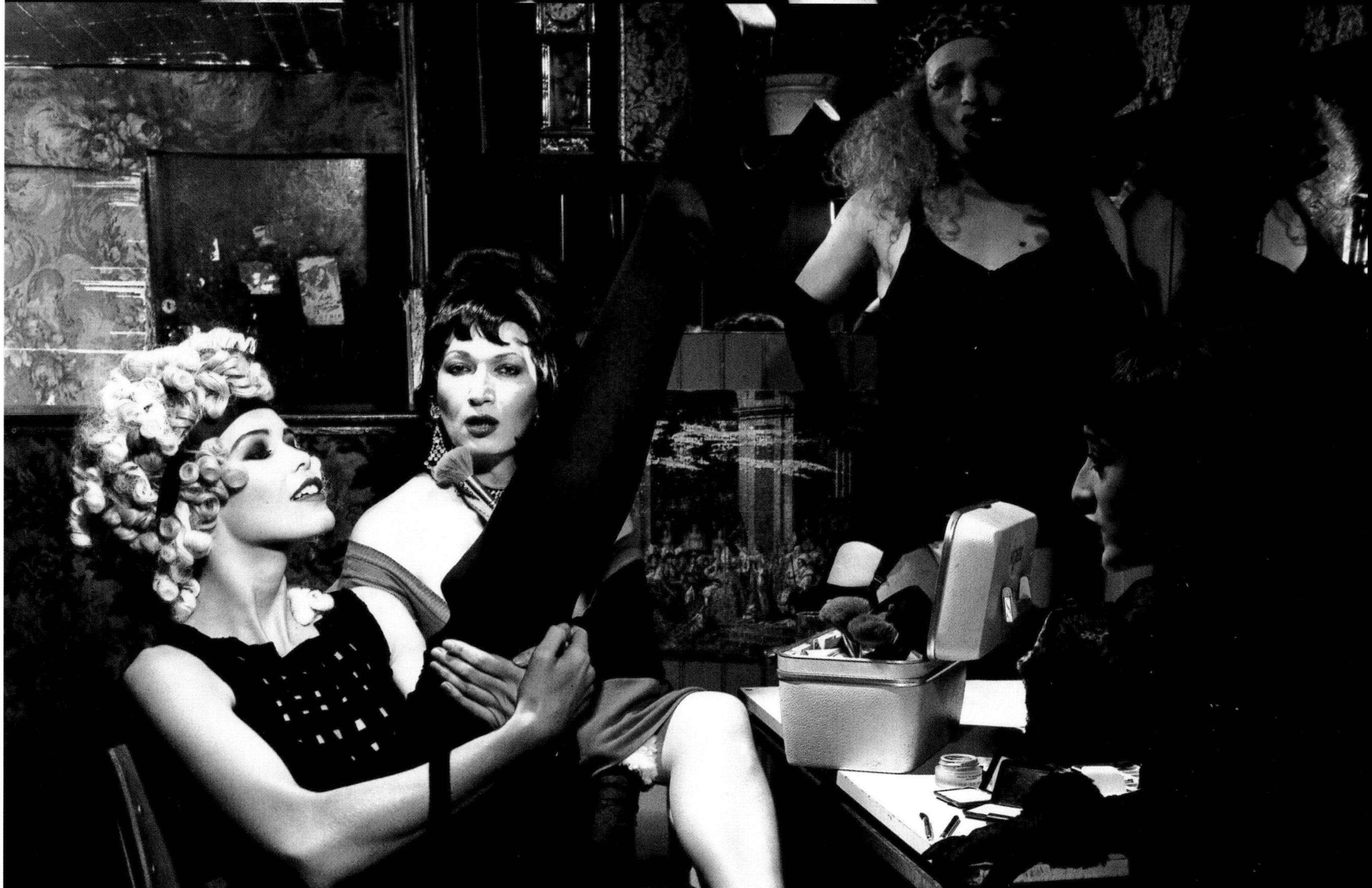

Trotzdem versucht Greta, ihr Studium fortzusetzen.
Aber ihre Gedanken sind ganz woanders...

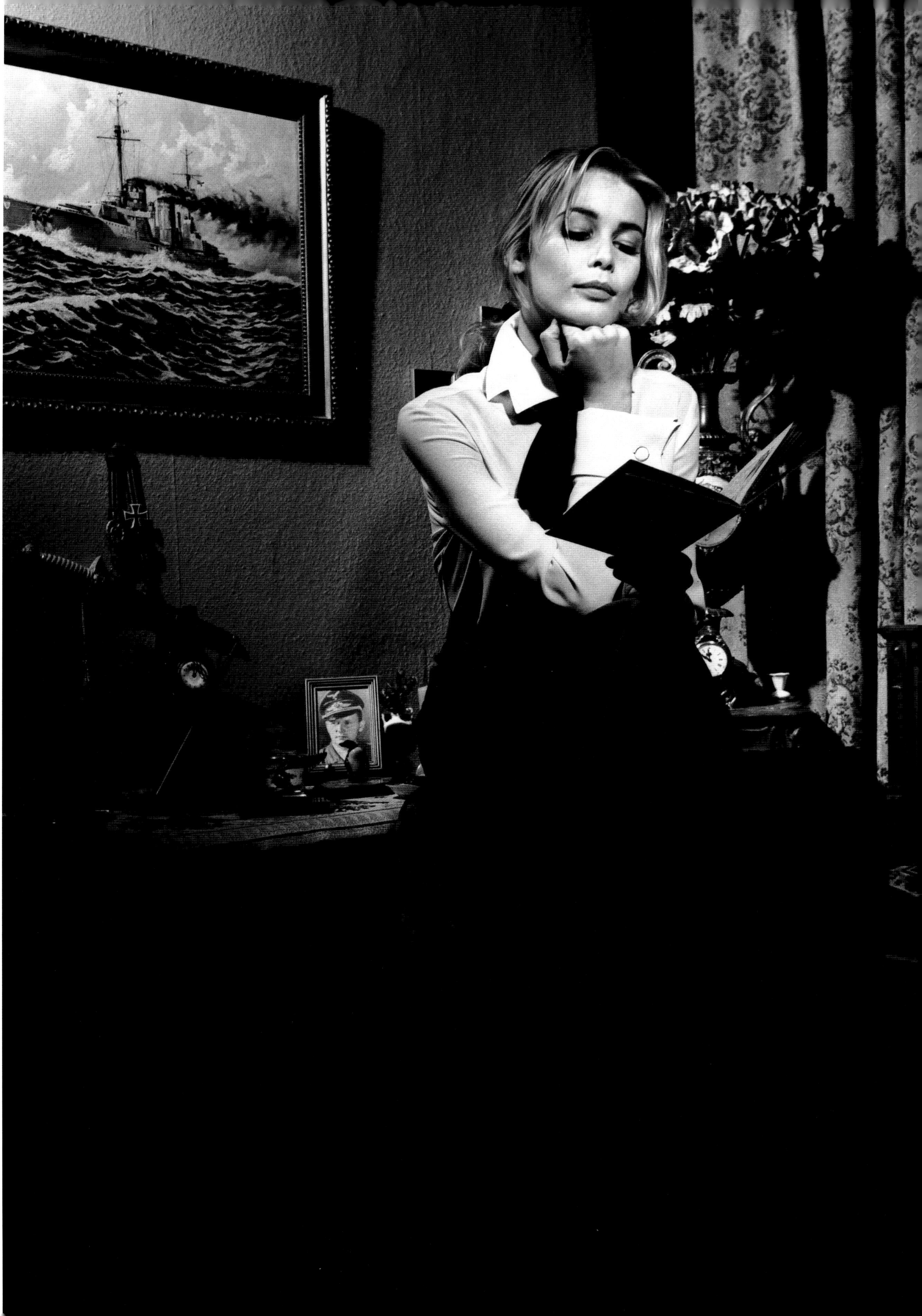

Eines Nachmittags, sie ist allein in der Wohnung ihres Onkels, kommt Medi sie besuchen ...

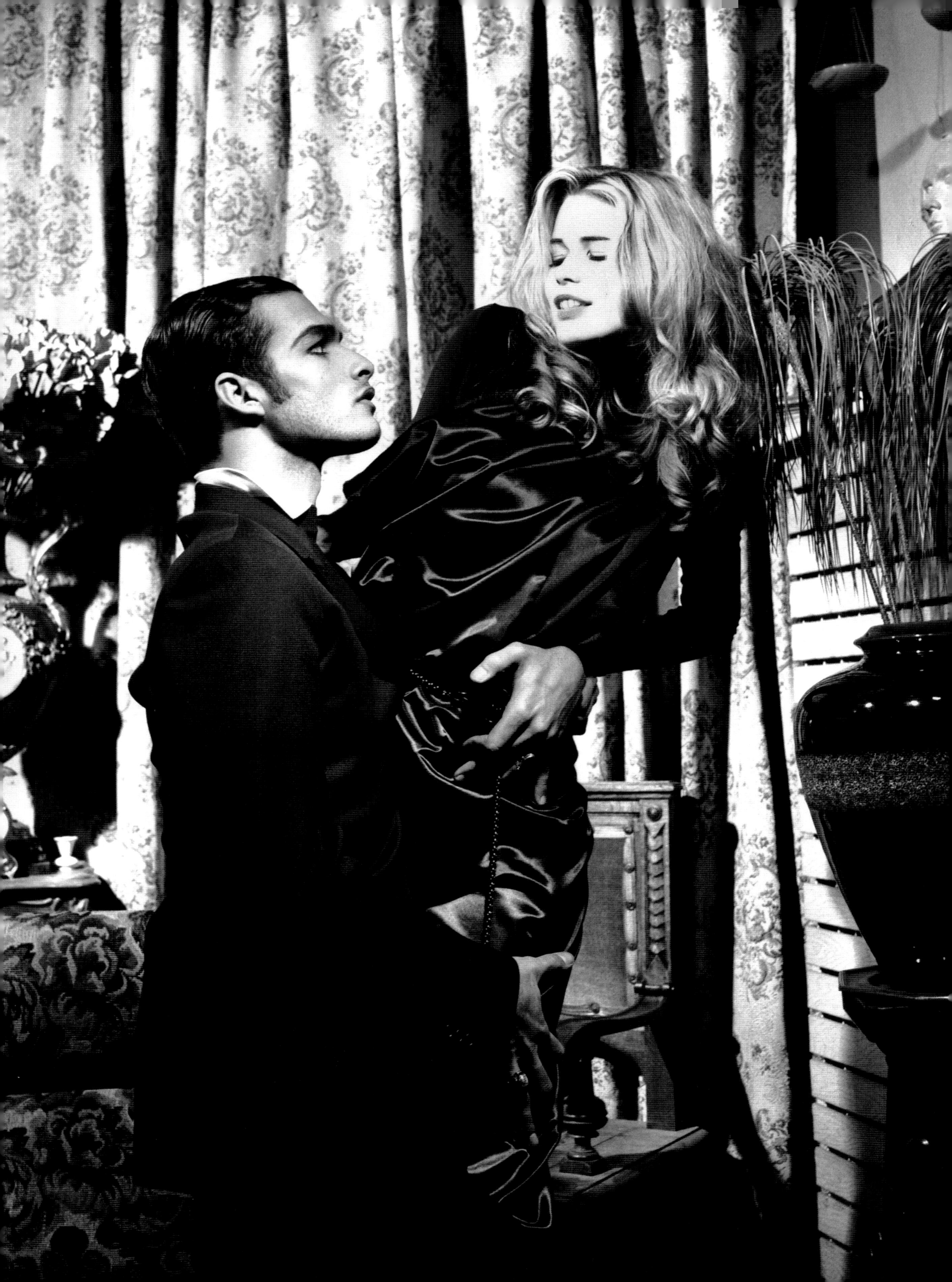

In einem Schrank finden sie einen Helm, der dem Vater von Gretas Onkel gehört hatte.
Seltsame Spiele spielen die beiden miteinander.
Greta ist »naiv« und etwas verdorben, mehr, als sie je von sich selbst gedacht hätte.

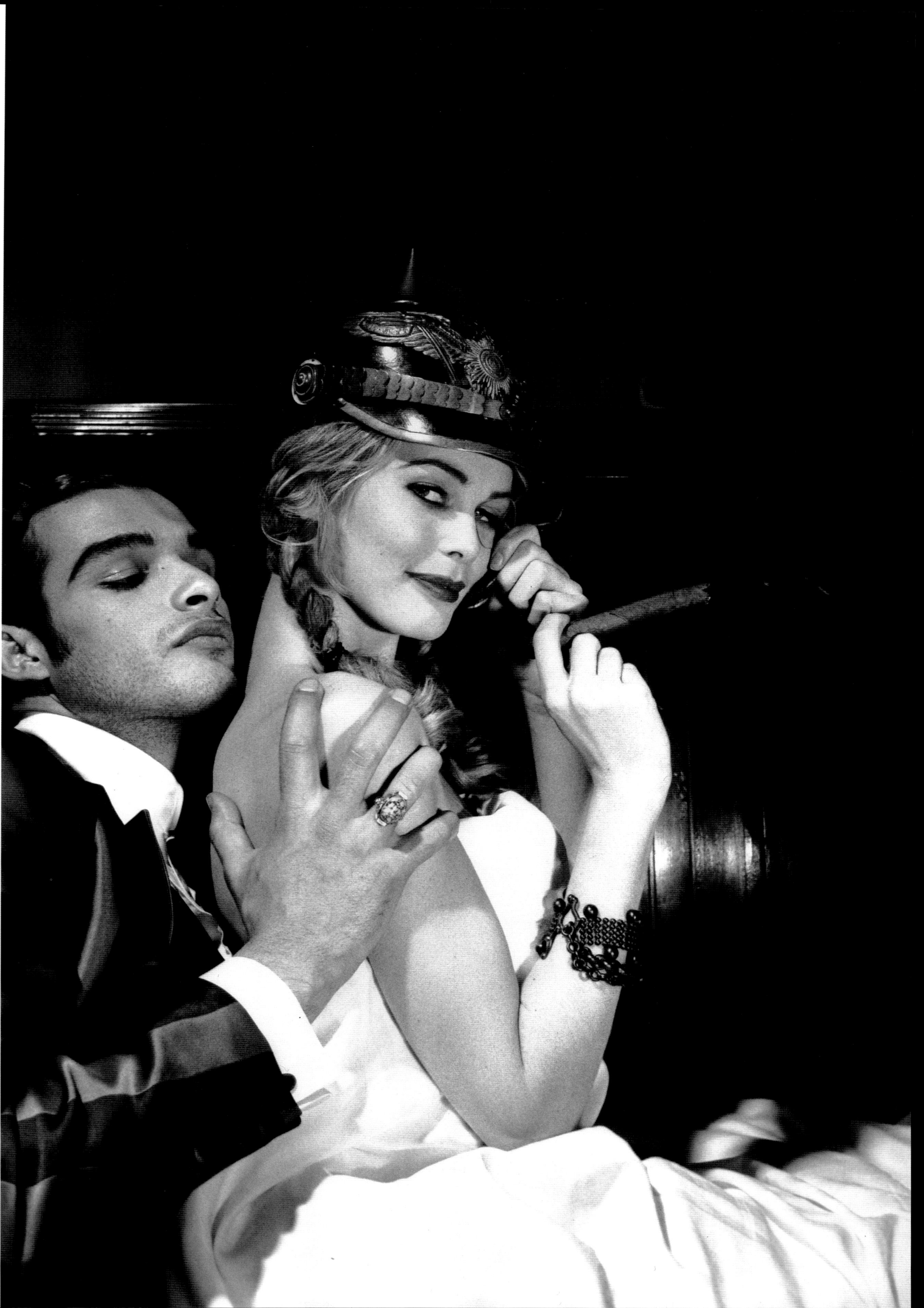

Dieses Foto sagt eigentlich alles über unsere Geschichte. Und es ist fast ein Symbol für Deutschland und all seine Probleme — gestern und heute.

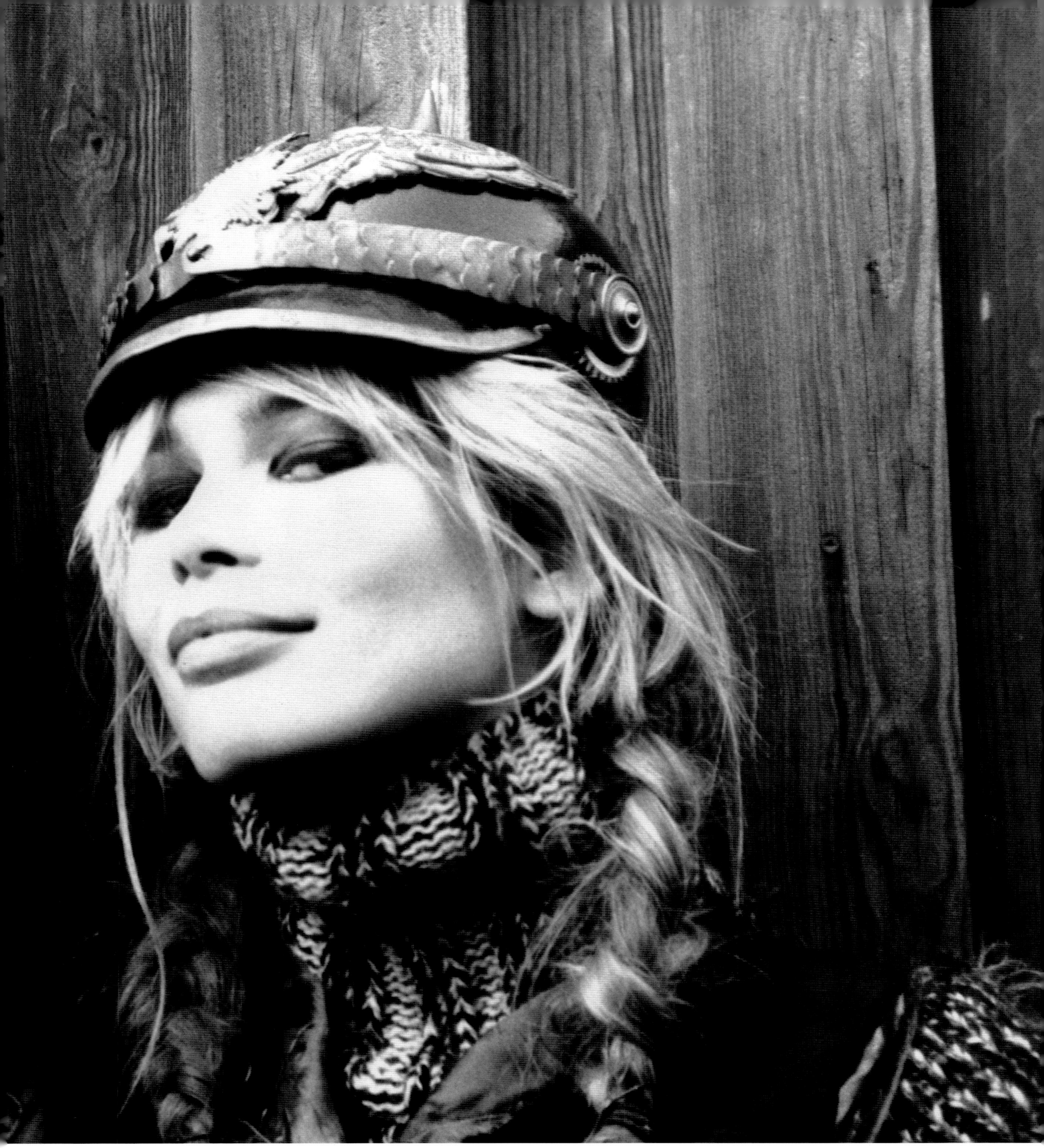

Madame Francine besitzt auch einen Laden mit wunderschönen Kleidern, nach denen Greta ganz verrückt ist.
Aber wie das alles bezahlen? Madame Francine weiß Rat... (so wie Valeska Gert in dem Film »Die freudlose Gasse« mit Greta Garbo).
Madame Francine ist verrückt nach Medi.

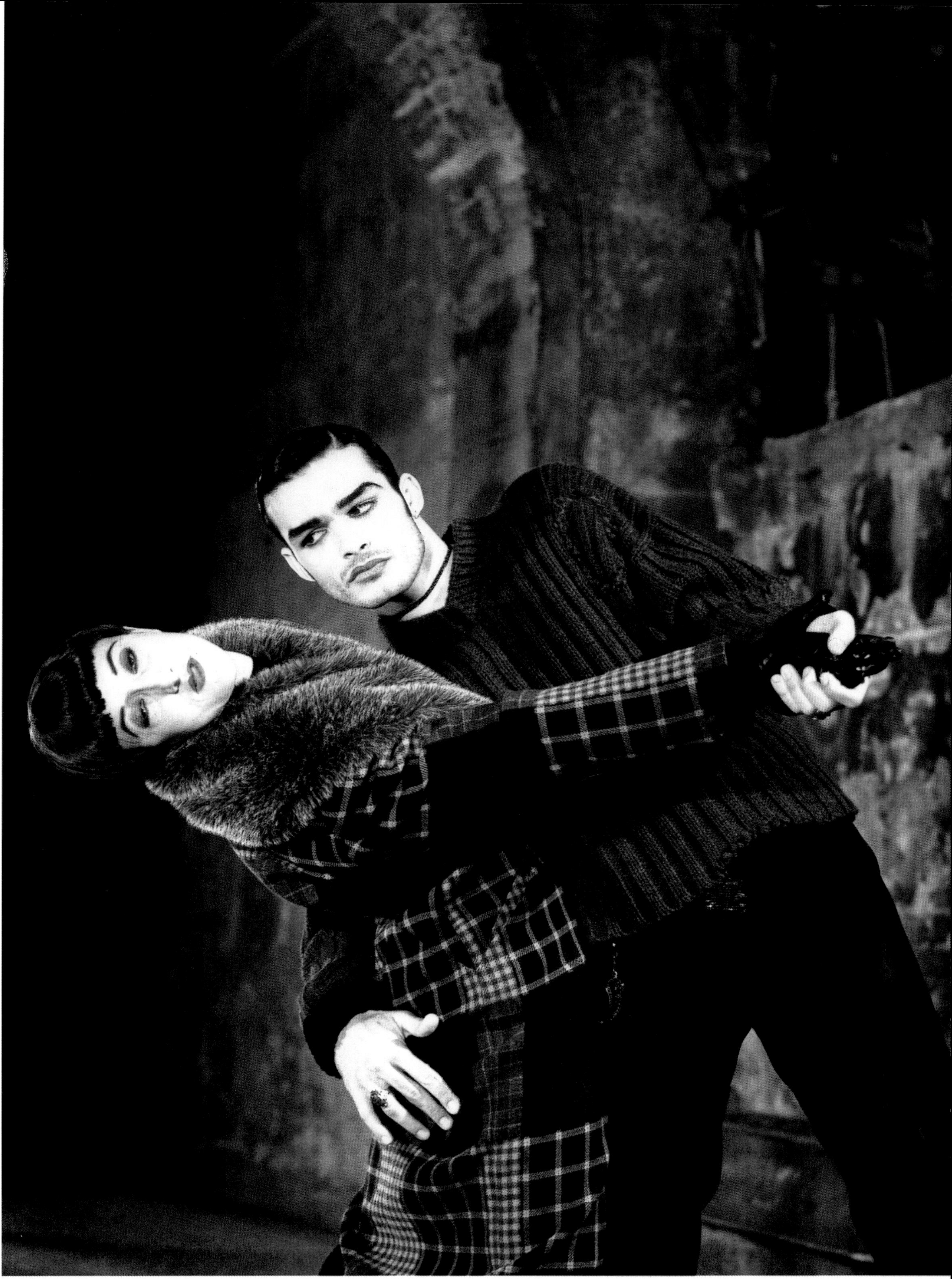

Madame Francines Hutmacher bringt ihr einen wundervollen Hut in den Laden...
Der Hut in seiner Hand ist der, den Greta trägt.

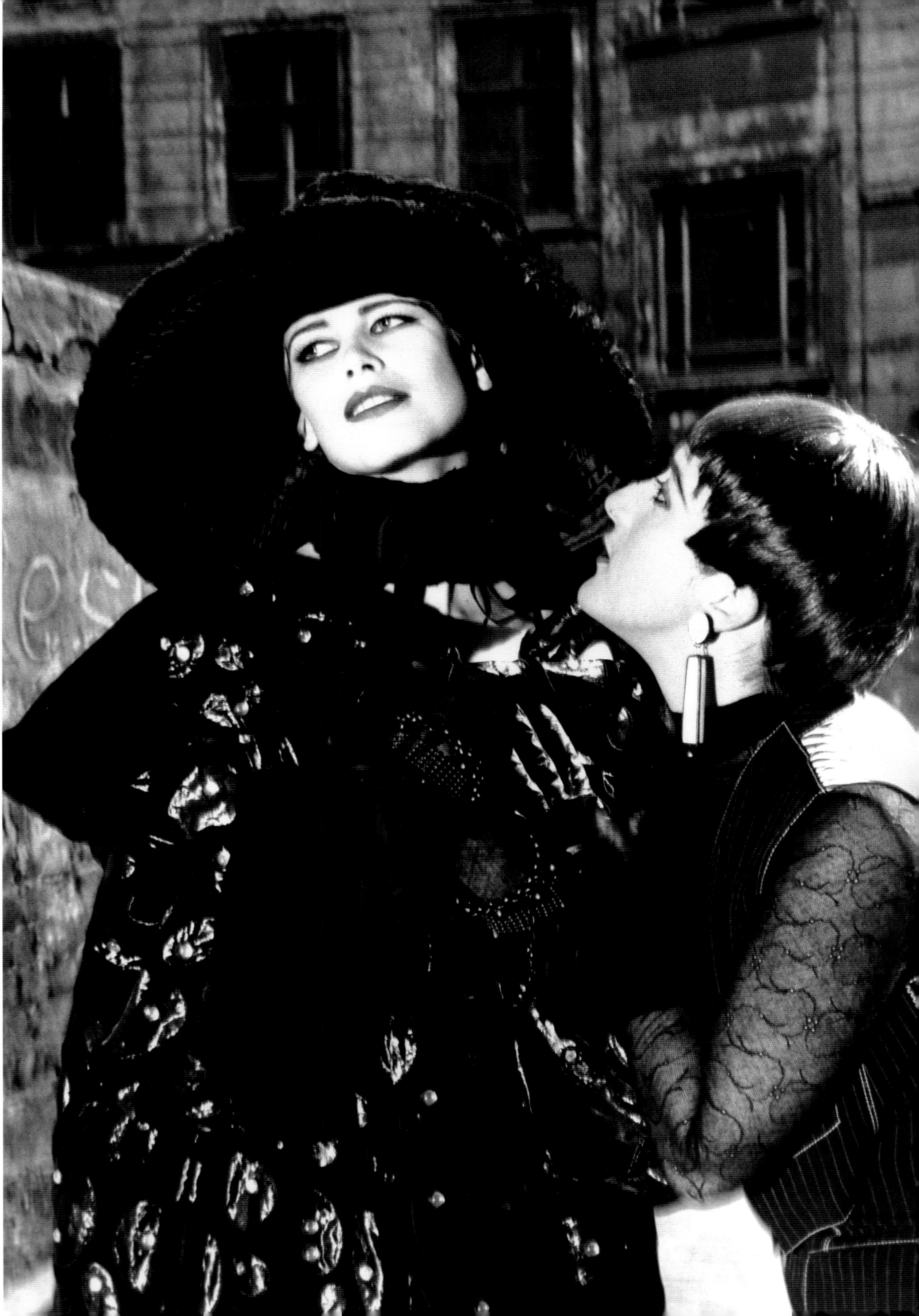

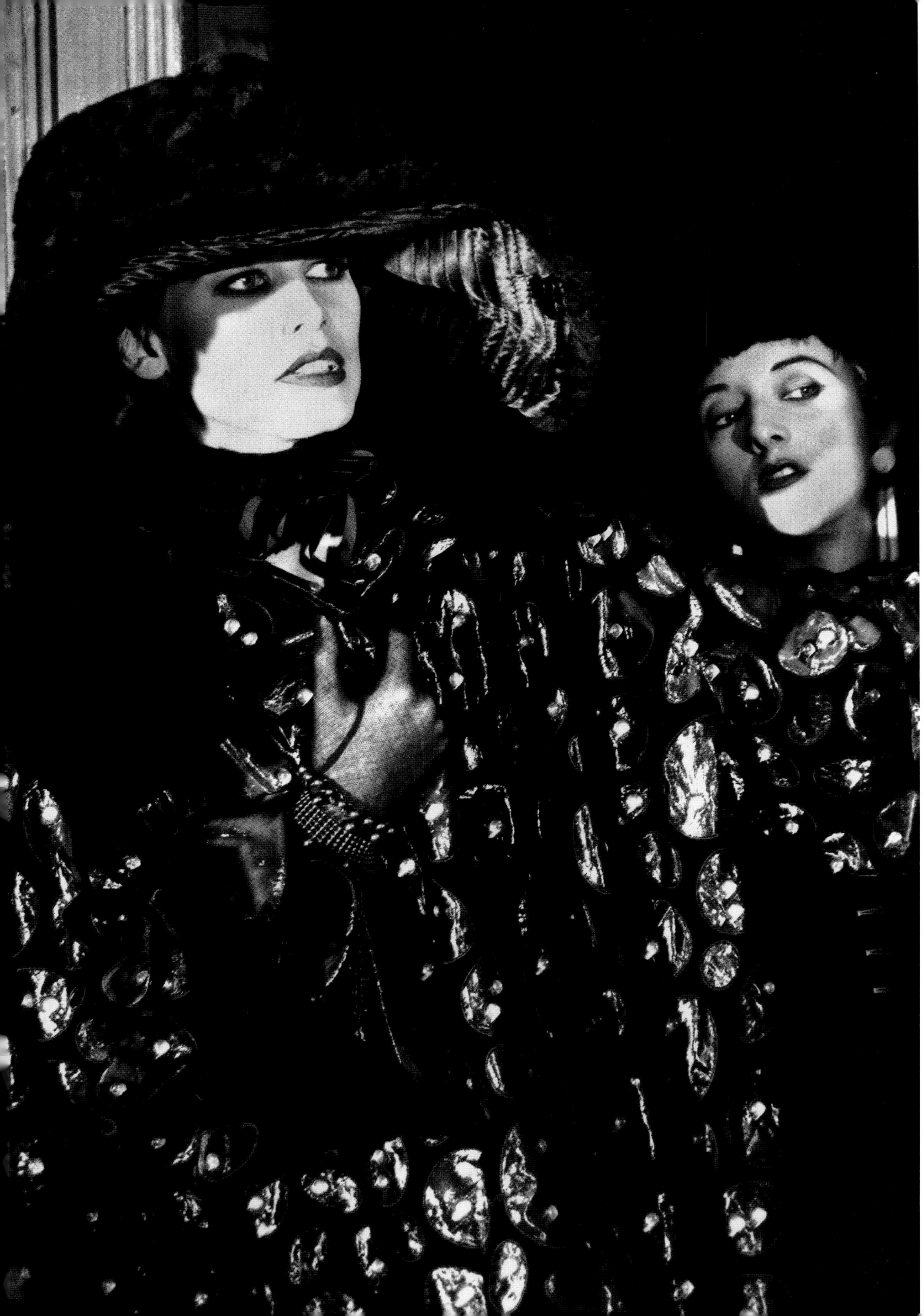

**In Madame Francines ziemlich verrufener Bar ist Greta inzwischen *der* Star...
Sie ist wundervoll angezogen.**

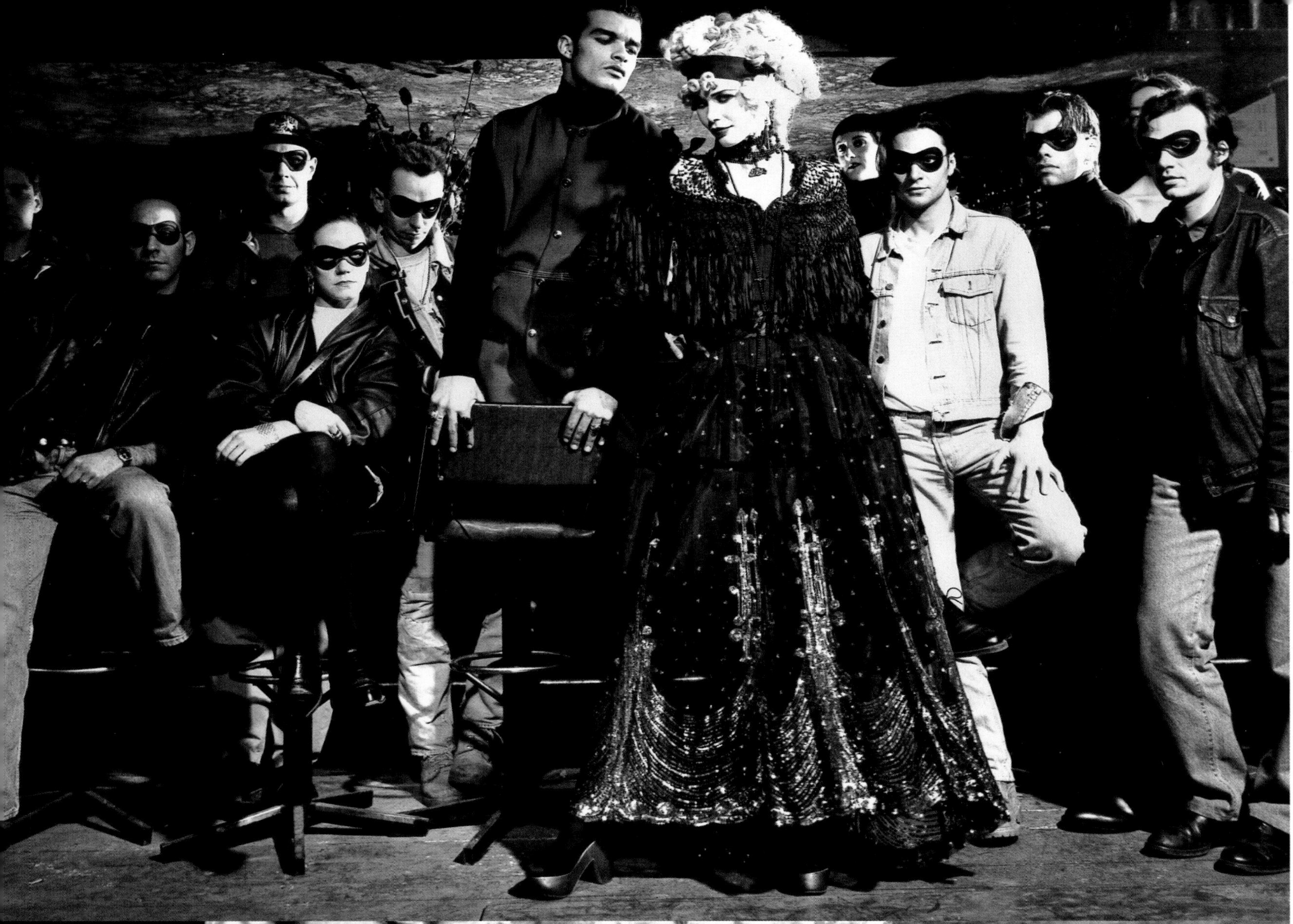

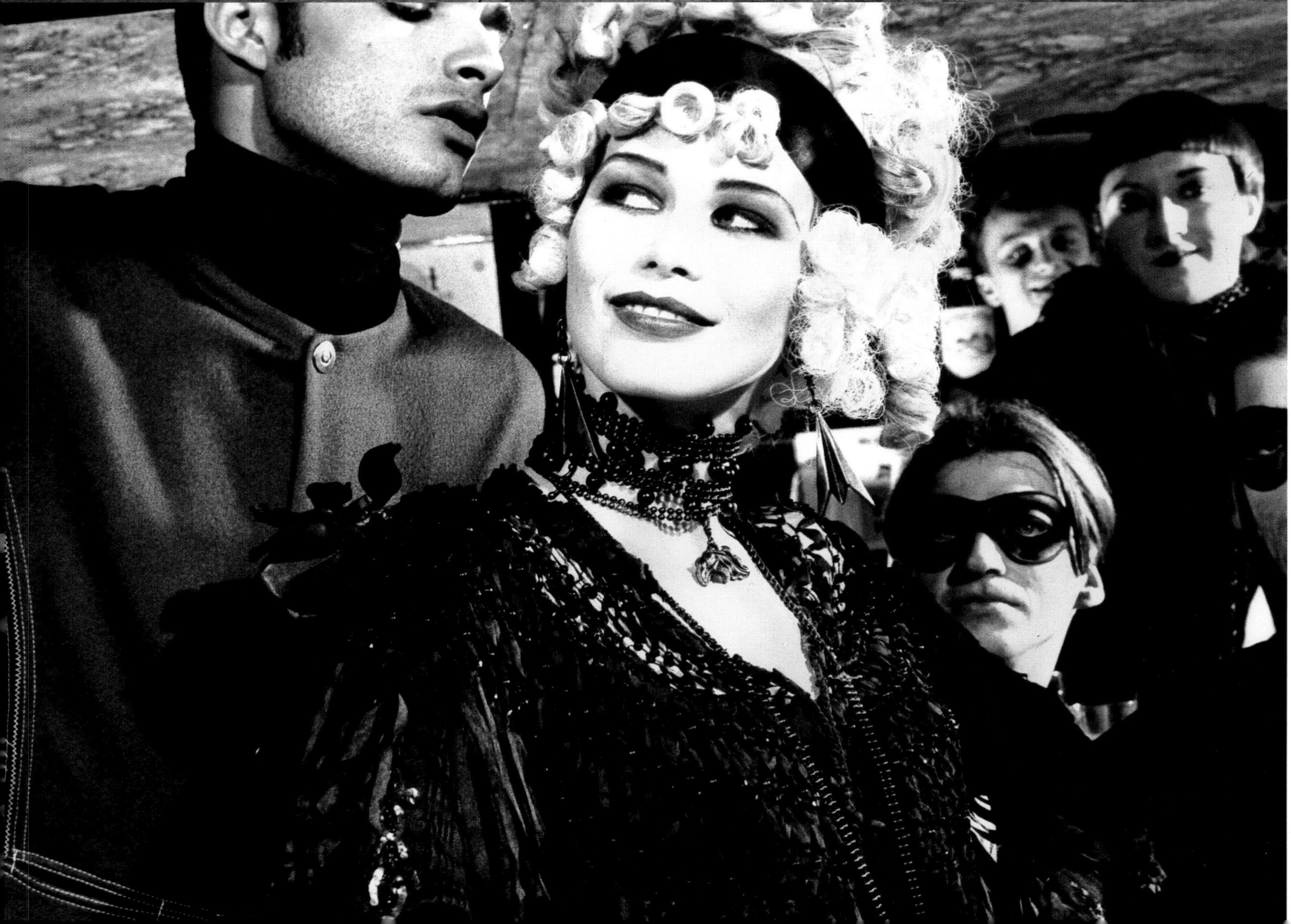

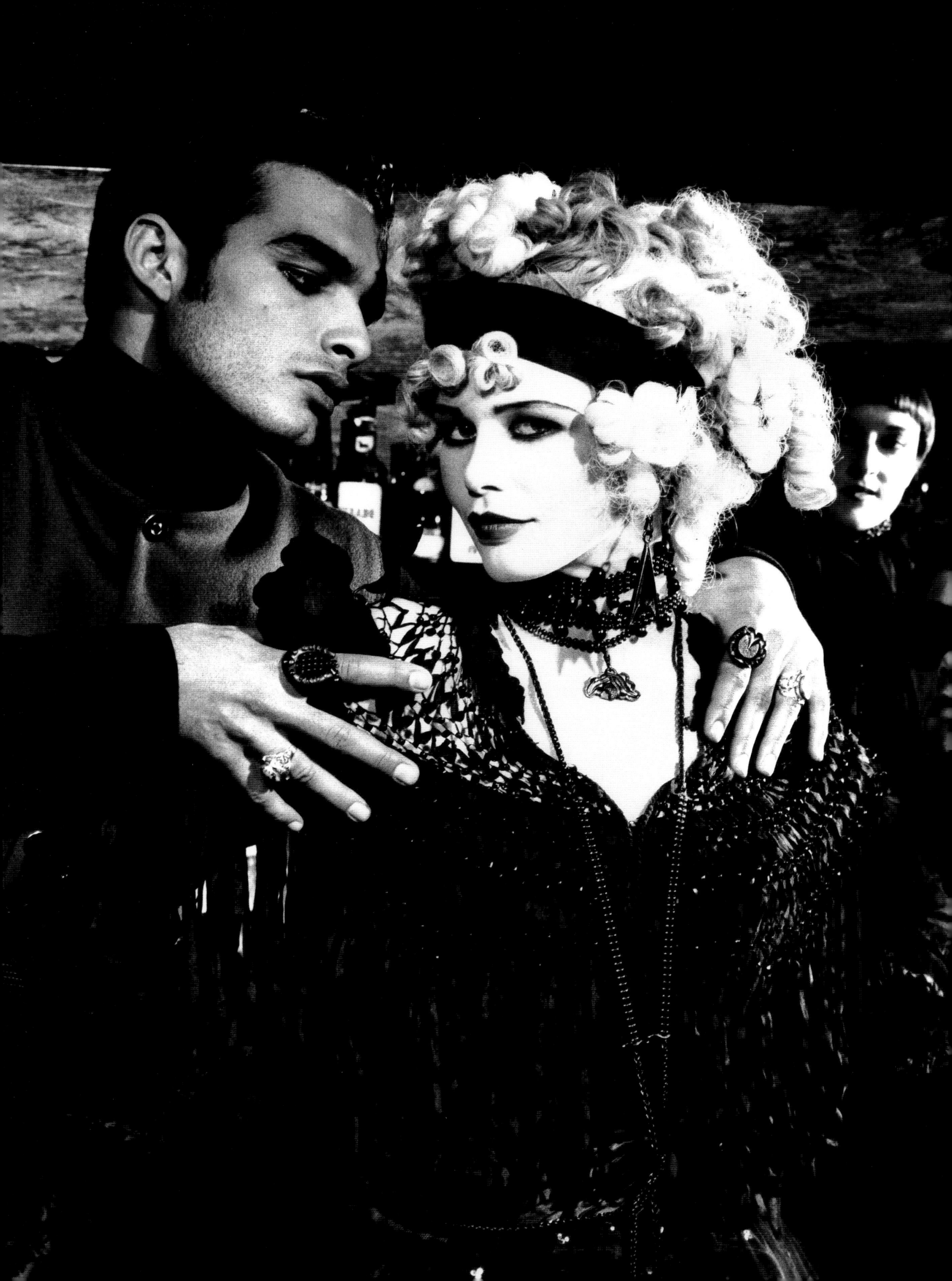

Madame Boettcher verkehrt mit ihrem alten Partner, Herrn Hotte Reichlich, ebenfalls im Lokal.

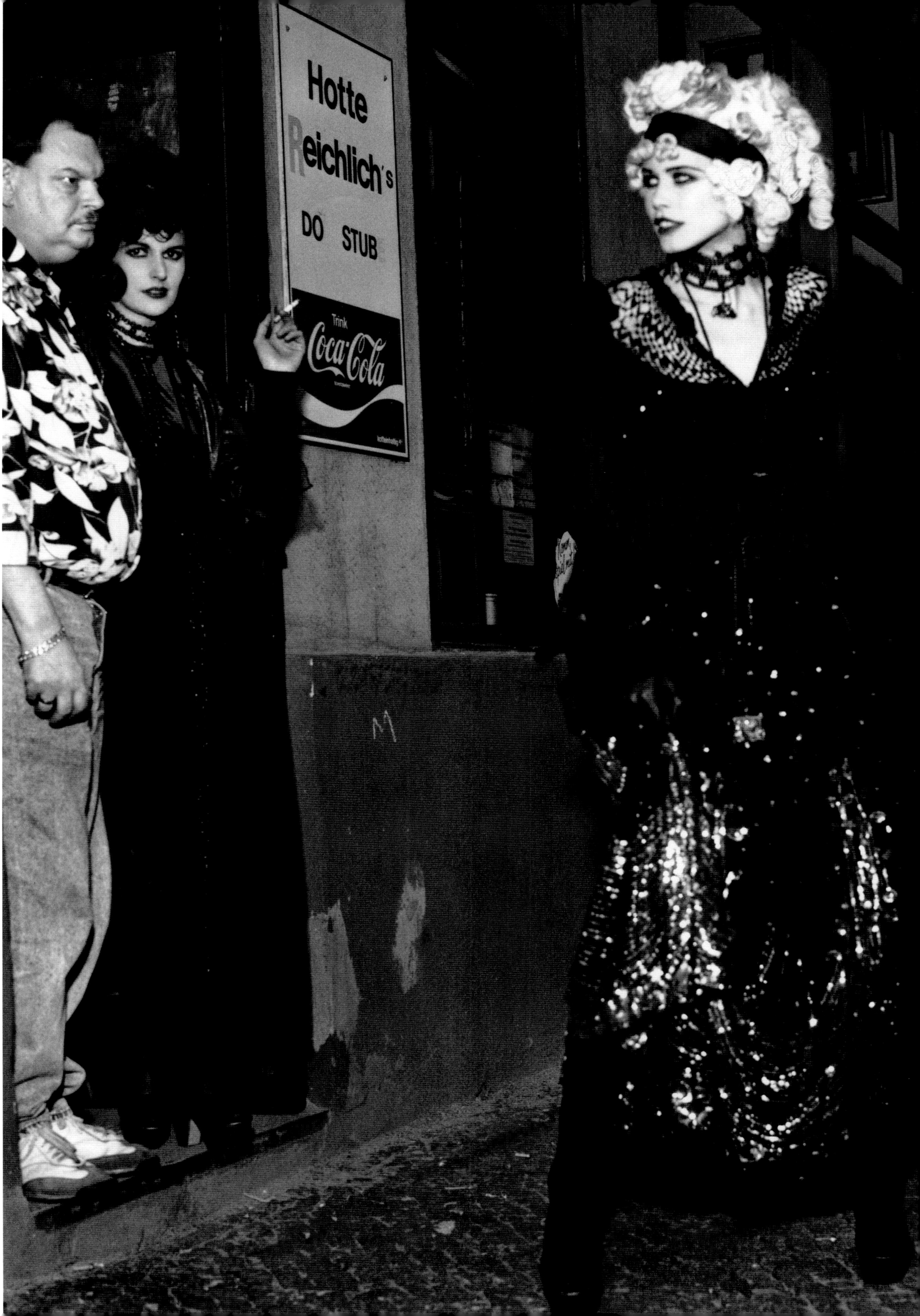
Hotte
Reichlich's
DO STUB
Trink
Coca-Cola

Auch Medi wird immer raffinierter.
In einem abgeschlossenen Schrank in der Wohnung von Gretas Onkel findet er diese seltsame Puppe...

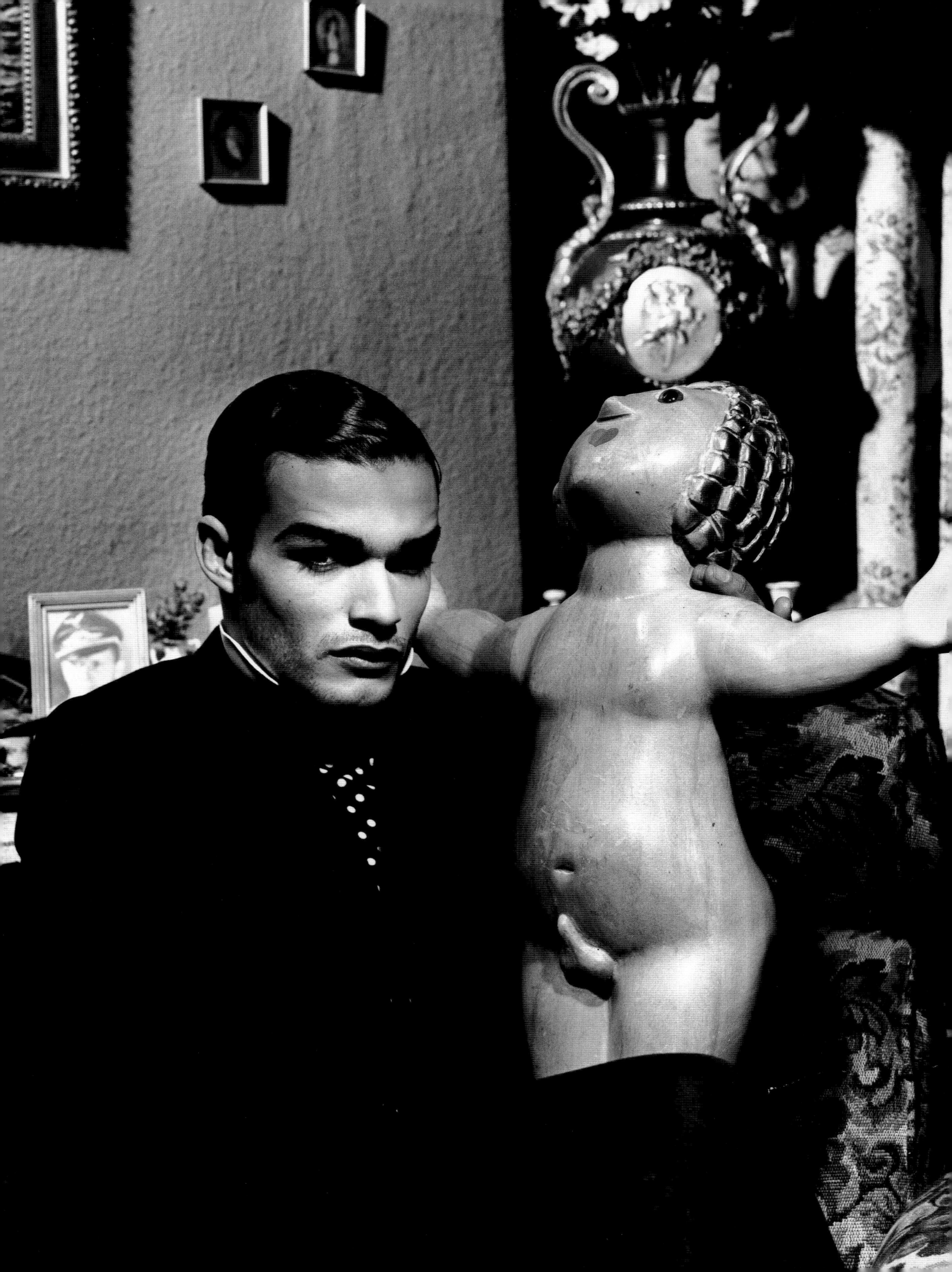

Und Medis Affäre mit Greta geht weiter. Sie jedoch denkt an etwas anderes. Sie träumt von einem viel kultivierteren Leben, von Luxus etc. . . . und von einer anderen Art Mann.

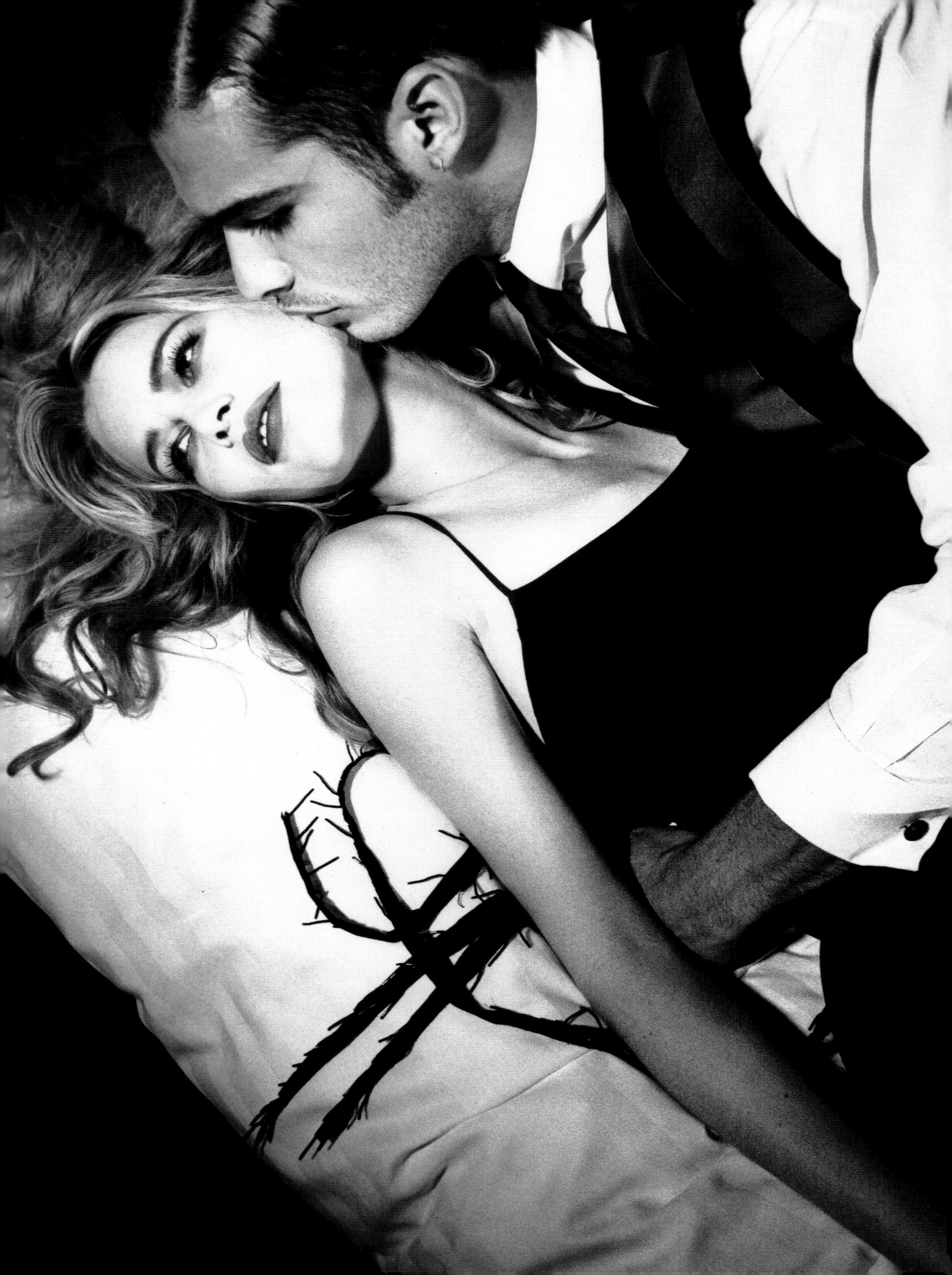

Greta entwickelt sich zu einer feinen Dame. In die Wohnung kehrt sie nur noch zurück, um den armen Hans zu besuchen, der sein Studium fortsetzt und unglücklich ist.

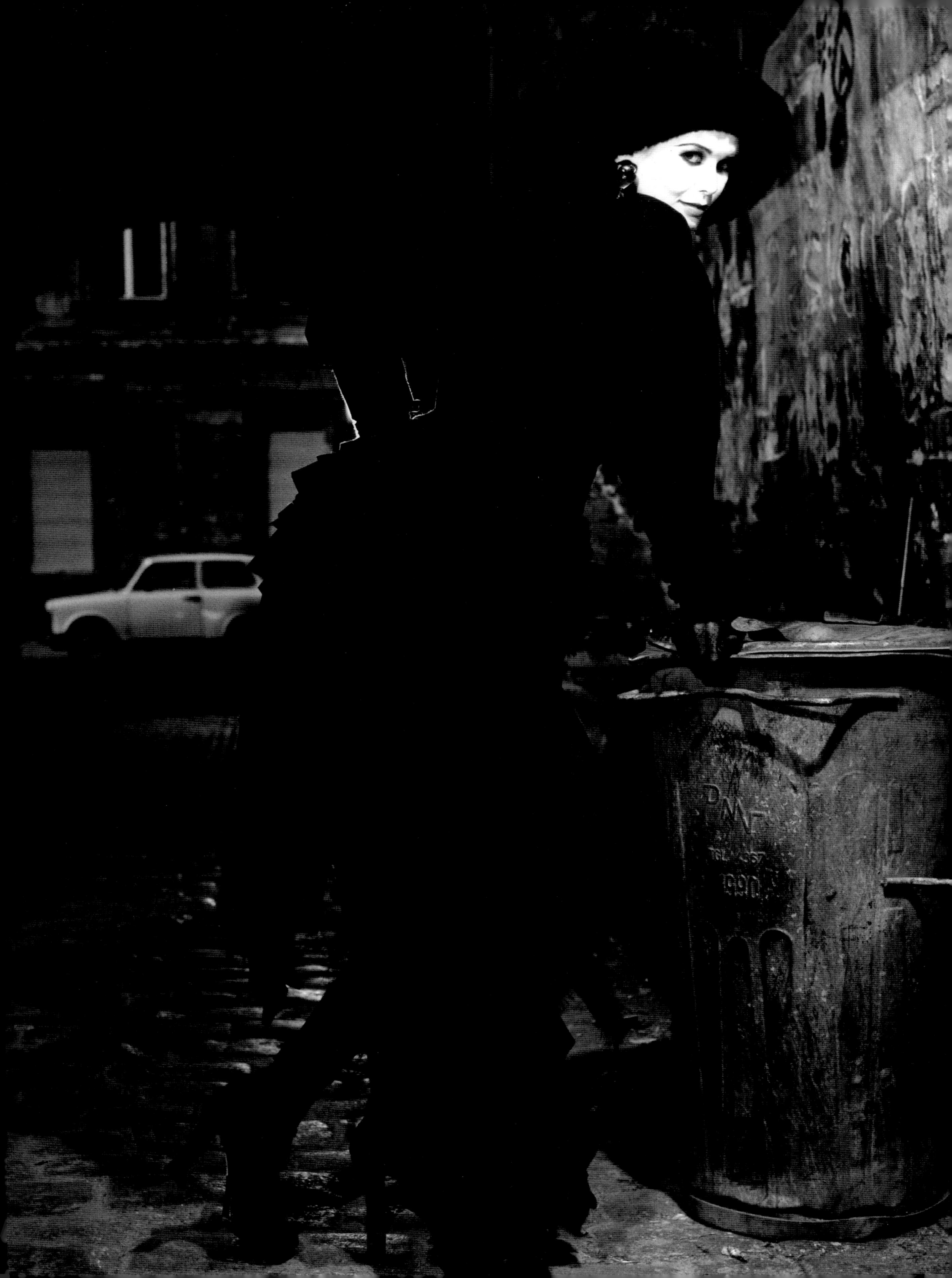

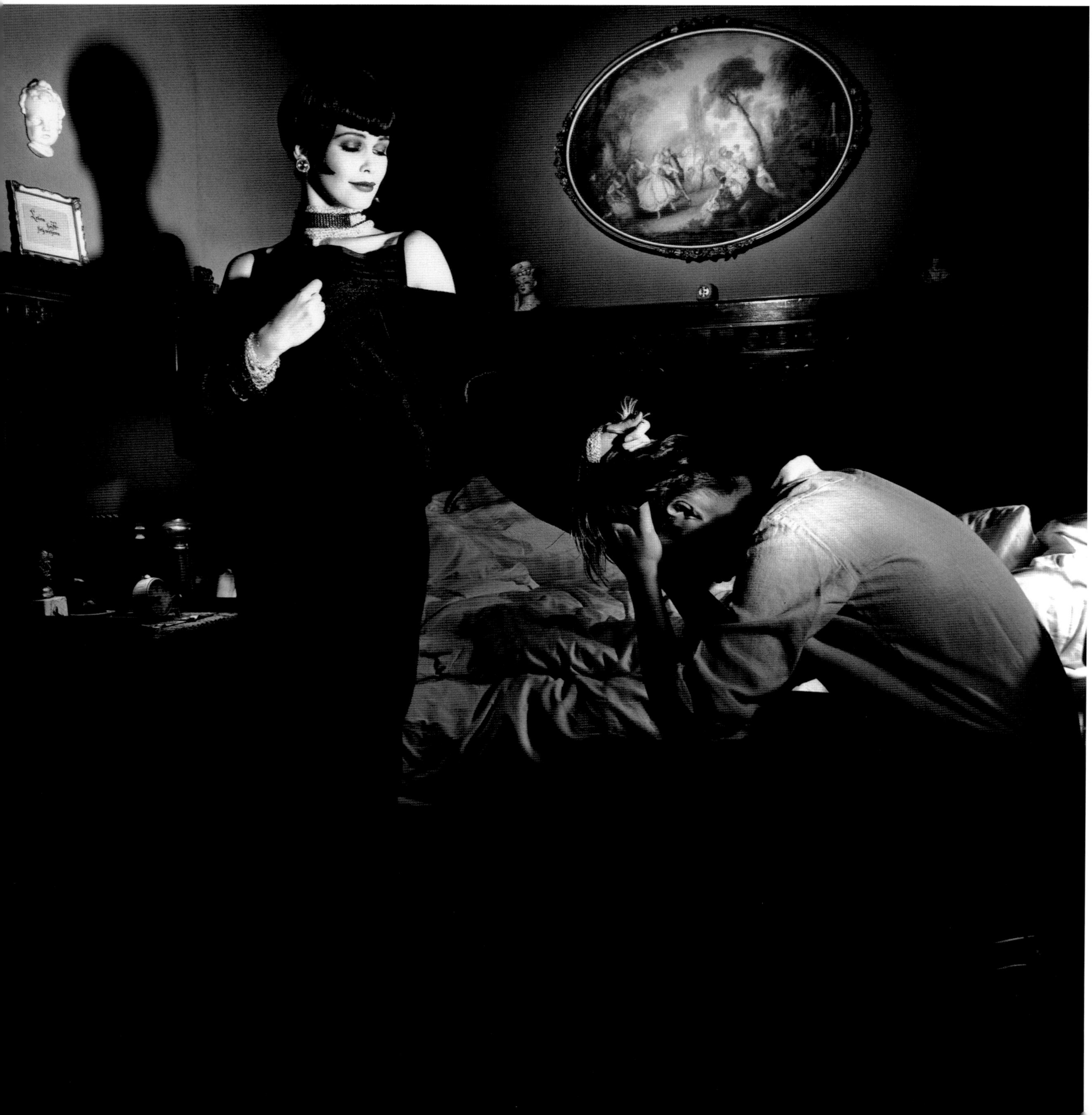

Eines Abends, vor dem Ausgehen, kommt sie zu ihm und macht ihm klar: es ist aus.
Grausam und zärtlich ist sie zu ihm...

Der unglückliche Junge bleibt allein zurück...
»Leben heißt sich wehren« steht über seinem Bett.

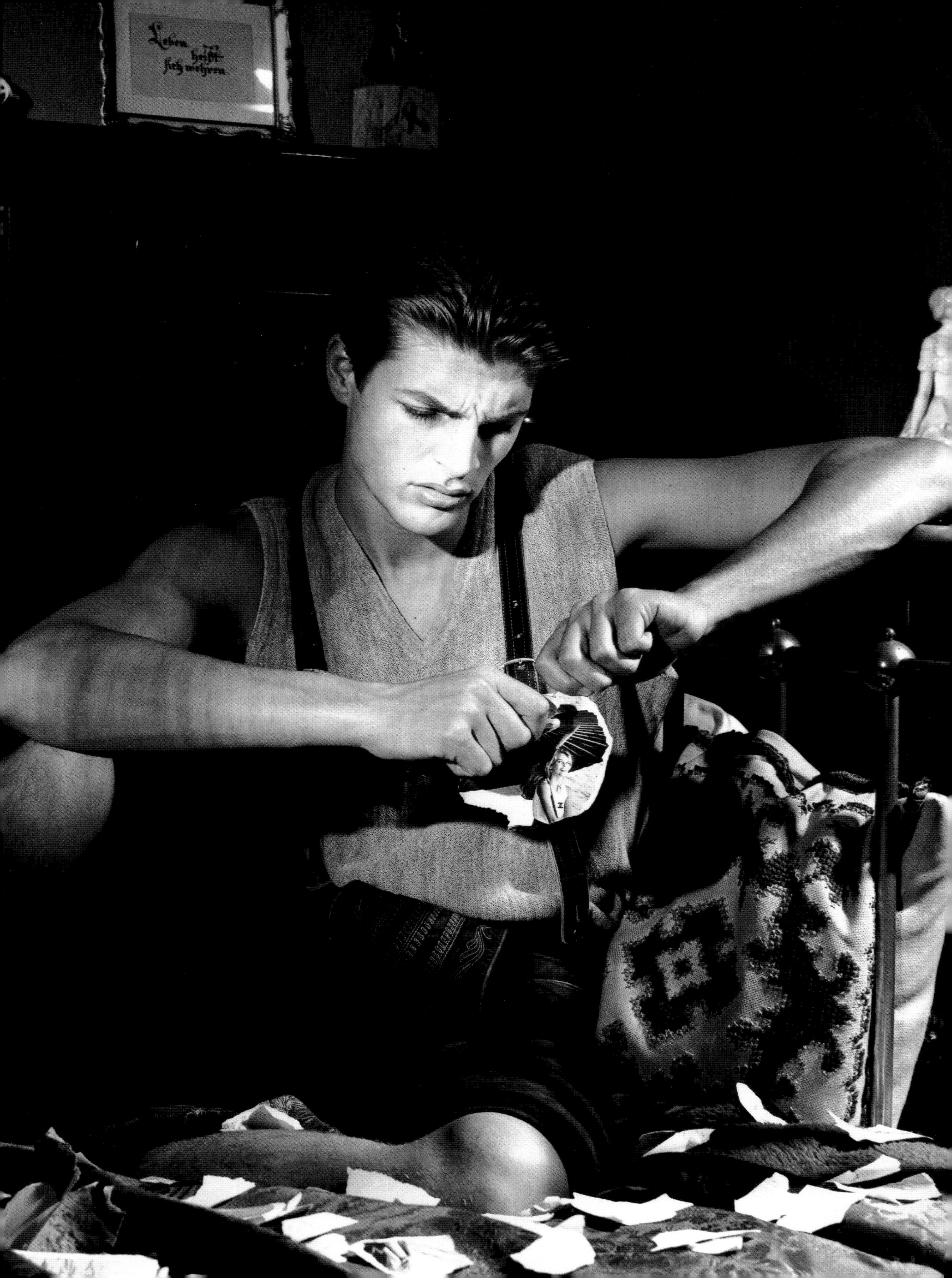
Leben heißt
sich wehren

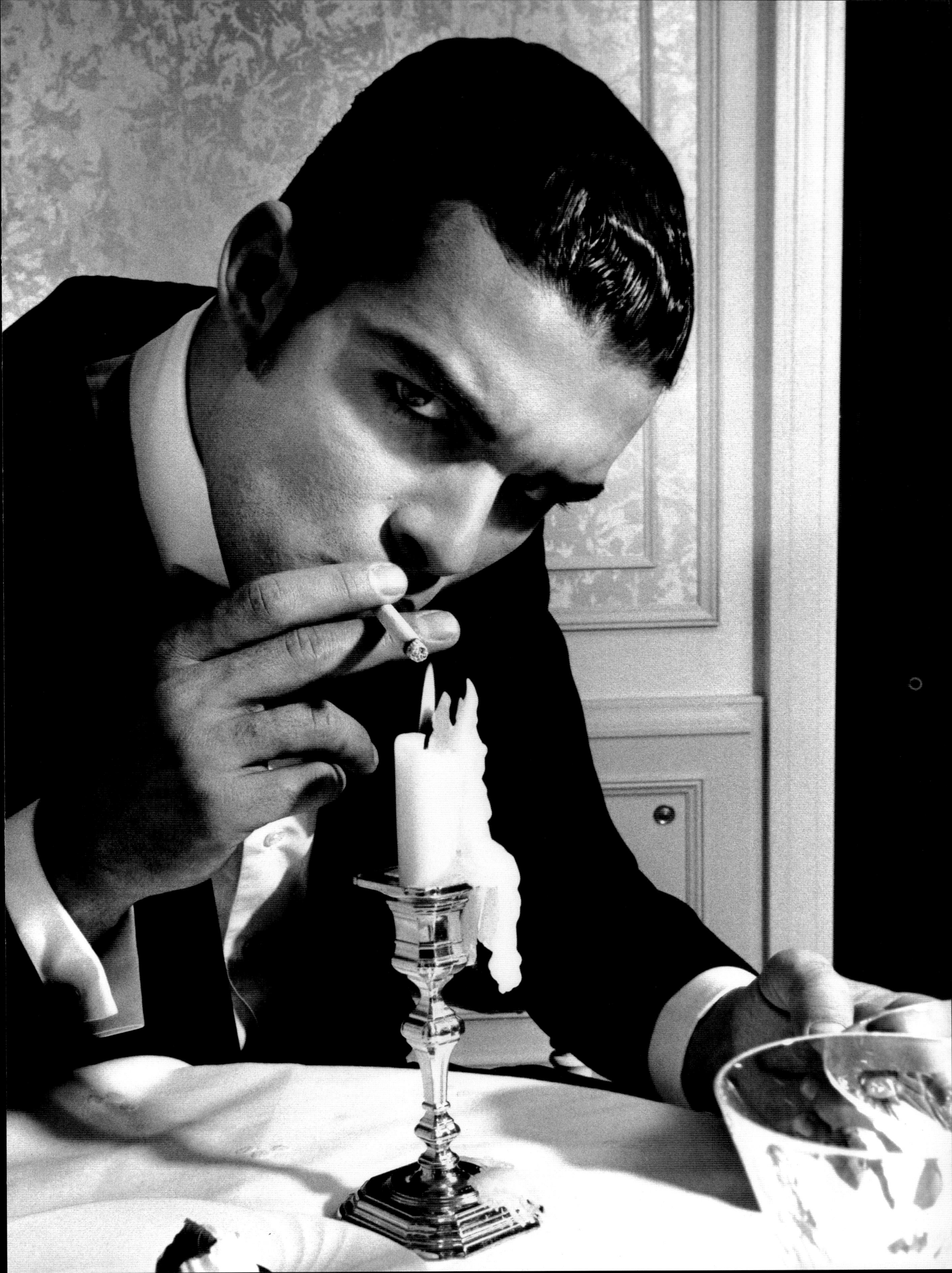

Greta ist zur bestausgehaltenen Frau Berlins geworden. Sie heißt jetzt »Gritta«, wohnt in einem feinen Hotel und führt ein oberflächliches Leben voll falschem Luxus. Sie erteilt Medi Lektionen in »savoir vivre«.

Und hin und wieder pflegen die beiden noch immer ihre Liebschaft...

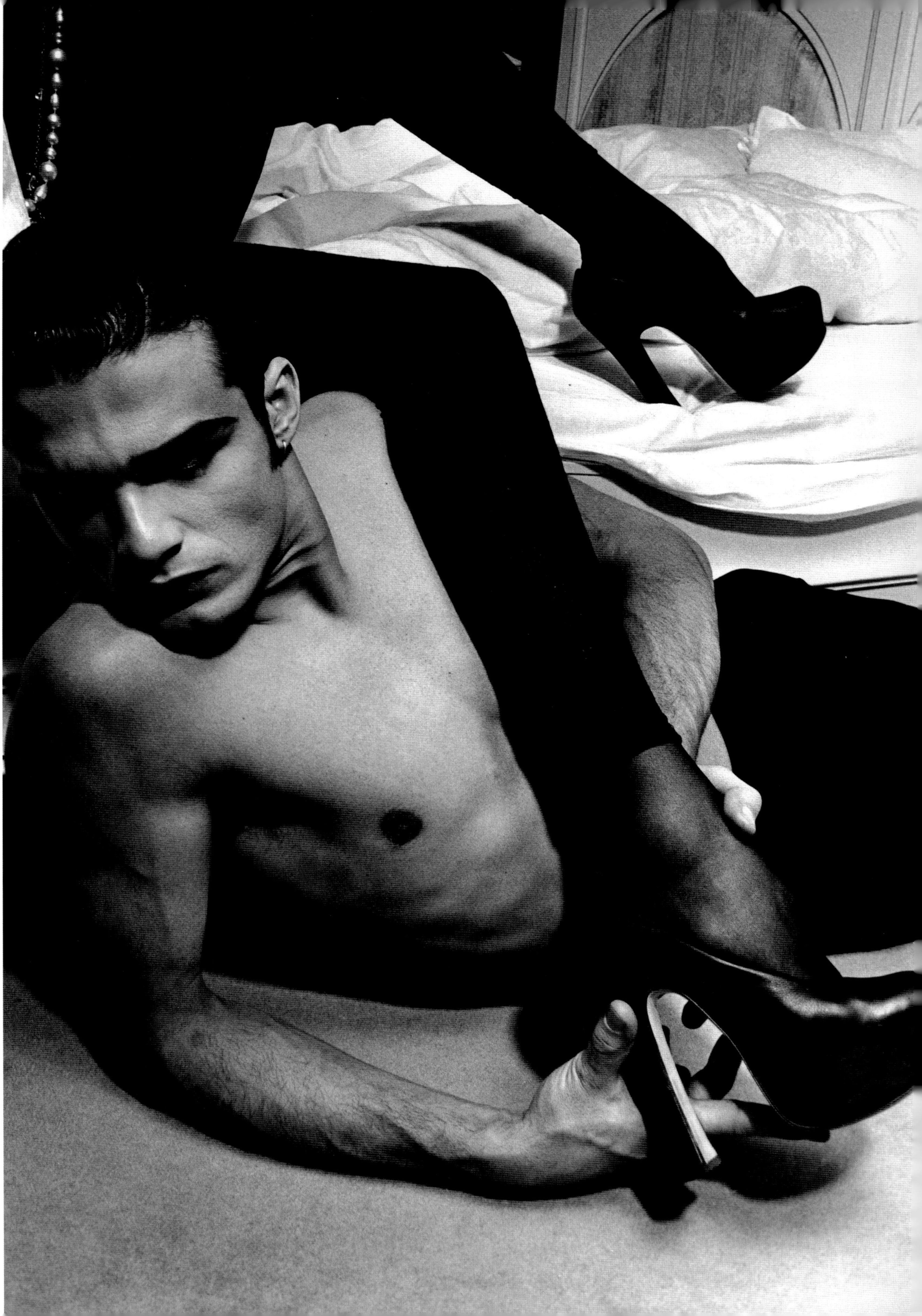

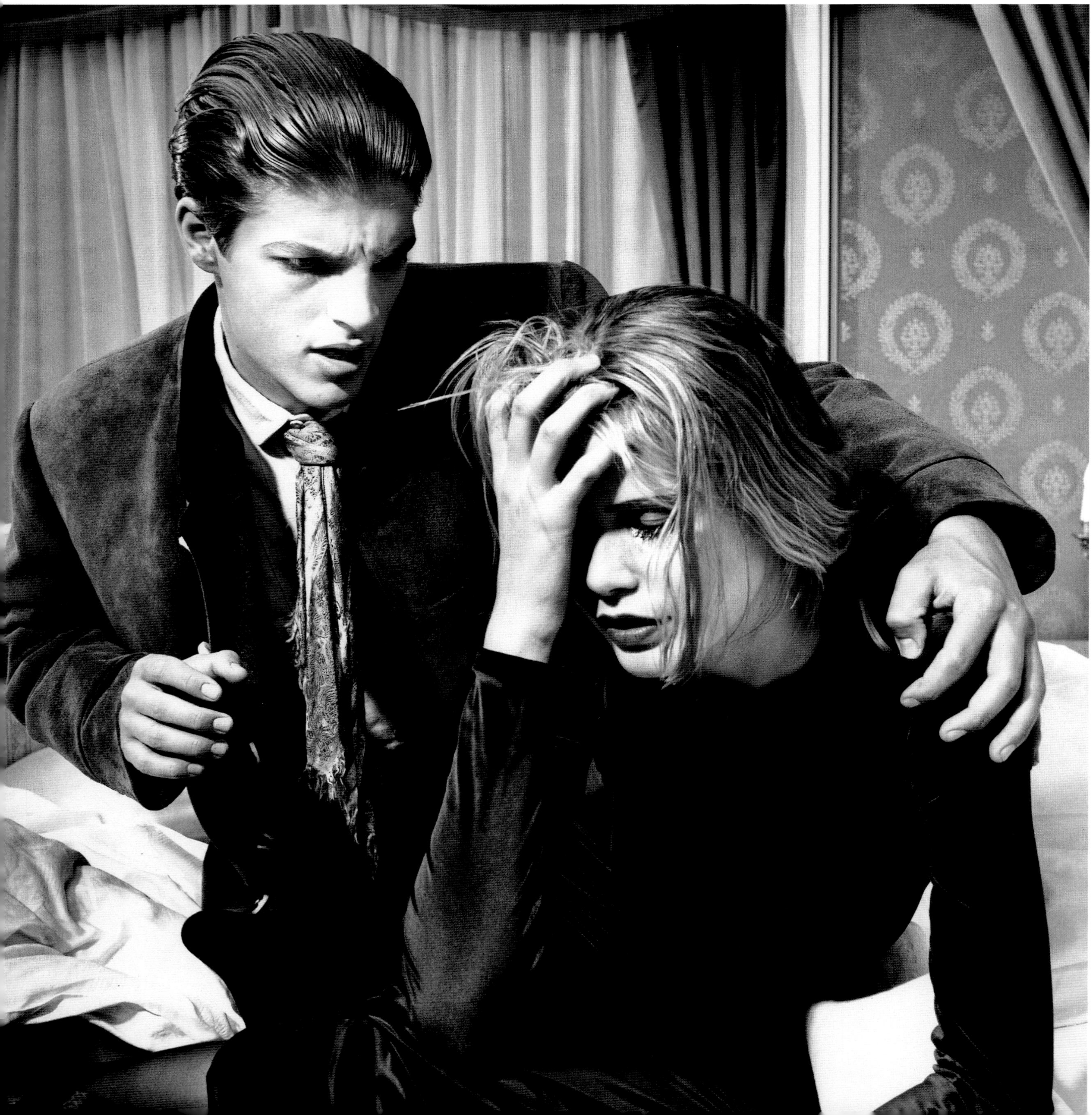

Eines Abends erhält sie Besuch von Hans. Sie begreift, daß all der Tand nicht ihr wirkliches Leben ist...
Die beiden beschließen, von Berlin wegzugehen; das Erlebte war ein einziges NIX.

Sie ziehen aus der kleinen Wohnung aus und fangen ein neues Leben an.

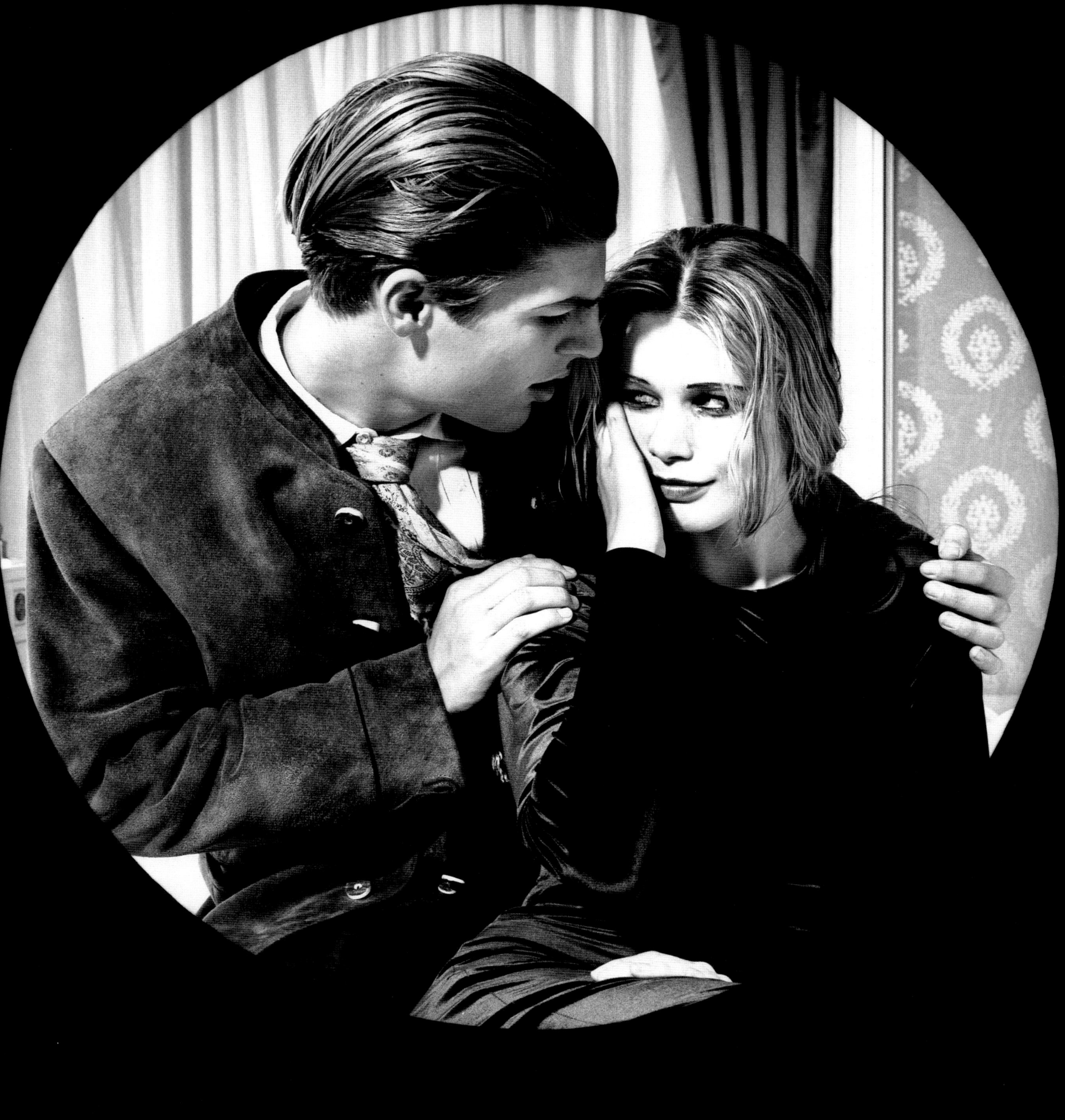

Greta ist jetzt eine ganz andere Frau als die junge Studentin mit Zöpfen, die nach Berlin kam. Sie wurde zur Frau, die das Leben kennt und ihre Wahl getroffen hat.

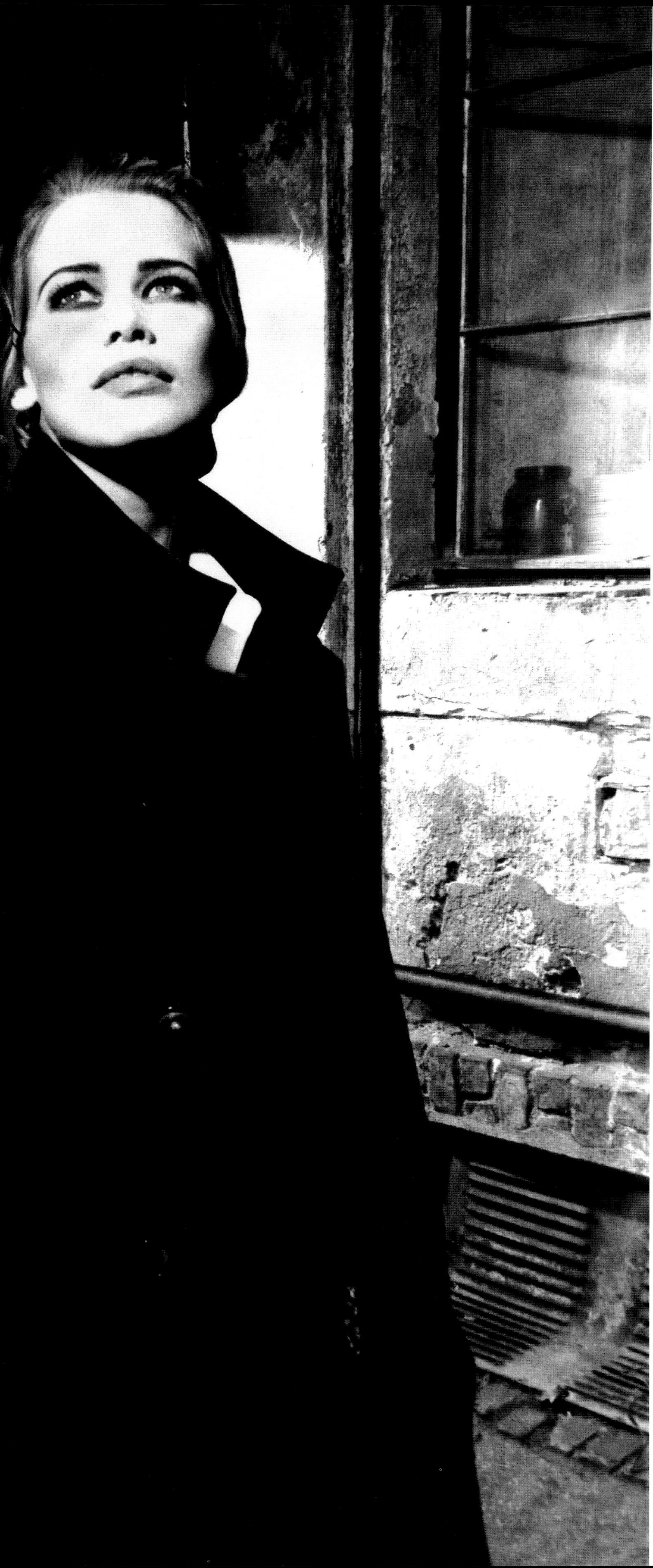

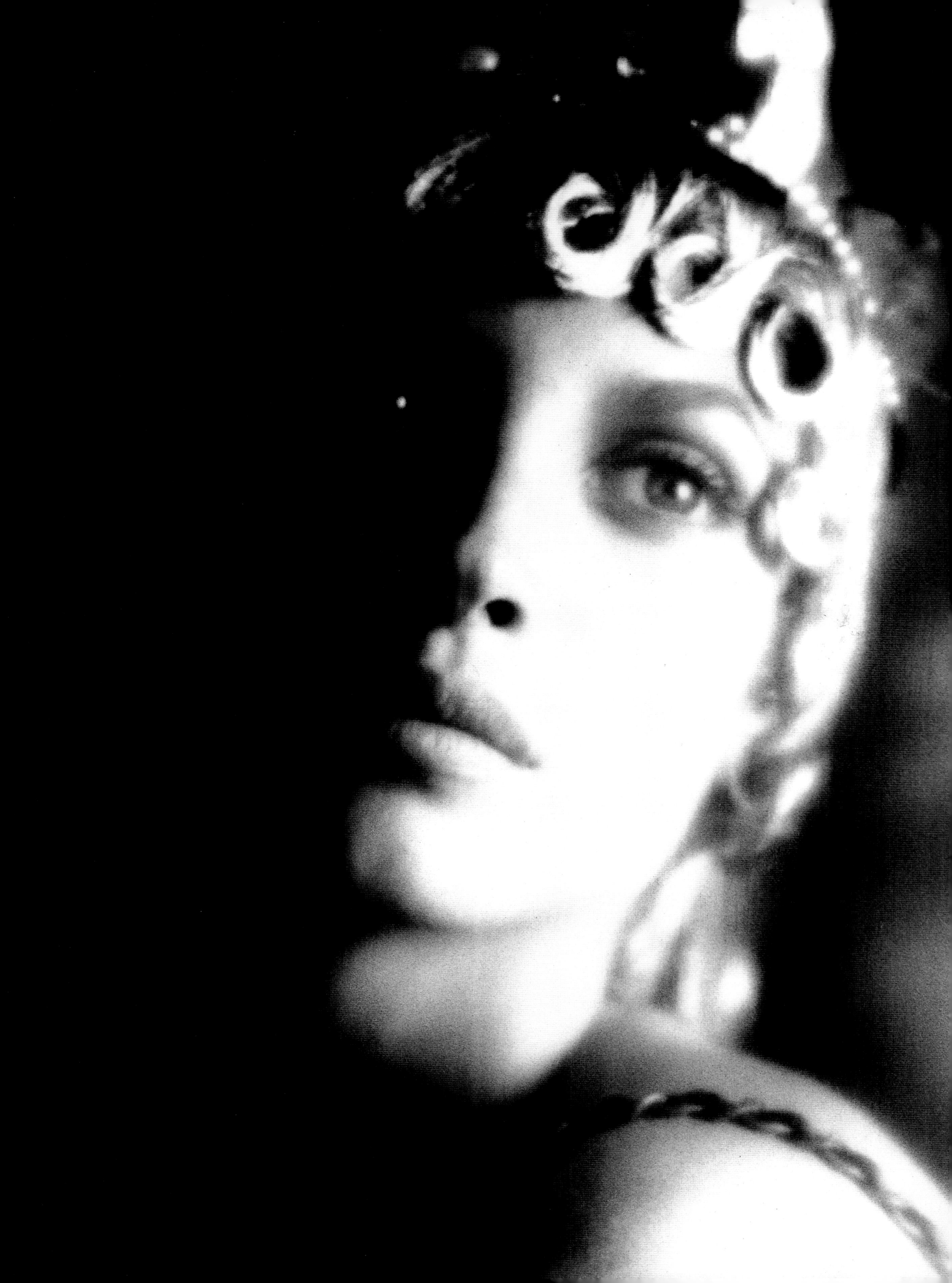

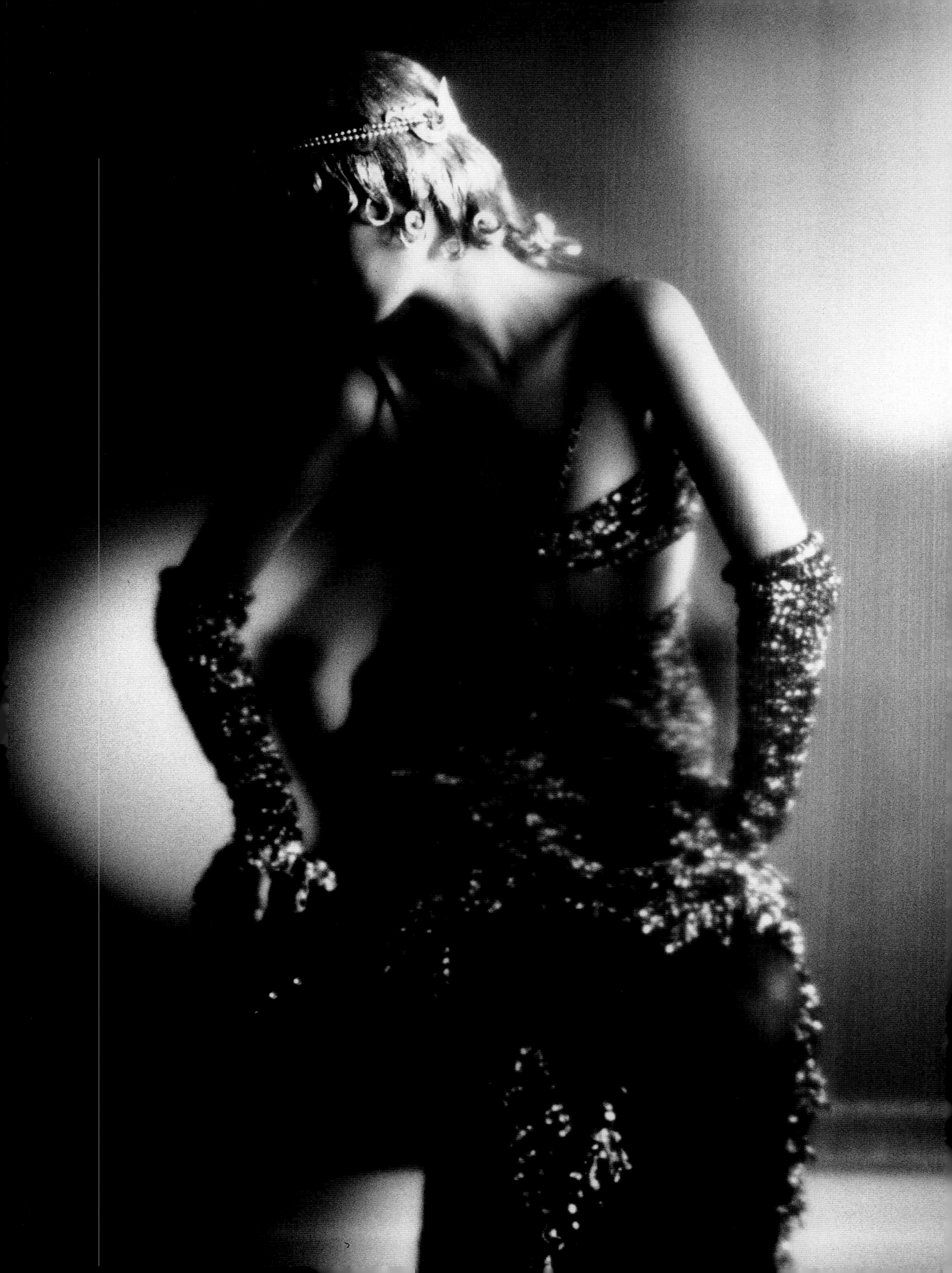

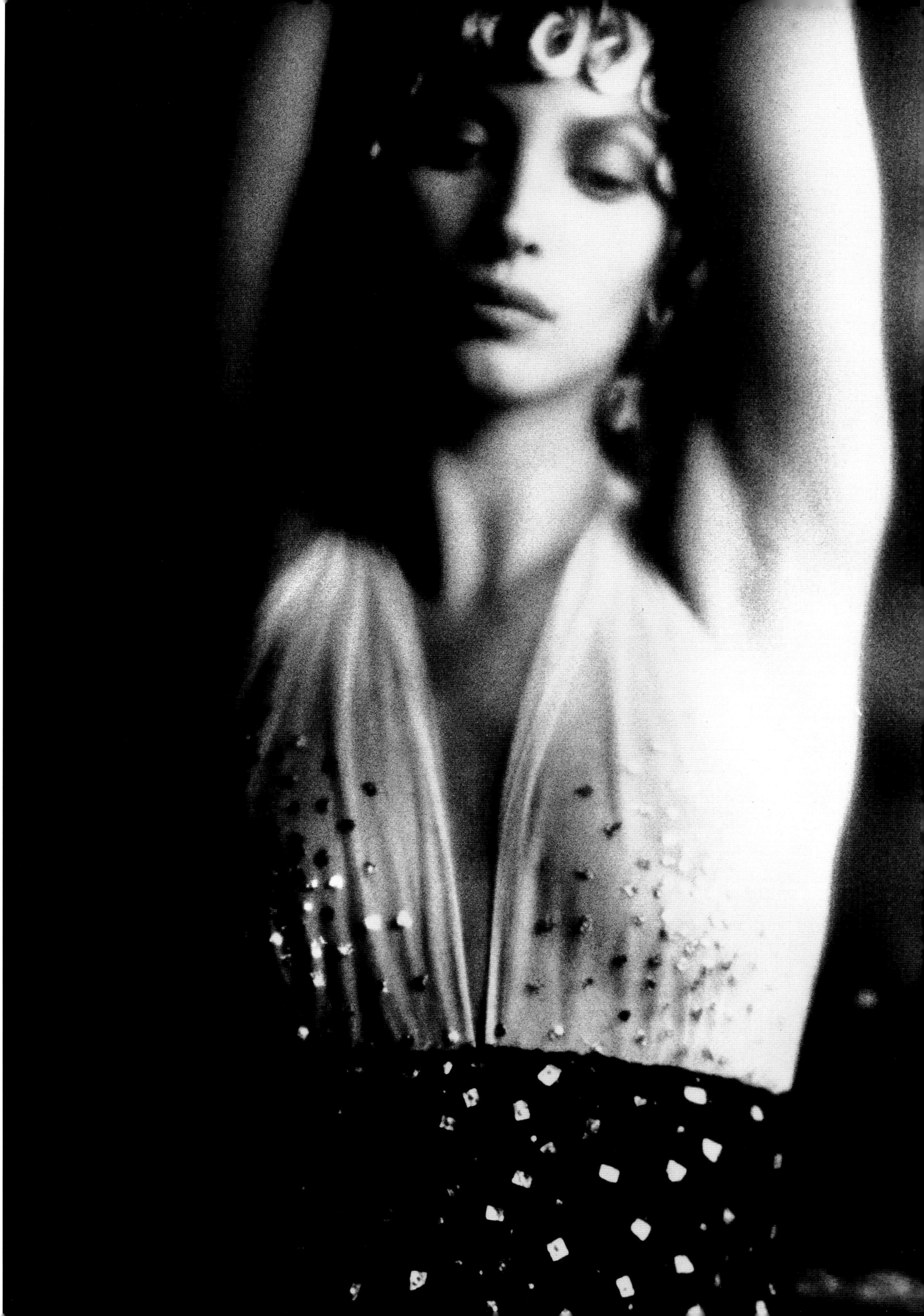

Die schöne Helene

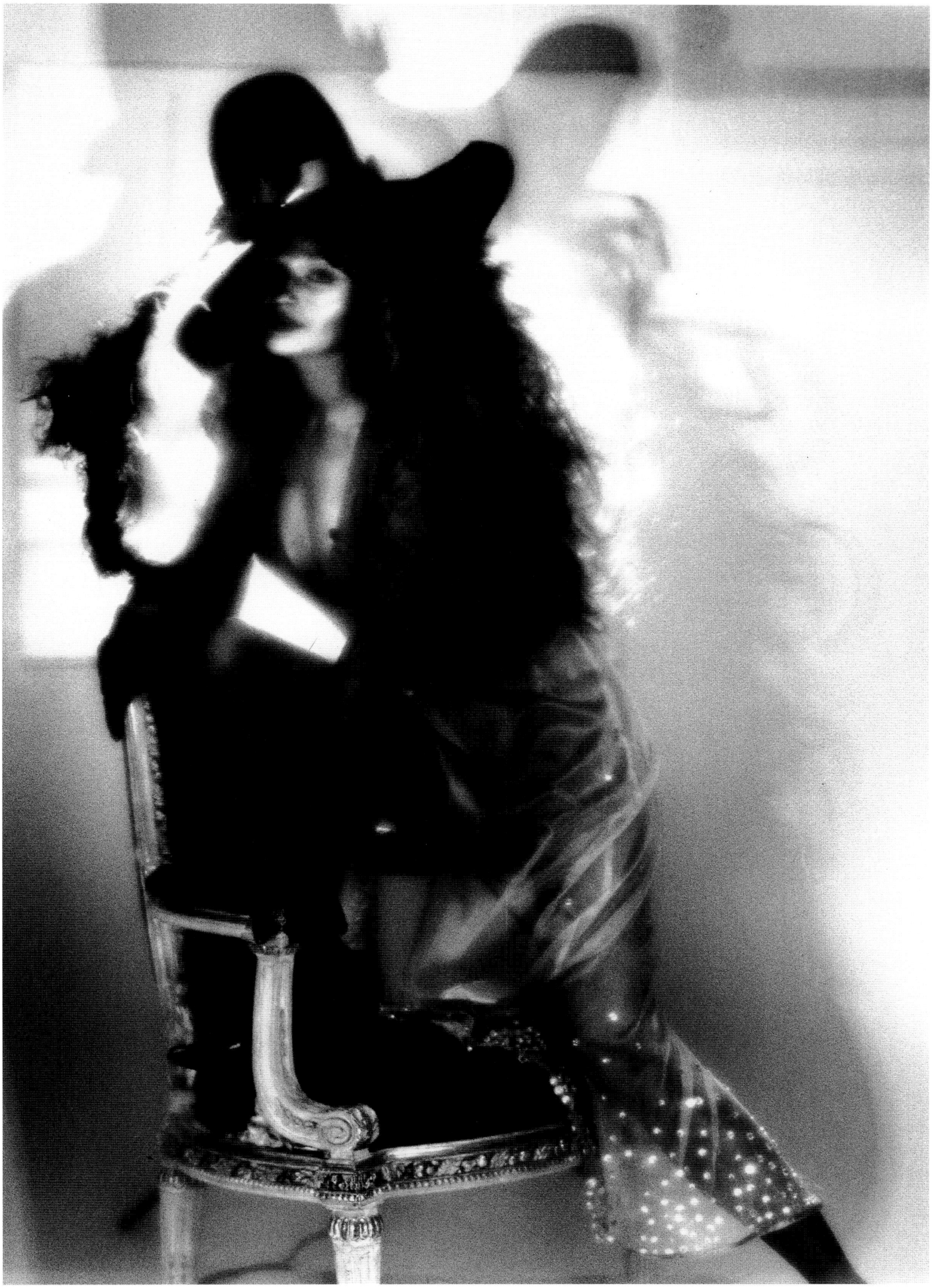

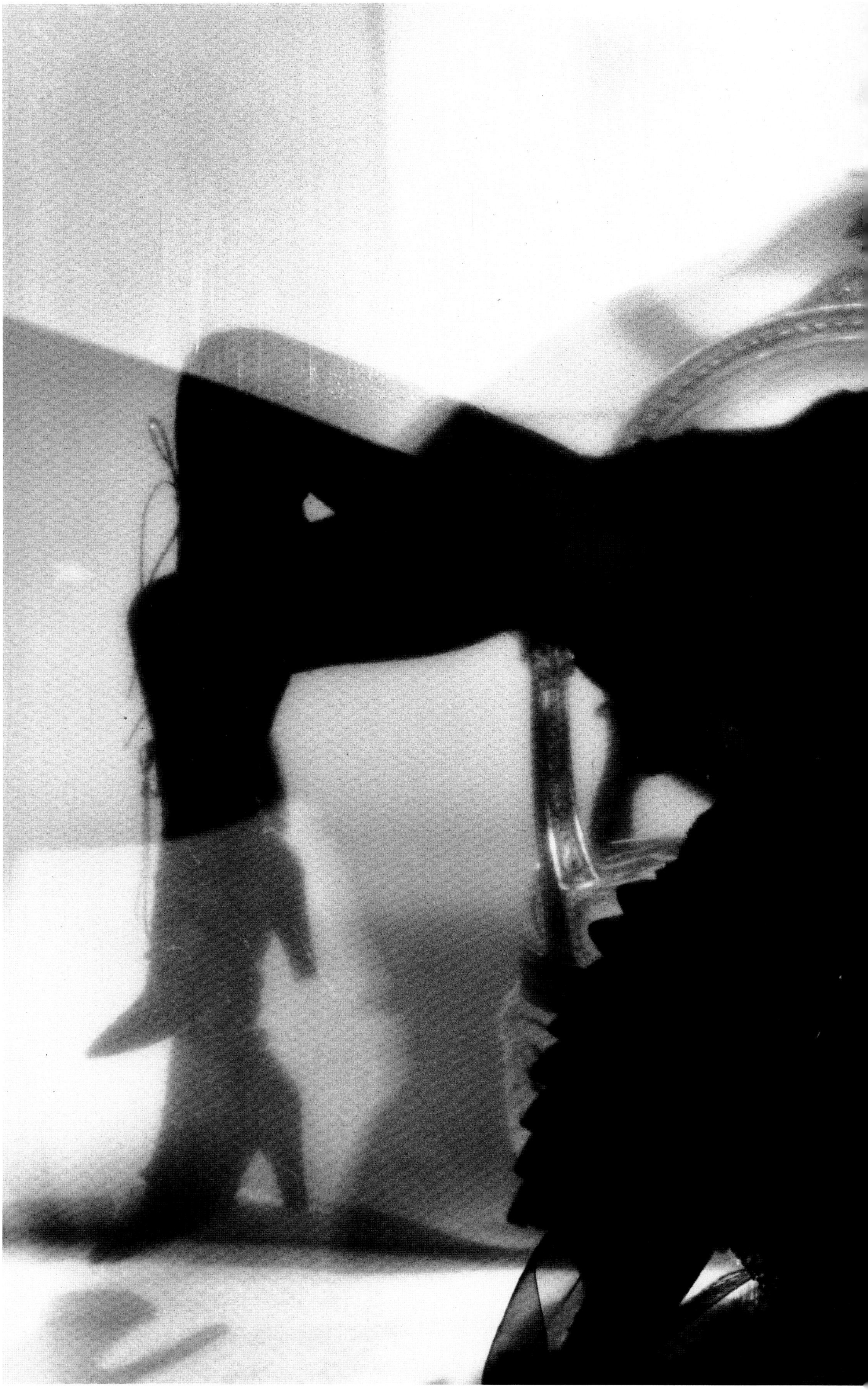

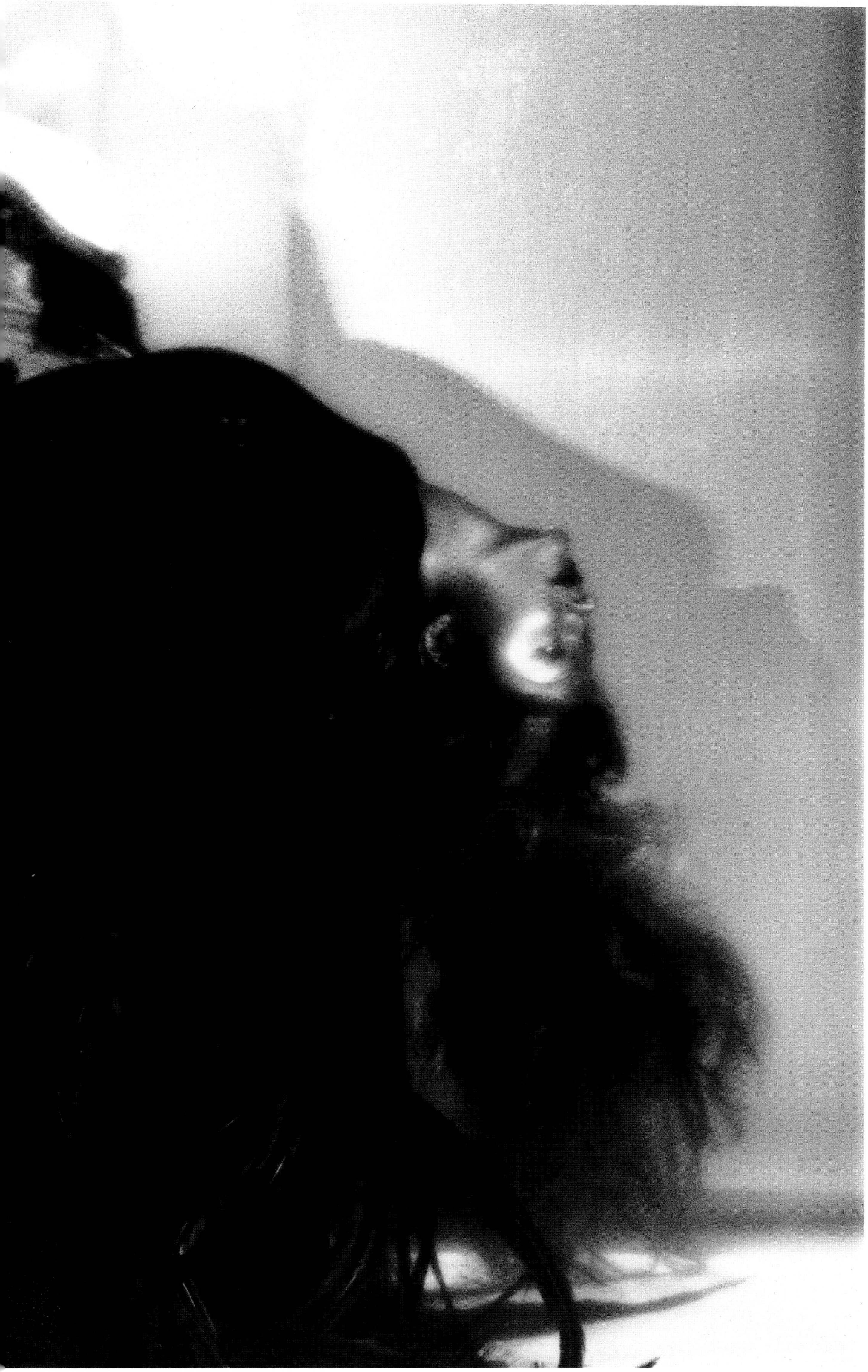

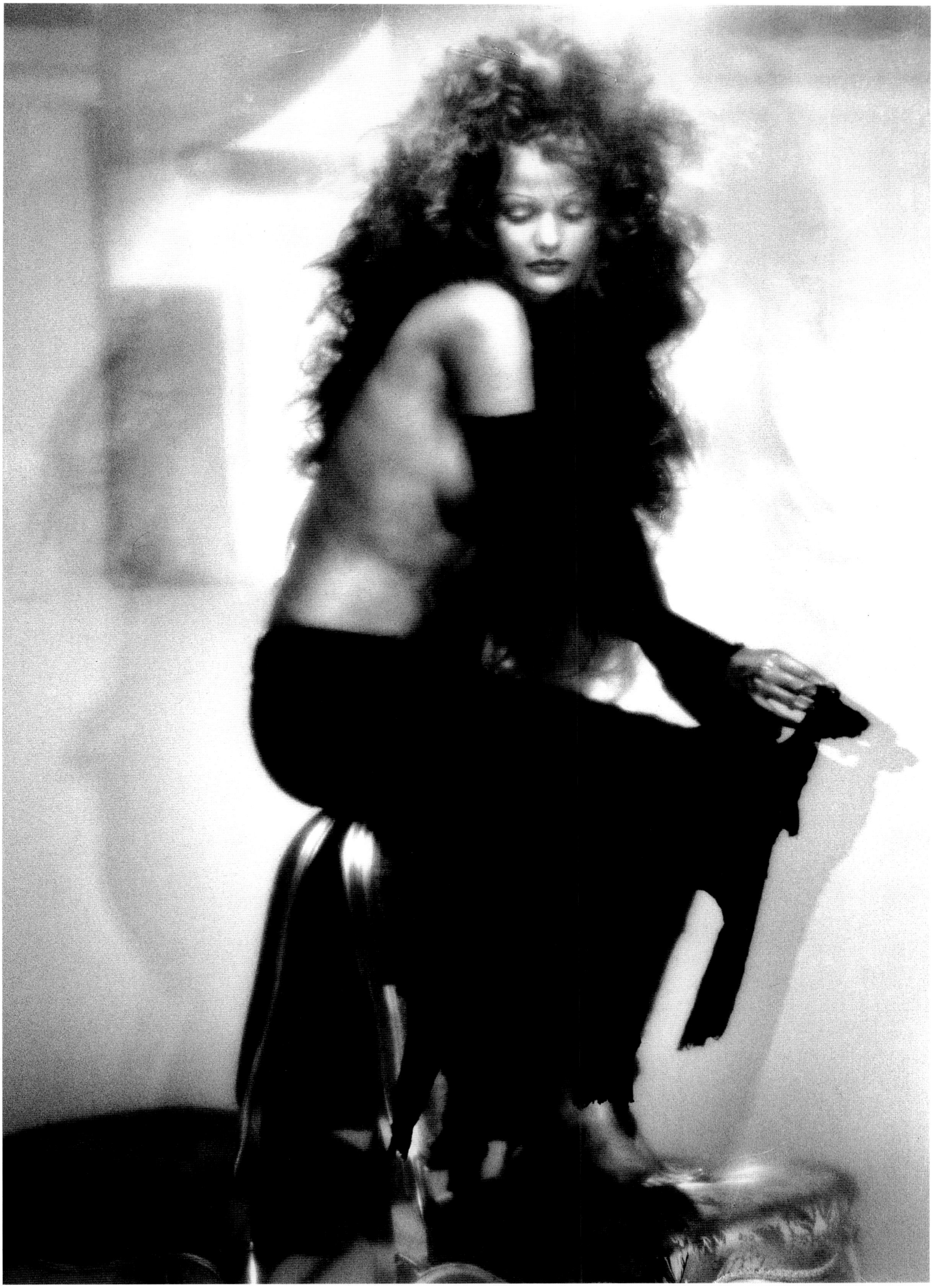

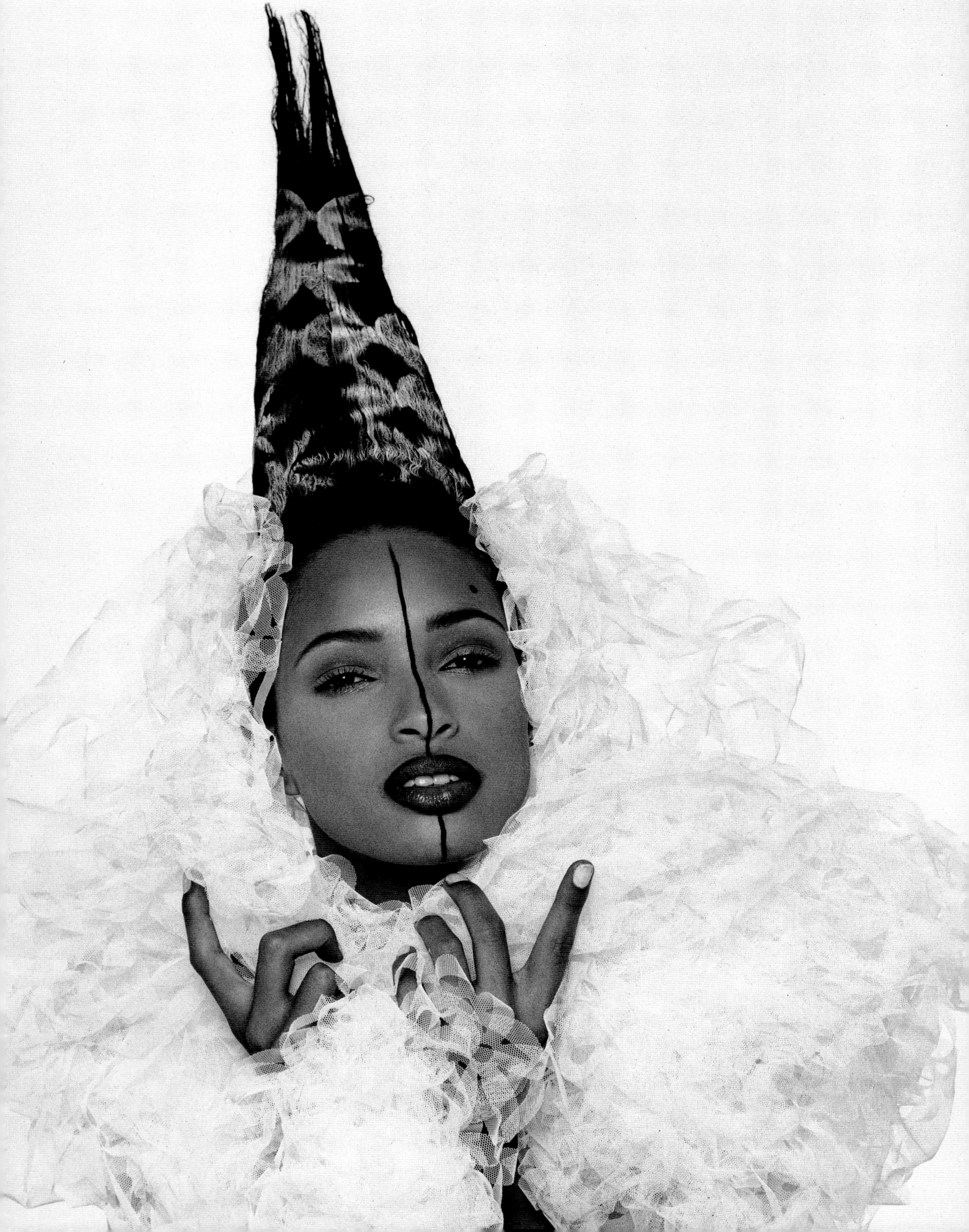

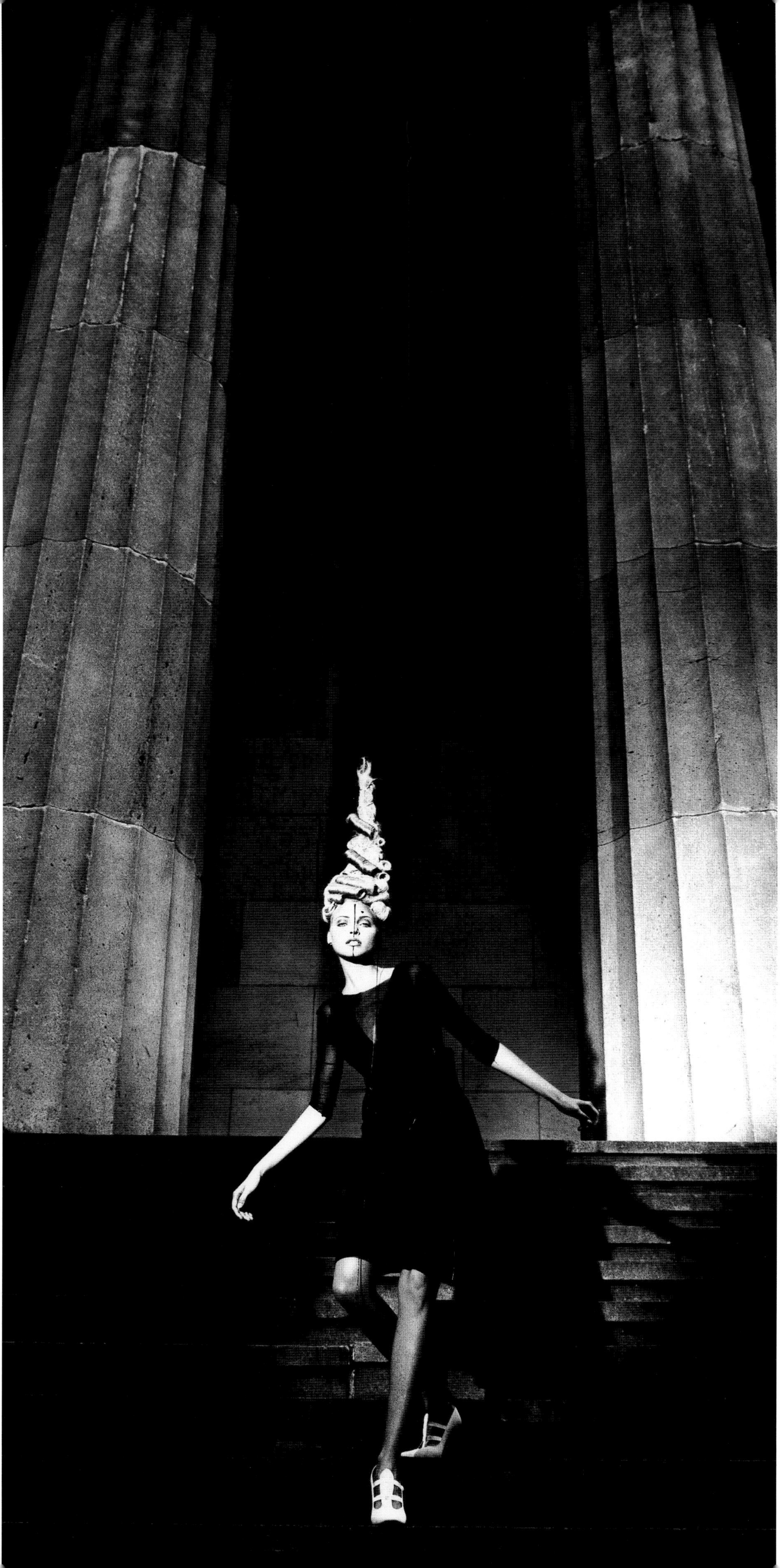

DIE HERZOGIN VON WINDSOR

Ich bewundere Menschen, die, obwohl sie nicht außergewöhnlich schön sind, allein durch ihren Willen zu Ikonen der Eleganz werden. Ich kann mich an niemanden erinnern, der darin die Herzogin von Windsor übertroffen hätte. Sie eignete sich einen bestimmten Stil an, so wie andere Antiquitäten kaufen. ■ In einem Alter, wo viele Frauen ihrer Generation glaubten, alles sei vorbei, hatte sie ihre beste Zeit. Den Herzog faszinierte sie bis an sein Lebensende. Sie liebte es, bei Modenschauen auf einem vergoldeten Stuhl in der ersten Reihe zu sitzen und ihre schlanken Beine zu überschlagen. Ich habe das Gefühl, daß ihr Mode niemals wirklich etwas bedeutet hat, daß sie Kleider nur mochte, weil sie ihre Figur zur Geltung brachten: Sie wollte elegant sein. Ihr Stil und ihr Erscheinungsbild gehörten zu der Couture und Lebensart einer anderen Epoche. ■ Sie kombinierte Modisches mit Klassischem. Rüschen waren für sie tabu. Ihre Art, mit Mode umzugehen, war die einer Kennerin. Nie konnte sie die Mode so beeinflussen wie die Garbo oder die Hepburn. Ihre vollendete Eleganz war eher langweilig. ■ Eine Modekönigin, die niemals den Thron eroberte. Ich mag sie am liebsten in Schiaparelli- und in manchen Mainbocher-Modellen. Um ehrlich zu sein, ich glaube, ihr blaßblaues Mainbocher-Hochzeitskleid war nicht sehr kleidsam. Ihre schmalen, knabenhaften Hüften zeichneten sich vorteilhaft ab. ■ Ein Schiaparelli-Kostüm verlieh ihr militärische Strenge. Dieses Wort beschreibt ihren Stil und ihre Haltung am treffendsten. Sie war nie schön, aber sie konnte eine Art Schönheit hervorbringen, die nicht den geringsten Zweifel kannte, der man sich nicht entziehen konnte, der sie sich völlig sicher war. Ihre Eitelkeit war eine Kunstform. ■ Betrachtet man ihre Fotos, erkennt man, daß ihre Maske nur sehr dünn war. Eine gute Figur und ein großer Kopf unterstrichen ihre persönliche Ausstrahlung. Sie sah nie besonders jung aus, bewahrte aber immer ihre jugendliche Silhouette. Ihre Frisur wirkte wie die Perücke einer alten chinesischen Kaiserin. (Immerhin hatte sie im Fernen Osten gelebt.) Eigentlich war sie geschlechtslos. In all ihren Modellkleidern sah sie ein wenig männlich aus. Aber schließlich wollte sie auch niemanden beeindrucken; ihr ging es nur um die Haute Couture. ■ Wir werden niemals wissen, was sie wirklich fühlte oder dachte. Nur auf ihr Gesicht, auf ihre Kleider und auf ihren Schmuck können wir uns verlassen. Keine intimen Bekenntnisse haben überlebt, nur oberflächliche Interviews, wenige Wahrheiten — und eine Menge Klatsch.

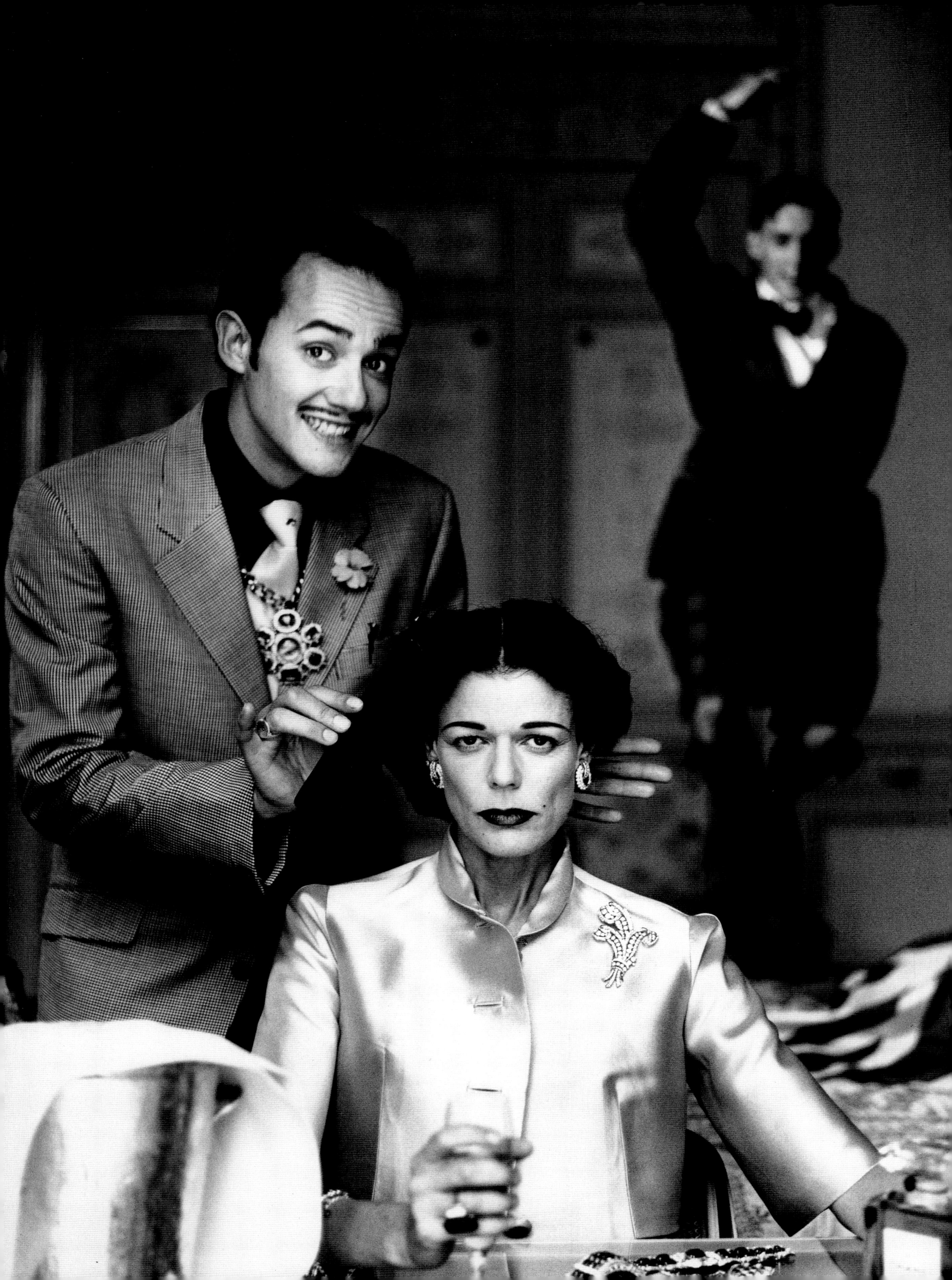

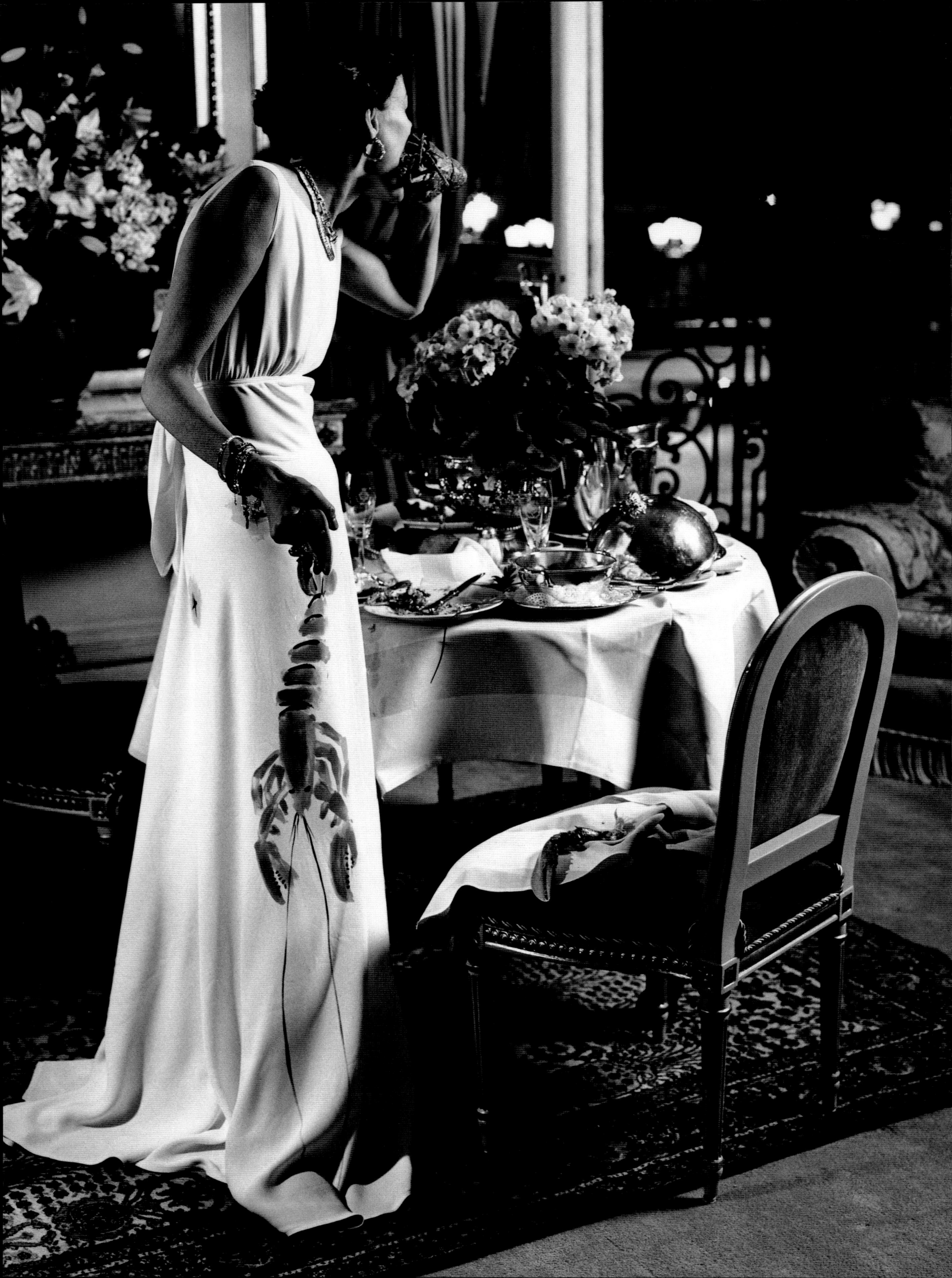

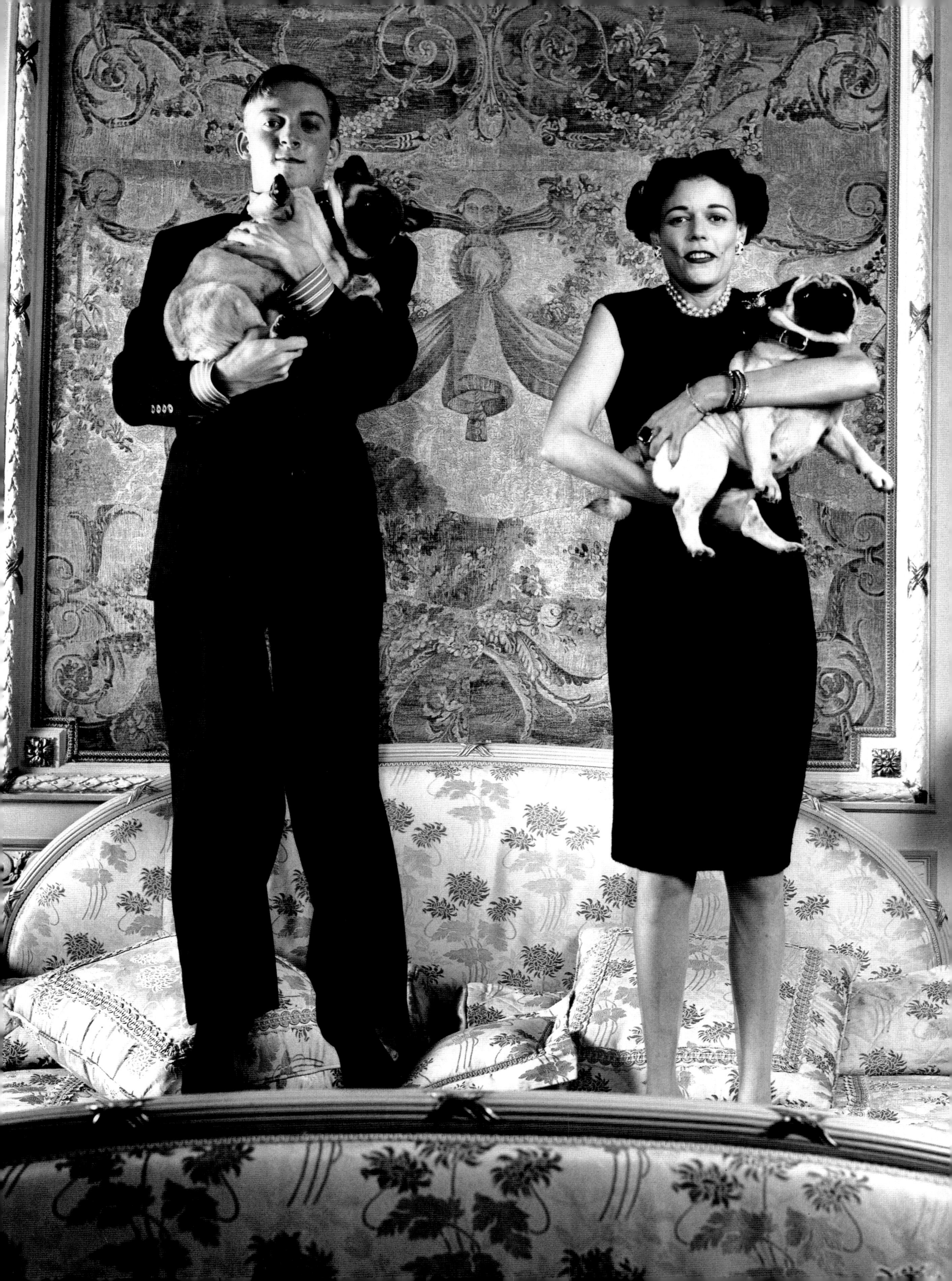

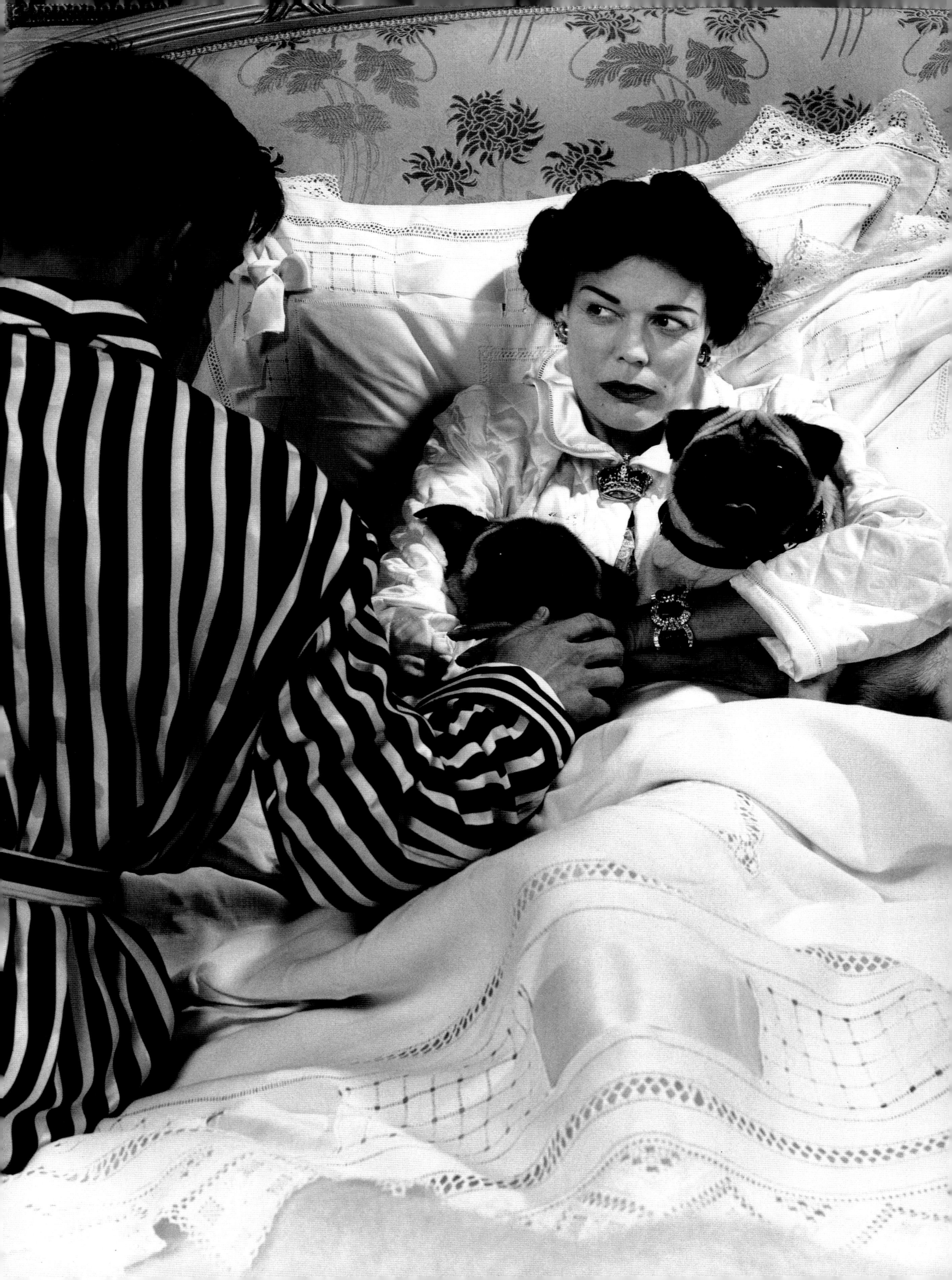

Bassin Deligny, Juni 1992

Royalton Hotel, November 1993

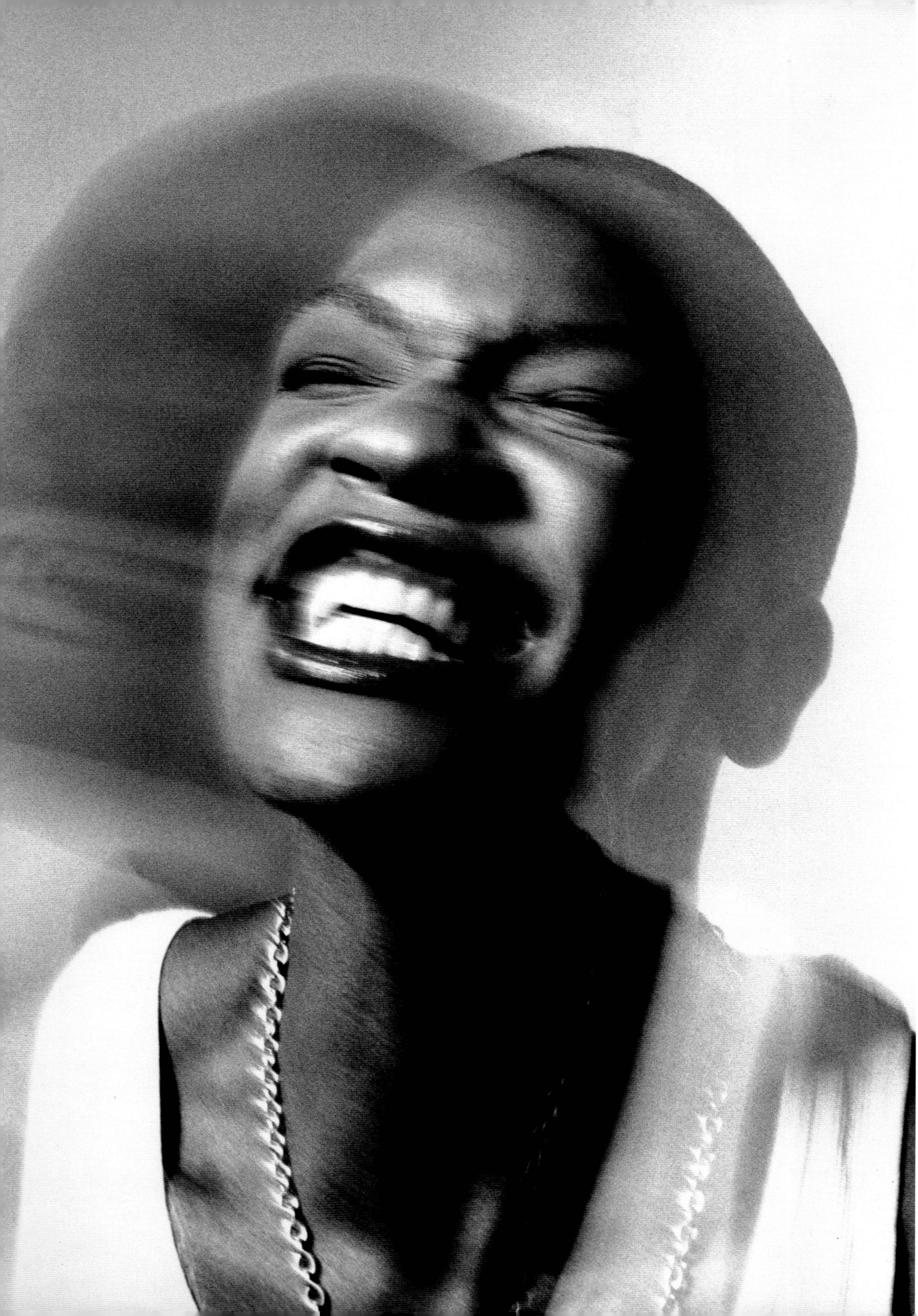

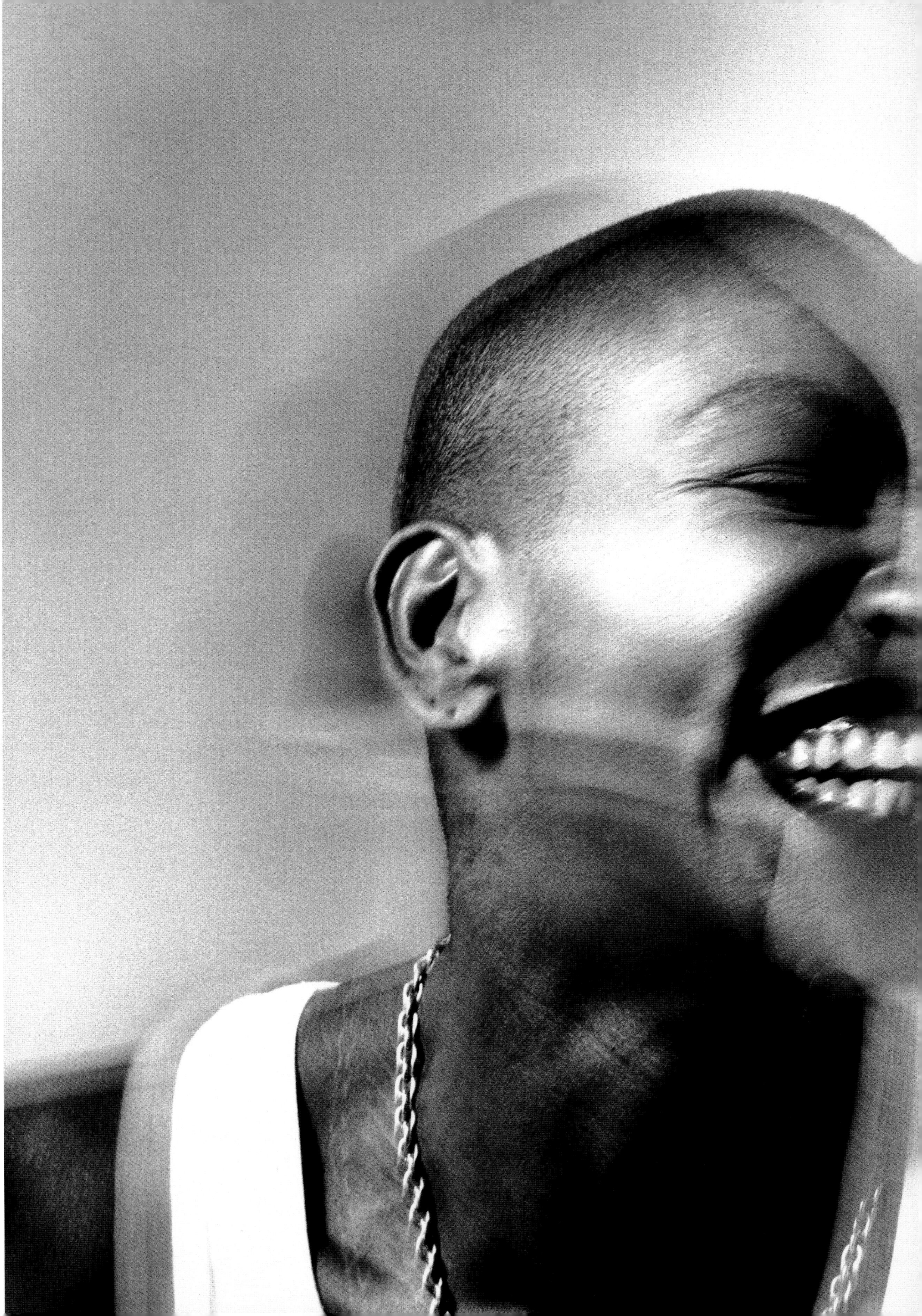

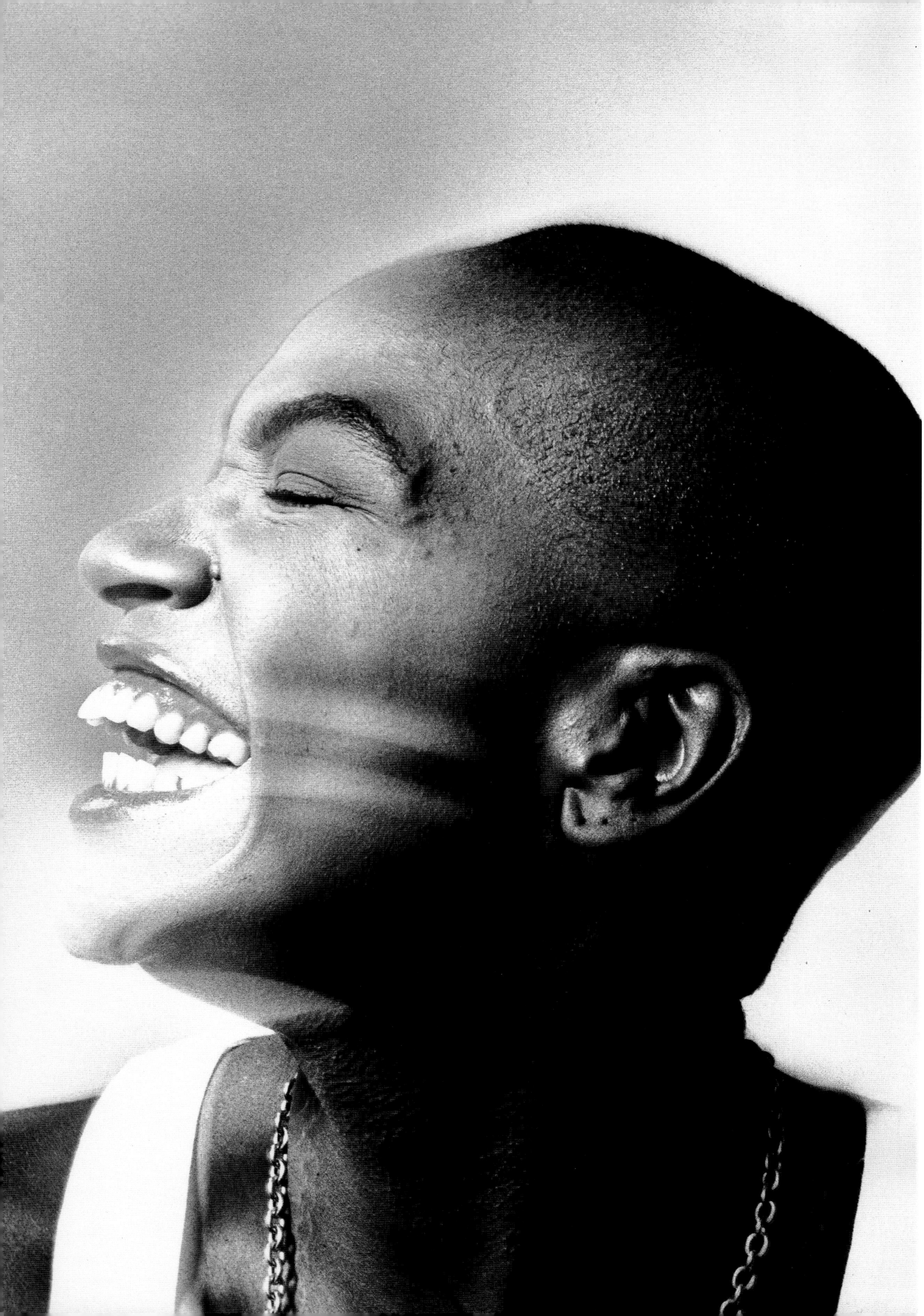

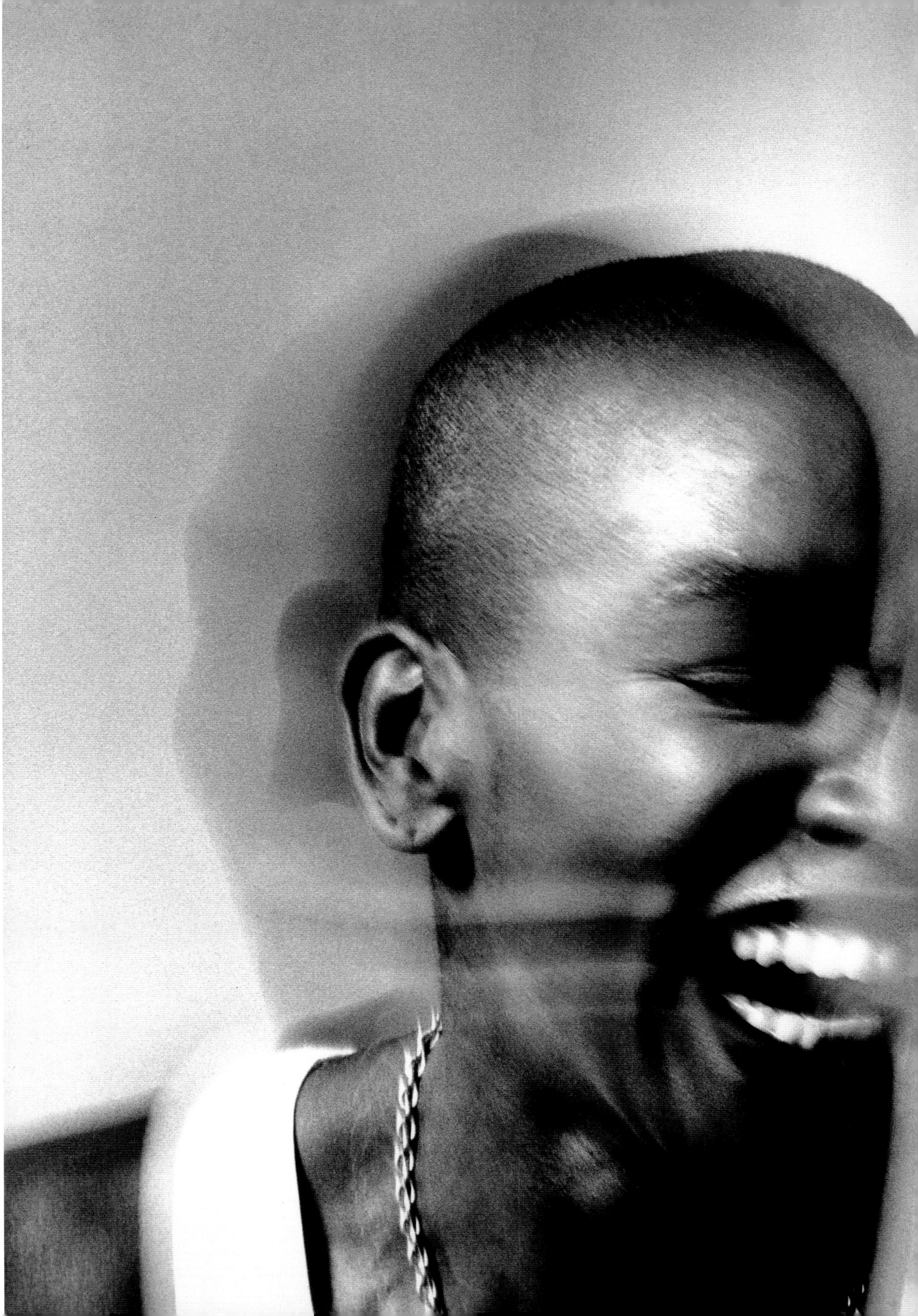

LES LIAISONS

DANGEREUSES

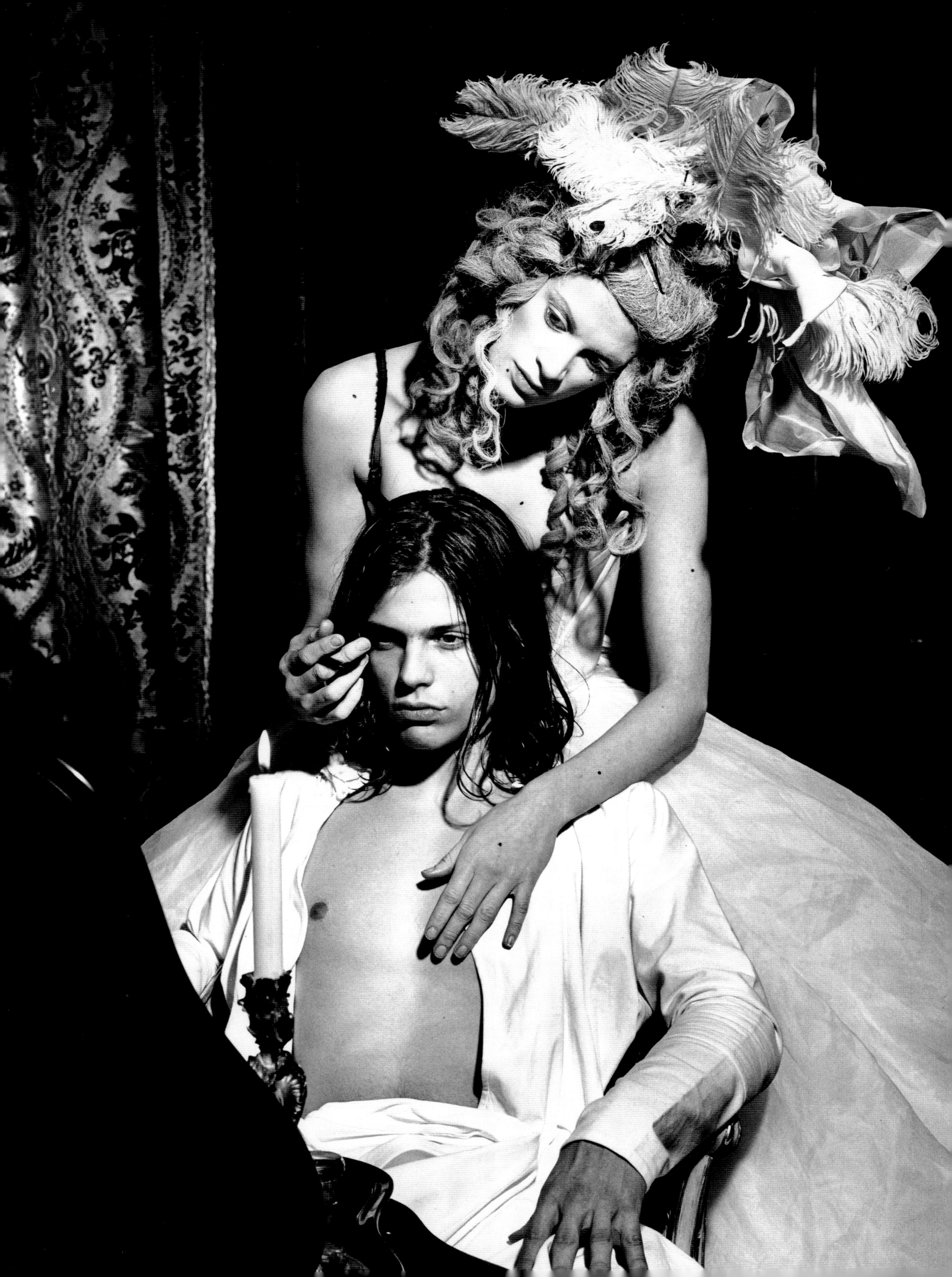

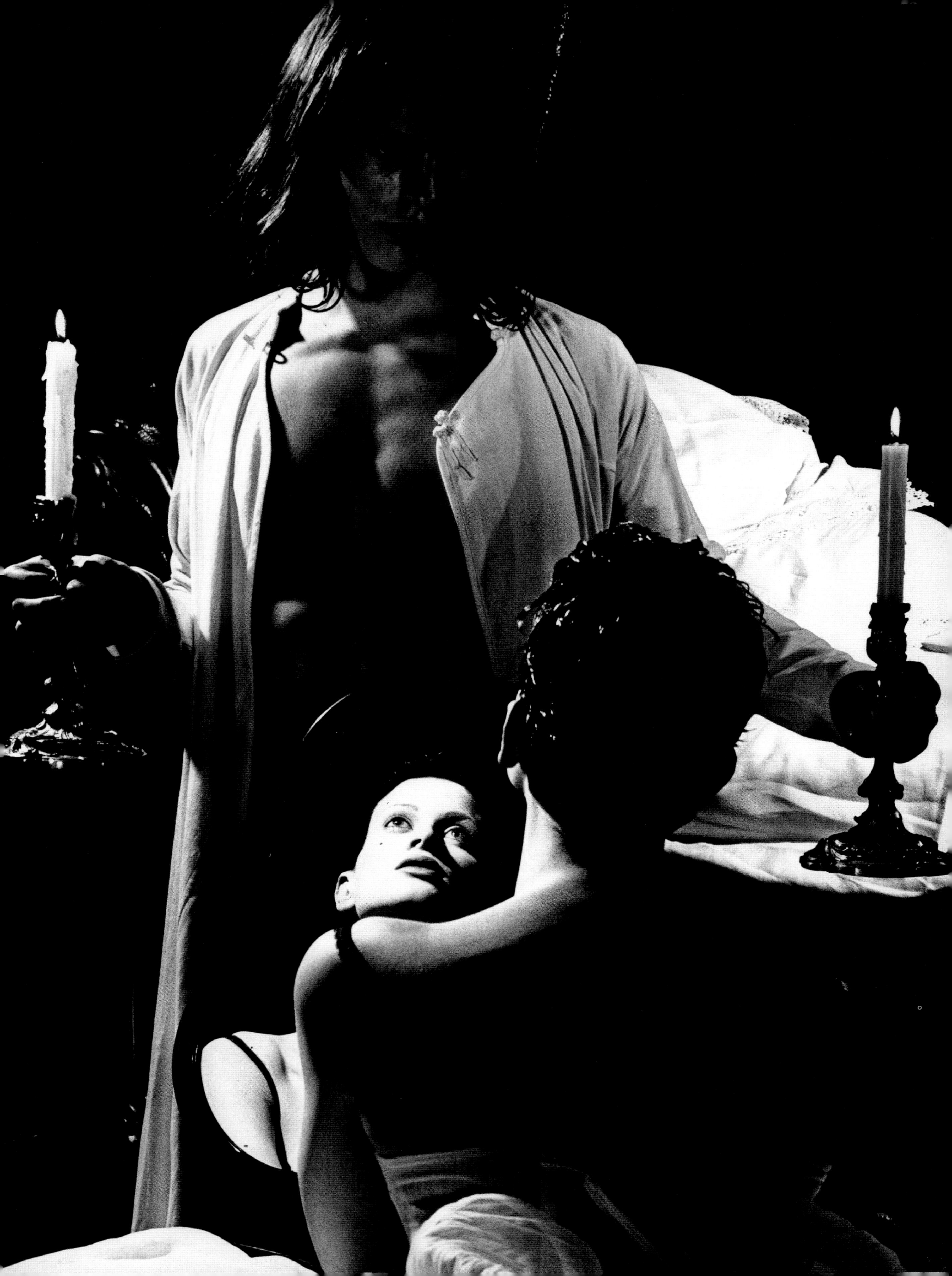

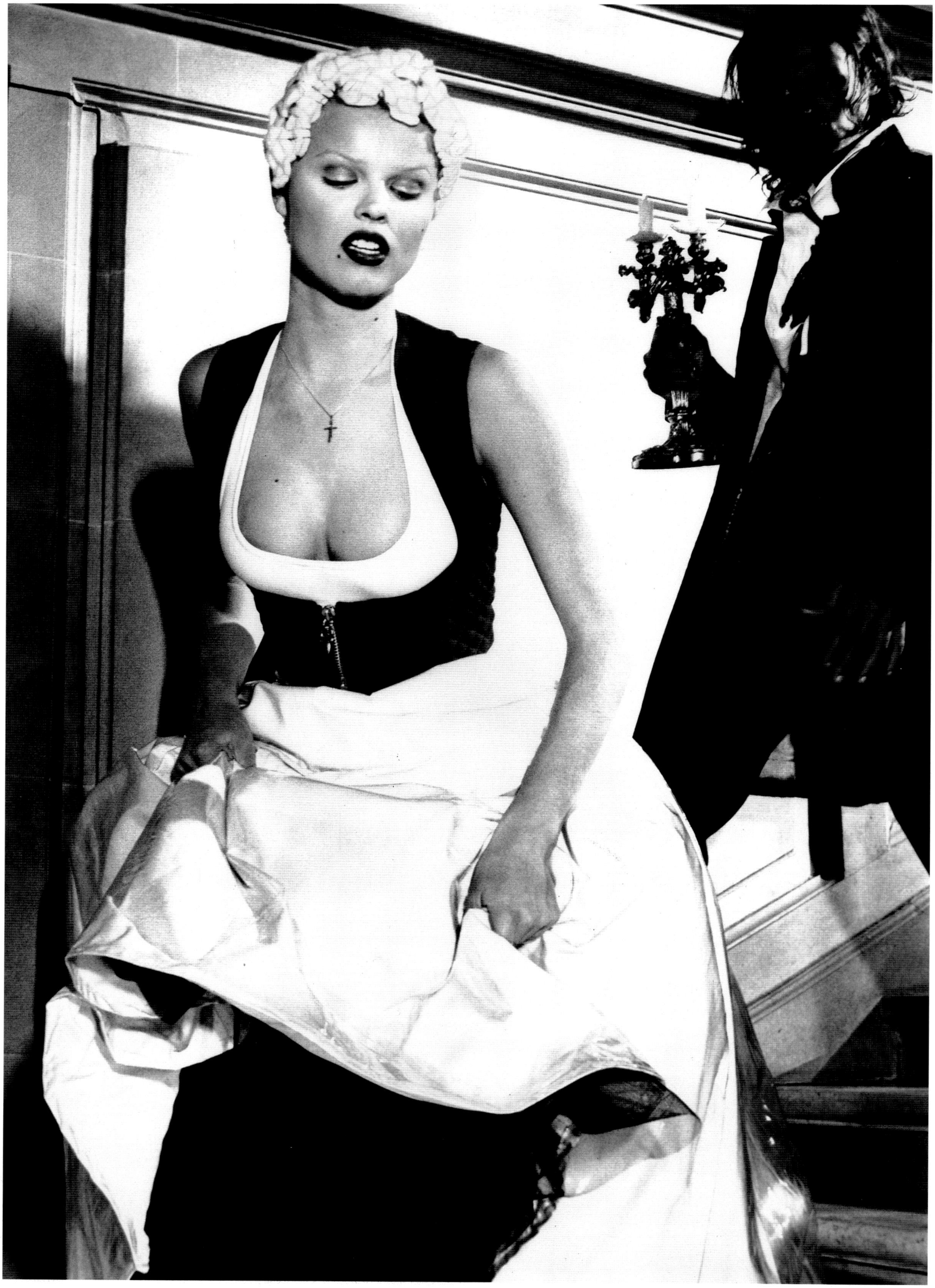

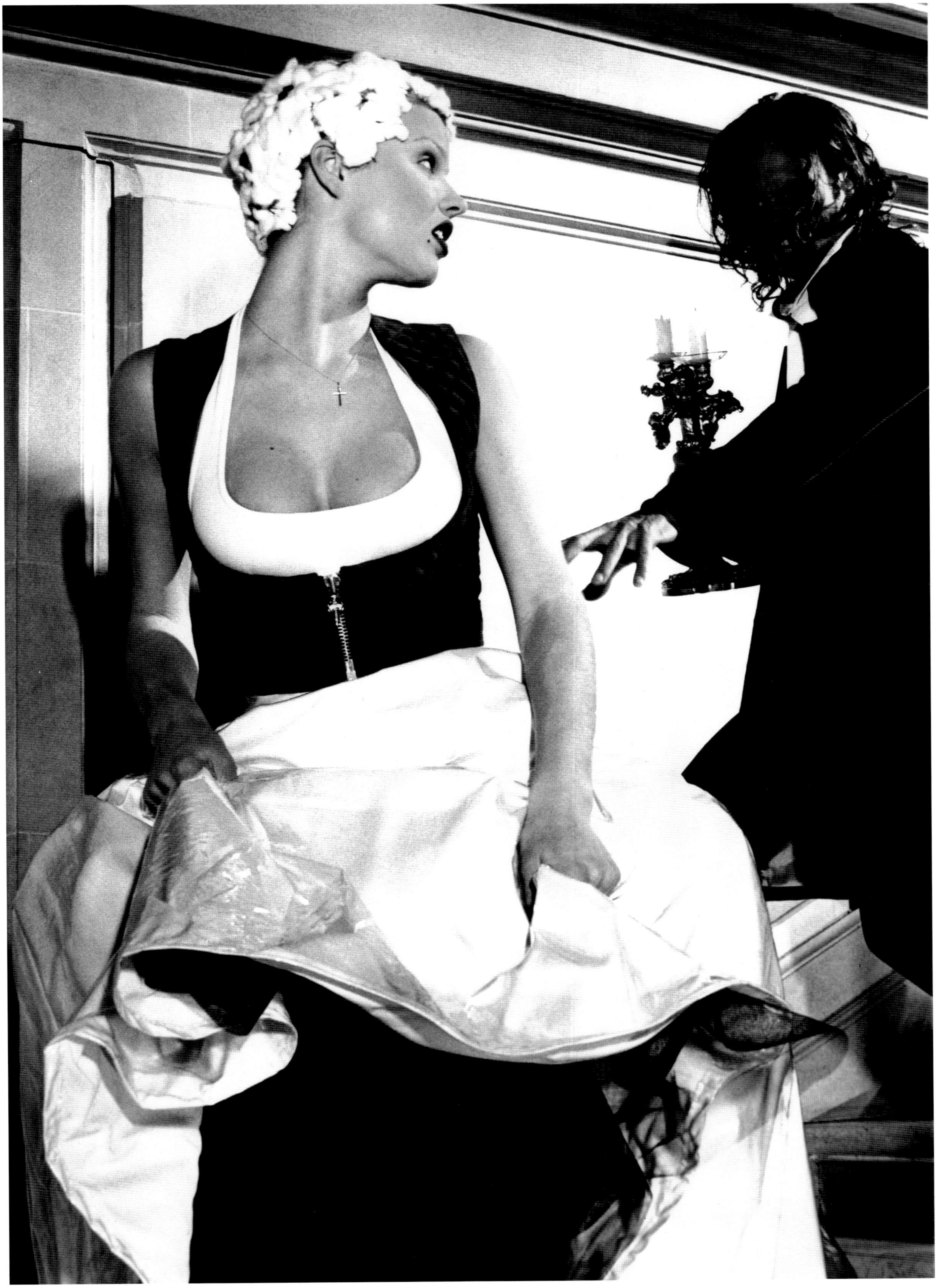

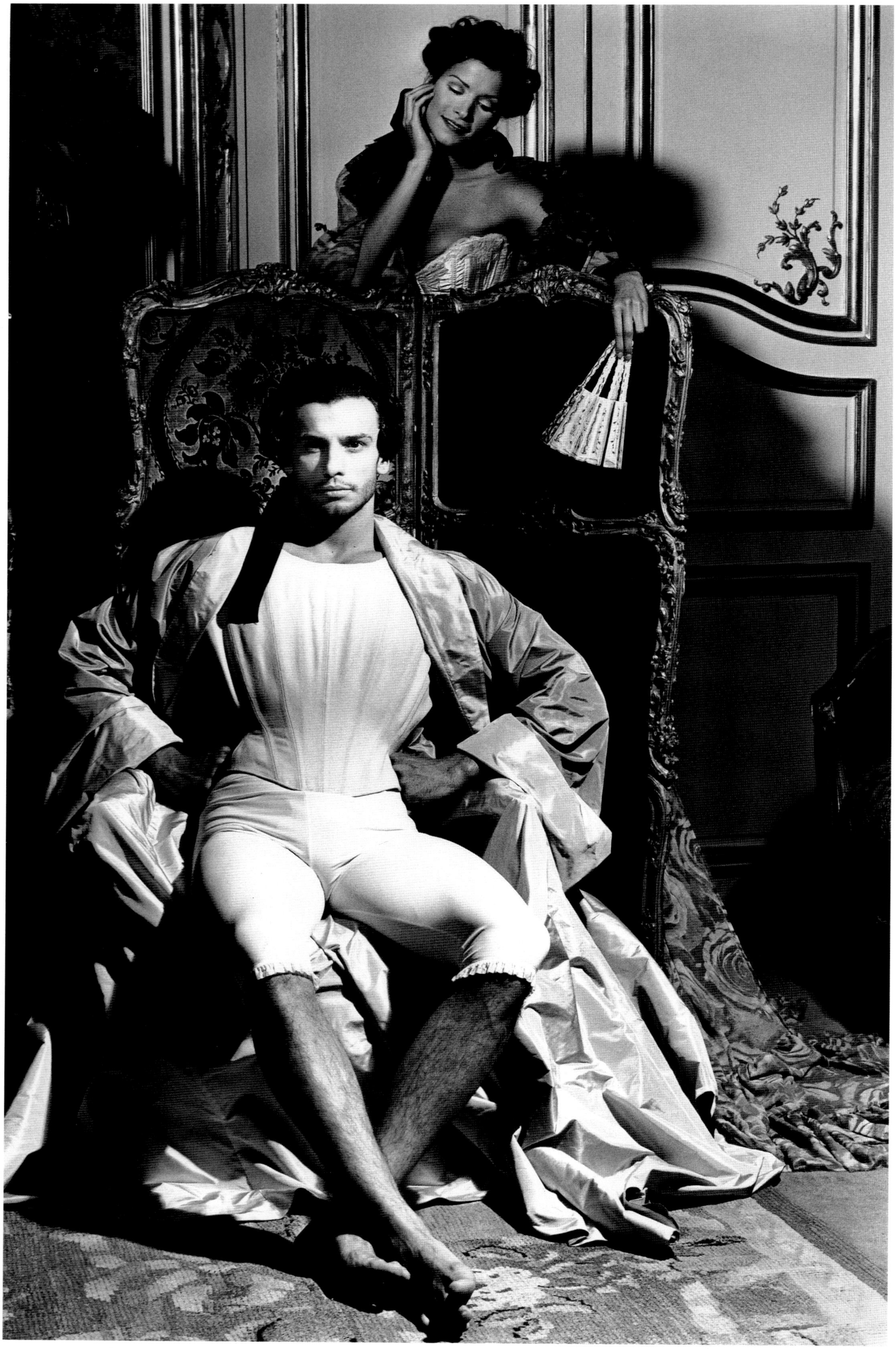

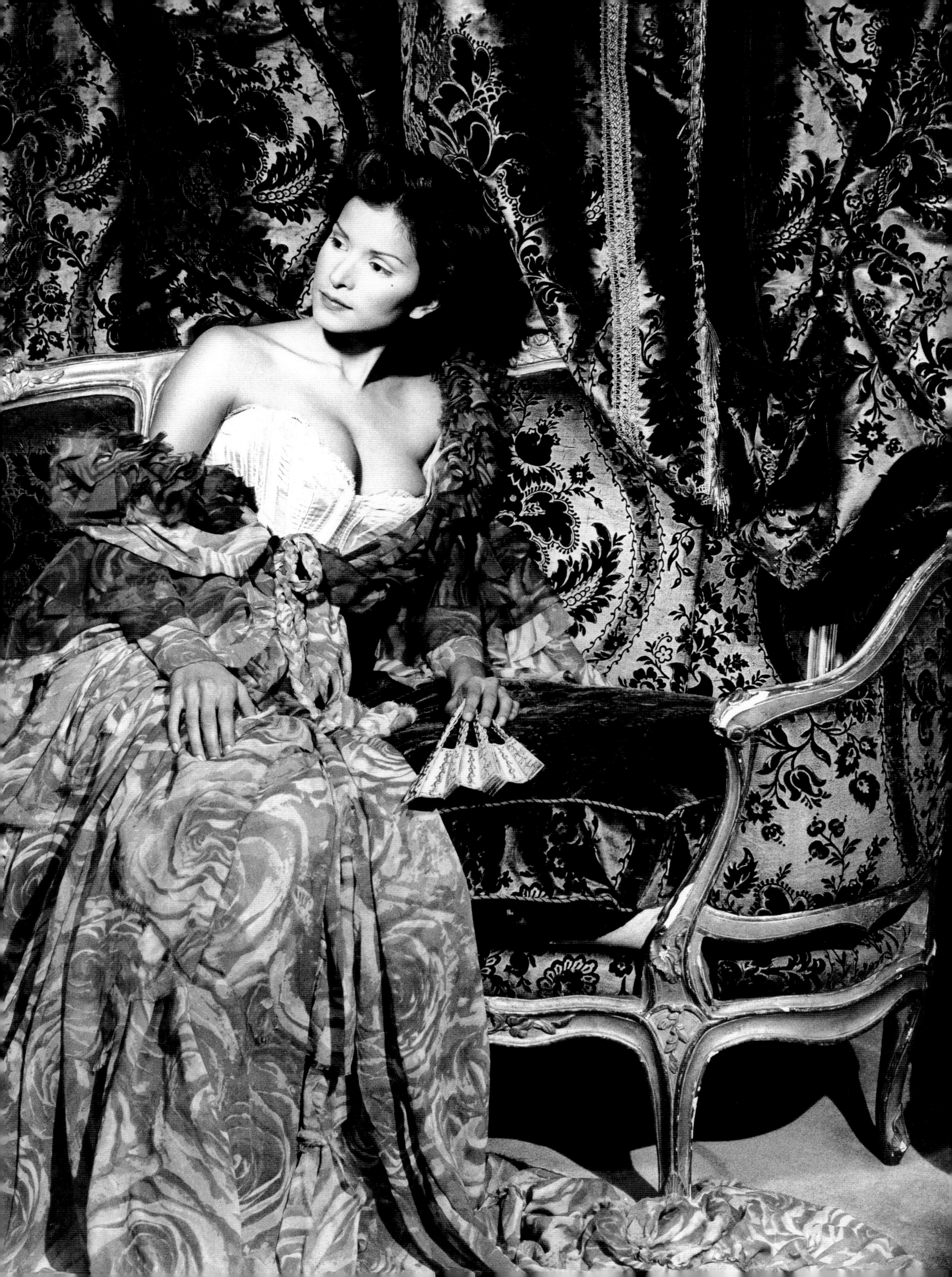

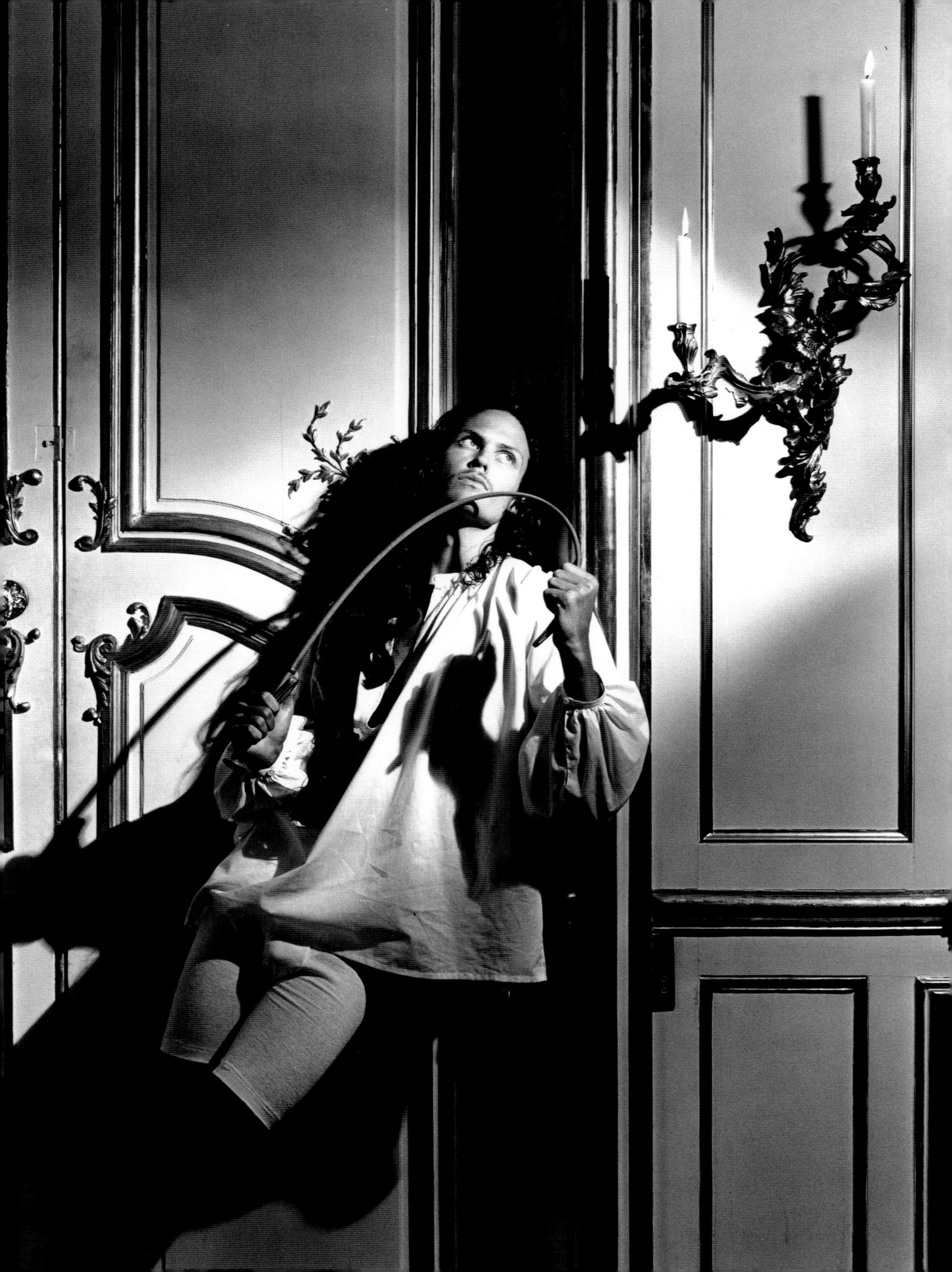

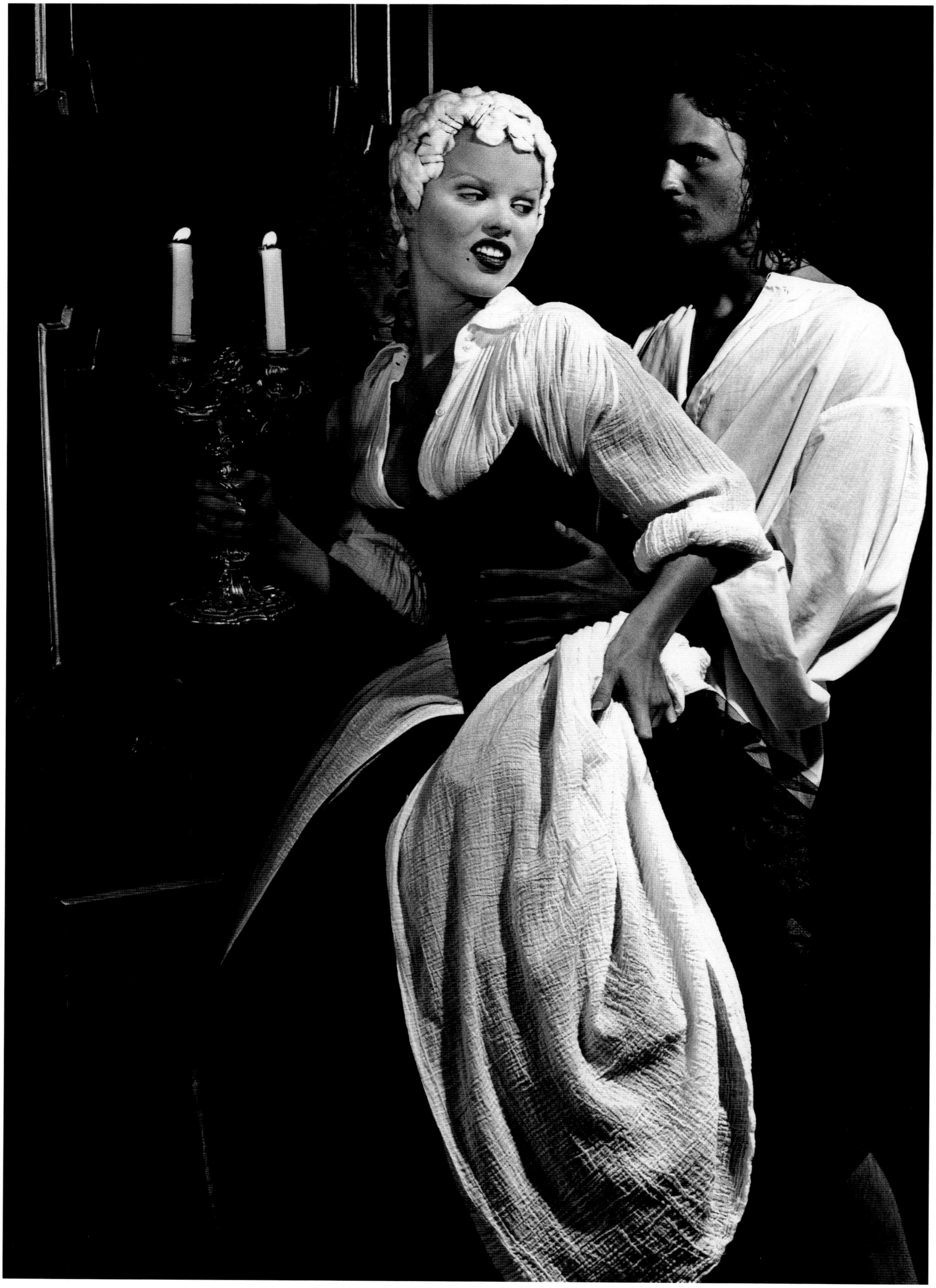

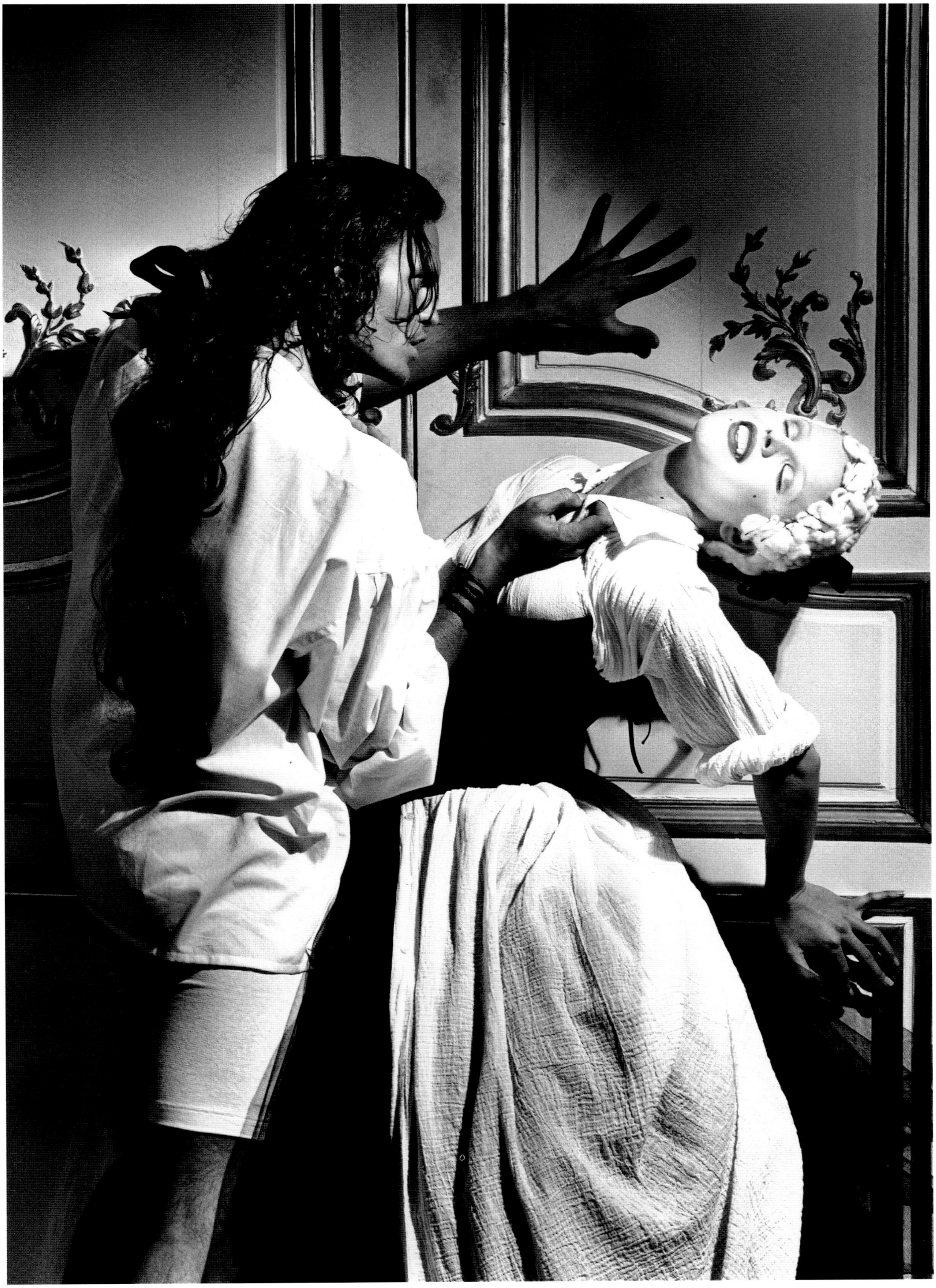

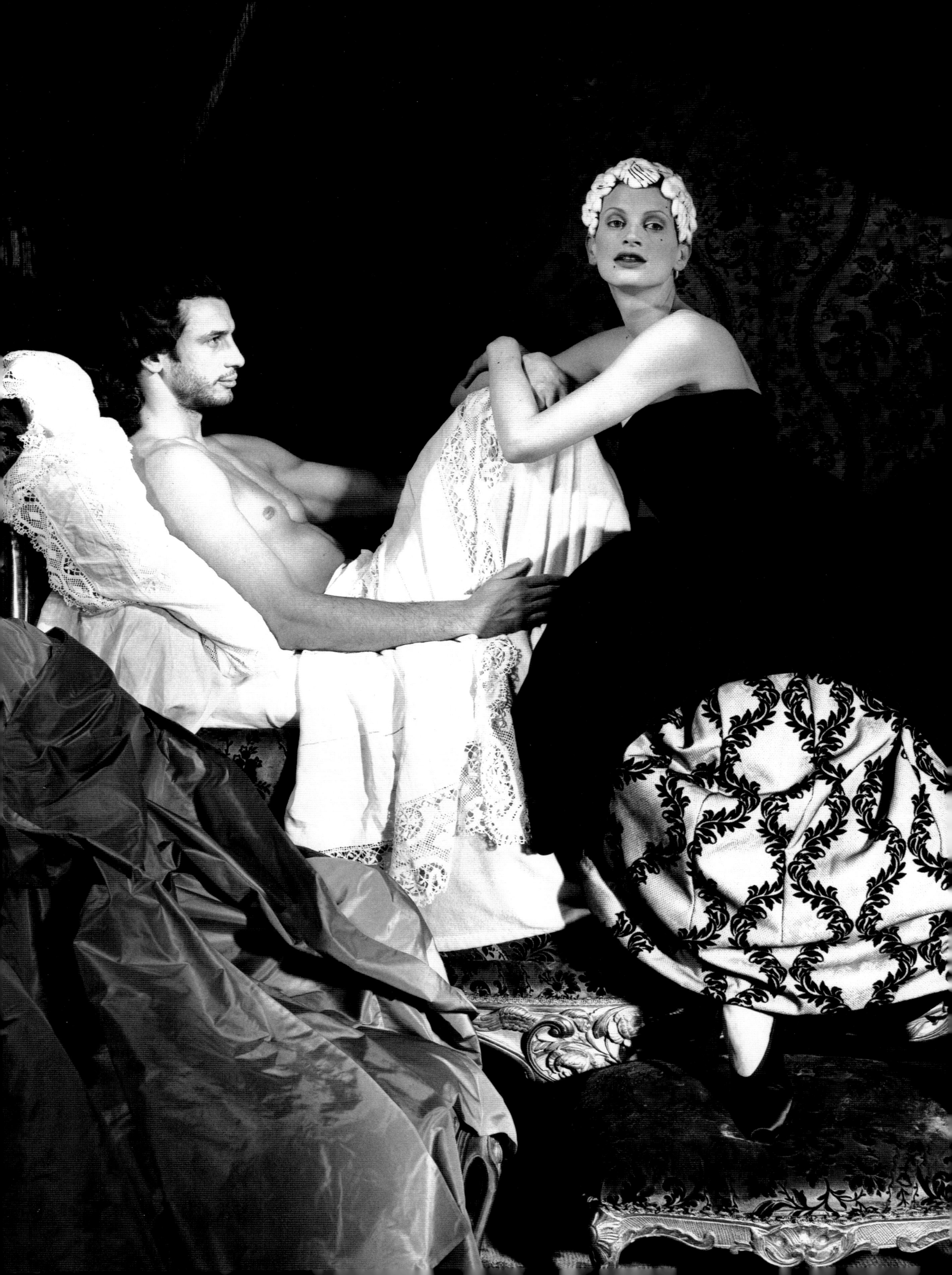

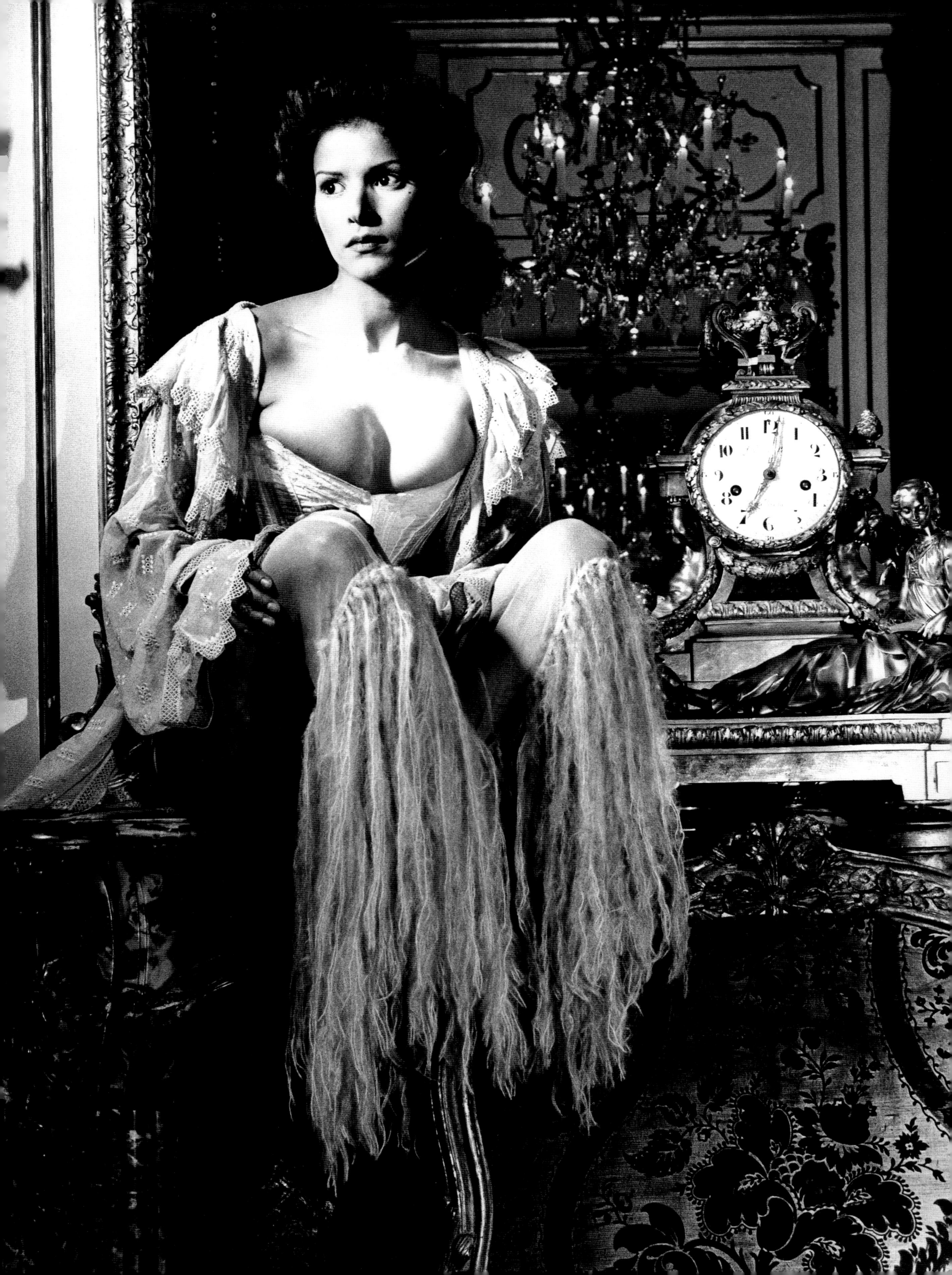

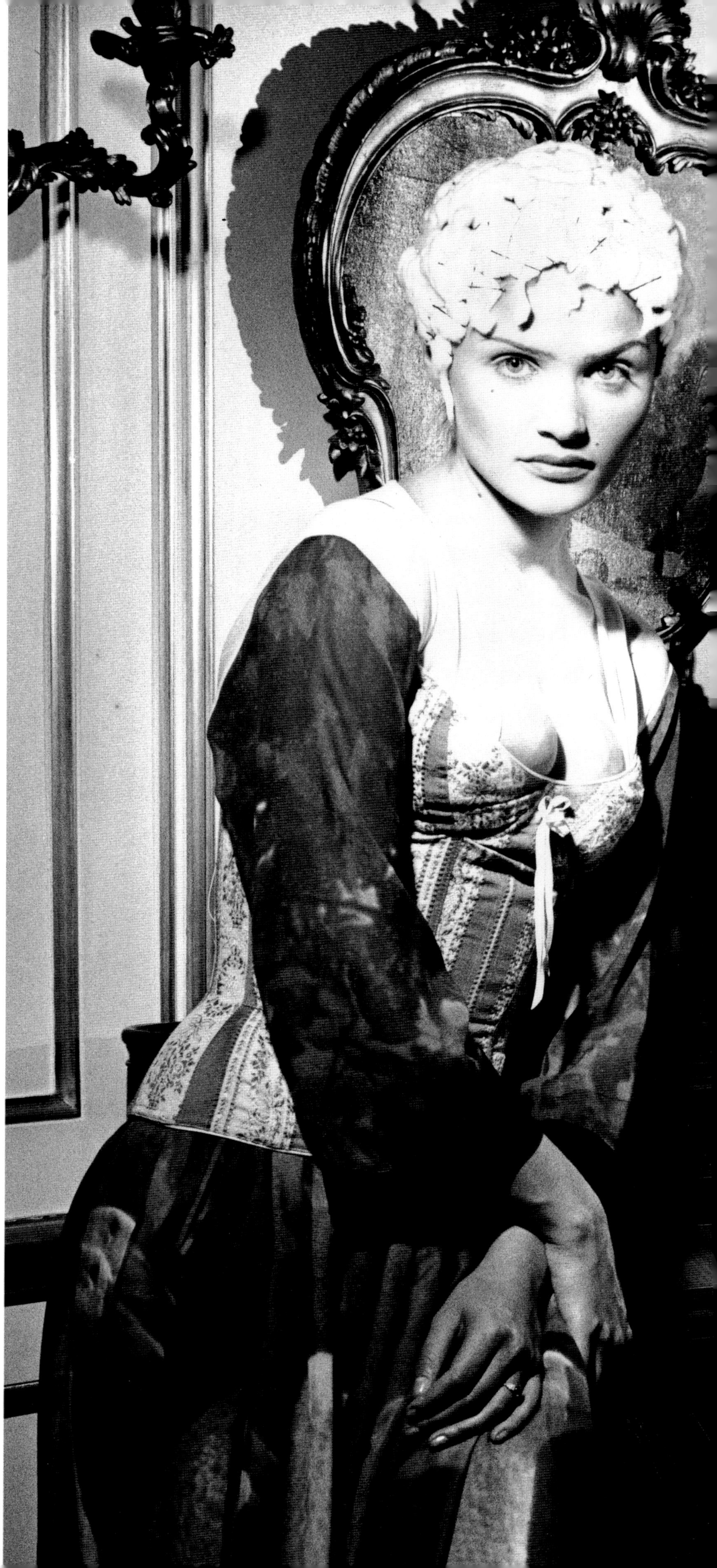

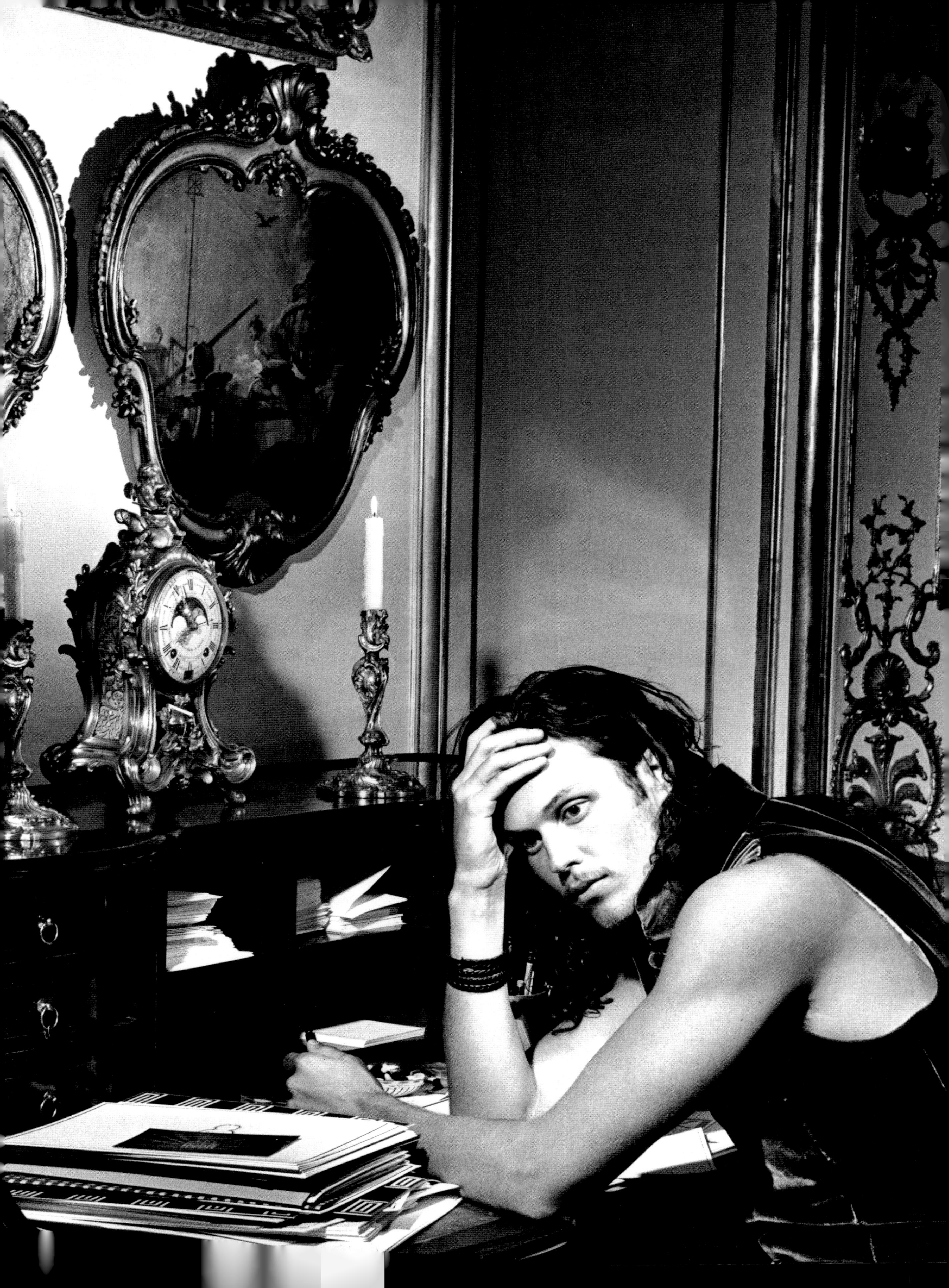

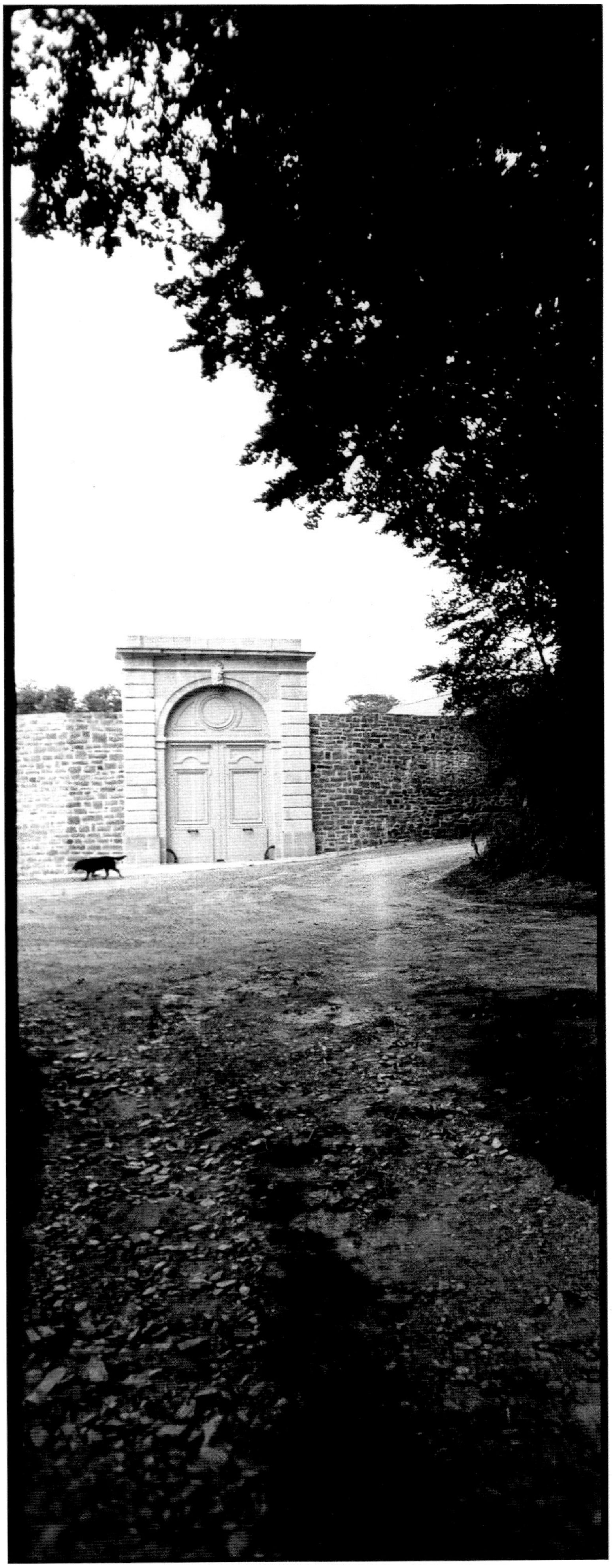